東アジア海域に漕ぎだす　1

海から見た歴史

羽田　正［編］・小島　毅［監修］

東京大学出版会

Lectures on the East Asian Maritime World 1
East Asian History Viewed from the Sea
Masashi Haneda, Editor
University of Tokyo Press, 2013
ISBN 978-4-13-025141-9

刊行にあたって

日本にとって、中国や韓国との交流の歴史にはどんな意味があったのか？

東アジアでの緊密な関係が、日常的な経済的・文化的な交流からますます期待される一方、そのためにはさらなる相互理解が差しせまった課題として眼前にある。そうしたよりよき関係の構築には、過去を振り返り、日本列島が中国大陸・朝鮮半島とともに織りなす海域世界がどのような歴史を歩み、その結果として今日の日本文化がいかにして形成されてきたかを知る必要があろう。このシリーズは、共同研究の成果にもとづいて、東アジアの海域交流の諸相とそれによる日本伝統文化の形成過程を提示するものである。

遣唐使時代の交流は、教科書などを通じて広く認知され、従来から社会的な関心も強い。また、近代における〃不幸な歴史〃についても、歴史認識上の立場の相違こそあれ、多くの書物で一般向けに語られている。ところが、八九四年の遣唐使廃絶から一八九四年の日清開戦にいたる期間の日中・日韓の交流については、個別にいくつかの事象が思い浮かぶ程度というのが、多くの人にとっての実情であろう。

本シリーズはこの一千年間を対象とし、ほとんど正式な国交がなかったにもかかわらず、多彩で豊富な交流の営みがおこなわれ、それらが日本で〃伝統文化〃と呼ばれているものを生みだすうえで決定的な役割を果たしたことを明らかにしていく。読者は既知の個別事象がいかに関連しあっていたかに、新鮮な驚きを覚えるであろう。

全六巻を読み終えたとき、あなたの世界観はきっと変わっている。

小島　毅

目次

プロローグ　海から見た歴史へのいざない

一　私たちの海図

1　海から見た歴史とは？

カライモとニホンイモ

「海から見た歴史」とはどんな歴史なのだろう。それはこれまで私たちが知っている歴史とどこが違うのだろう。また、なぜあらためてそのような歴史を考えるのだろう。これらの質問に身近な素材を使って答えることからはじめよう。

東アジア各地では、一七世紀をむかえるころから、ラテン＝アメリカ原産の新しい農作物をいっせいに栽培するようになった。トウガラシはそのひとつだ。日本列島ではトウガラシは「唐辛子」（唐芥子）や「南蛮（胡椒）」とよばれた。これは、唐人（中国人）や南蛮人（ポルトガル人やスペイン人）がもたらしたからだと説明されている。中国でも古くは「番椒」、すなわち、番国（蕃国・蛮国）＝外国から来たことを示す名前でよばれることが多かった。一方、朝鮮半島では、トウガラシは、はじめのうち「倭芥子」とよばれていた。他方で、琉球諸島でひろまった島トウガラシ「コーレーグス」の「コーレー」は朝鮮半島の「高麗《こうらい》」に由来するといわれている。ヨーロッパ船を介して東アジアにもたらされたトウガラシだが、このように国や地域によってそれがどこから来たかの情報はバラバラである。伝来時期はほとんど同じなのに、いったい、どうしてこんなことになるのだろうか。

もうひとつ例を紹介しよう。同じくラテン＝アメリカ原産の作物にサツマイモがある。薩摩から来たイモというこの名称は、主として日本の本州以北のもので、北九州では「琉球芋」とよばれることもあり、薩摩のある南九州では「カライモ（唐芋）」ということが多い。朝鮮半島では「コグマ」とよぶが、これは対馬《つしま》の「コウコイモ（孝行芋）」に由来するといわれている。沖縄でも「カライモ」とよばれることが多いが、一八世紀ごろまでは「バンス」ともいわれた。一六世紀末―一七世紀初めの伝来を伝える琉球史料は「バンス」を「番薯《ばんしょ》」と表記しているが、「番薯（番芋）」は中国でひろまった呼称だ。その中国でも伝来については地域ごとに諸説があり、広東《カントン》では一五八〇年に広州湾沿いの東莞《とうかん》県人が安南《あんなん》からもたらしたといい、福建《ふっけん》では一五九三年に閩江《びんこう》河口の長楽県人が呂宋《ルソン》から持ってきたと唱えている。

ところが、同じ中国でも浙江《せっこう》の舟山《しゅうざん》群島あたりでは、まったく別の由緒が語られていた。ここには観音霊場として有名な普陀《ふだ》山という島があり、一六〇七年に浙東地方（浙江省東部）の士大夫《したいふ》[1]たちの手で、『普陀山志』という地方要覧が編纂されている。そこには島の産物として早くも「番芋」があがっているが、「味は甚だ甘美である」という説明とともに「種は日本から来た」と記されている。番薯の「番（蕃）」は日本だというのだ。琉球や薩摩で「カライモ」とよばれた番薯が、この地域では「ニホンイモ」だったことになる。この日本由来説は、百年後に刊行された『南

1　儒学的教養と学識を身につけた伝統中国の知的支配層をさす。宋代以降は科挙や官僚制度にかかわる者の総称としても用いられた。

海普陀山志』にもそのまま踏襲されている。現代の「常識」からすれば、商人が東南アジアからもたらしたという広東や福建の説にくらべ、『普陀山志』の日本説は分が悪いが、これは普陀山が日本との海上交通の拠点だったことを反映しているのだろう。

このように、トウガラシやサツマイモの伝播をめぐる諸情報は、一見荒唐無稽なものもふくめて、諸説紛々の混沌状態である。近年もさまざまな論拠や論理を駆使して合理的な説明を試みようとする研究が公表されている。なかには、品種の相違に着目するなど傾聴すべき研究もあるが、言説の真偽を弁別しようとするあまり、多くの史料や伝承を切り捨てたり、「どちらが先か」というナショナリズム的な議論に傾いたりするものも多い。あまり生産的な議論がおこなわれているとはいえない状態だ。この行きづまりを打開するために、思いきって発想を転換させてはどうだろう。

従来の研究や議論の基本的な前提では、あるモノは、A国からB国へ伝播したり、渡来したりするのだとされる。この前提自体を疑ってみるのである。薩摩の人びとがいう「唐」と浙東の人びとがいう「日本」は、実は同じ「場所」をさしているのだ、あるいは、広東・福建・浙江にそれぞれ番薯をもたらした「東莞人」「長楽人」「日本人」、さらには「南蛮人」も、実はいっしょの「舞台」に立って活動していた（仲よくとは限らないが）のだ、と考えてみたらどうだろう。

では、その「場所」や「舞台」とはどこか？　それは「海」である。つまり、サツマイモもトウガラシも、A国やB国から来たのでなく、実際は「海」からやって来たのだ。その「海」の世界のことを、ある地域では「唐」と呼び、別の地域では「倭」や「日本」とよび、場合によっては「琉球」とか「コーレー」とよんでいるのだ、と考えてみるのである。

これを読んで「何をトンチンカンな！」と、面食らっている読者も多いだろう。しかし、これが

「海から見た歴史」を標榜する本書を貫く発想なのである。少し角度を変えて話をすすめよう。

「海」の世界と陸の「国籍」

海を舞台に活躍した商人を海商とよぶ。場所によって、同じ海商が、あたかも異なった国の出身であるかのように記されていることがある。たとえば、九世紀日本の留学僧円仁《えんにん》[2]が唐から帰国するときに乗った船の船頭金珍は、唐では「新羅《しらぎ》人」とされているが、日本に来着すると、大宰府《だざいふ》によって「唐人」とよばれている。また、金珍と行動をともにした欽良暉《きんりょうき》も、唐ではやはり「新羅人」だったが、のちに日本で円仁のライバル円珍[3]の出国を支援したときは、「大唐国商人」とよばれた。さらに同じく円珍を後援した李延孝も、日本では「大唐商客」「本国（日本）商人」とされているが、中国の港では「渤海《ぼっかい》国商主」だった。

政府使節の役割を果たした海商にも、似たような例がある。一〇二六年に日本から「大宰府進奉使」として中国の寧波《ニンポー》を訪れた周良史《しゅうりょうし》は、日本にいるときには「大宋国商客」とよばれている。一一六〇年代に宋と高麗の間を、外交文書を持って往来した徐徳栄は、宋では「高麗綱首」と記録され、高麗では「宋都綱」[4]とよばれている（綱首や都綱は海商の別称）。また、一〇〇四年と一〇一九年に西アジアの大食《タージ》の朝貢使として、宋へ来航してきた蒲加心《ほかしん》は、一〇一一年には勿巡（オマーンの都市スハール）、一〇一五年には、注輦（南インドのチョーラ朝）の朝貢使として登場する。一三九一・九六年に琉球の中山《ちゅうざん》国が明へ派遣した朝貢使隗谷結致《ゴエクウッチ》も、一四〇四年には南山《なんざん》国の使者として渡来している。同じ海商が異なる国名を冠して称せられる場合があるのだ。彼らは実際にはいったい何国人とよぶべきなのだろう。

2　七九四—八六四年。天台宗の僧。慈覚大師。『入唐求法巡礼行記』を著わす。

3　八一四—八九一年。天台宗の僧。智証大師。

4　九一八年から一三九二年にかけて朝鮮に存在した政権。建国者は王建。

一見混乱したこのような事態が生じるのは、当時の陸の政治権力が海商の出生地や民族的出自よりも、彼らがどこから来たか、どこの政府が彼らを派遣したかを重視したからであろう。海の世界から来た船や商人に、知っている陸の国名のレッテルが貼られていれば、それでよかったのである。

実際、海の世界で生きる人たちのなかには、自らの出自にそれほどのこだわりをもたないものもいた。たとえば、寧波に、一一六七年に寺院参道の敷石料を寄進した張公意・丁淵・張寧という三人の人物の名を刻む石碑がある。姓名からすると彼らは明らかに華人だが、それぞれ「建州普城県寄日本国」「日本国大宰府博多津居住」「日本国大宰府居住」と所属を記している。張公意が日本に寄留中の建州普城（現在の福建省建陽市浦城）県人と、故郷を名乗っているのに対し、あとの二者は出自にはこだわらず「日本国居住人」という現在の境遇を記している。

海の世界を往来する船についても、同じことがいえる。一三二三年ごろ、寧波から博多に向かっていた貿易船が、現在の韓国の新安沖で沈没した。一九七六年に発見された沈船は、材木や構造から中国でつくられたジャンク船であることは明白だが、積荷に付された木簡には、東福寺[5]や筥崎《はこざき》宮《ぐう》[6]など日本の寺社の名が多く記されていた。[7]また、船上生活具には、中国のザーレン鍋（鍋の底に多数の穴を開け、湯切り、油切りなどに用いる）や匙《さじ》、日本の漆椀《うるしわん》や下駄などがみられ、日中混合である。乗員は混成チームだったのだろう。このような船を「日本船」、あるいは「元船（中国船）」とよぶことが、はたしてできるのだろうか。

サツマイモやトウガラシが伝播した時代に戻ると、海の世界の混成ぶりがより明確にみえてくる。一七世紀初頭に東南アジア各地に渡航した朱印船とよばれる船がある。徳川政権などから朱印

5　一二三六年、九条道家を檀越として円爾が京都に創建。のち京都五山第四位の禅宗寺院となる。

6　福岡市東区箱崎に所在する八幡宮。延喜式内社にして筑前国一の宮。古代においては大宰府と密接な関係をもち、日宋貿易にも関与した。

7　大韓民国全羅南道新安郡の沖合で発見された沈没船遺跡。船体とともに陶磁器や荷札木簡をはじめとする大量の積載物が引き揚げられた。その調査を通じ、一四世紀前半に日中間の貿易に従事していた中国式のジャンク船であることが確認された。

状という海外渡航許可書の交付を受けた貿易船で、通常は「日本船」といわれる。かつては、朱印船が日本人の南方への躍進の象徴とされたこともあった。だが、実は朱印状の交付先の三割は、華人や西洋人など「外国人」だった。また、日本の商人や大名が交付先となっていた船でも、船長は華人や西洋人の場合が少なくない。逆に華人や西洋人が派遣主の船の船長が日本人の場合もある。一六二六年の角倉《すみのくら》船は、船長は日本人だが、航海士や操舵手などは「南蛮・阿蘭陀《オランダ》その他の海上案内巧者」を長崎で雇っていた。このように幹部船員までひろげると乗員の混成率はさらにアップする。積荷の荷主や資金の投資者についても同じことがいえる。

さらに、船体に注目すると、たとえば、平戸にあったイギリス商館が派遣した朱印船は、中国式のジャンク船であった。絵馬に残されている日本商人の朱印船もジャンク船だが、これは舳先《へさき》などが西洋式に改装されたハイブリッド船である。また、一六三〇年にオランダ商館員が長崎で二隻の西洋式ガリオット船を目撃しているが、一隻は中国商人、もう一隻は日本人の所有であった。後者の船は華人商人が借りて航海に出るところだったが、その航海士は太平洋航路のスペイン船に長く乗りこんだあと長崎に来住し、日本人を妻として貿易業に携わっていたオランダ人であった。このような船は、どこの国に帰属しているといえるのだろうか。たとえば、イギリス商館の朱印船は、朱印状を交付されている点を強調して、日本船だという主張も可能かもしれない。だが、経営主体からイギリス船、船体から中国船という見方もまた不可能ではない。このように海の世界の前近代の事象は、人や船には国籍があるという近代的概念を前提にした見方をしようとすると、支離滅裂になってしまうことが多い。

海域とは何か

このように「国」単位で区分して理解することが不可能な一体としての海の世界を、本書では「海域」とよんでいる。ここでいう「海域」は、ある区切られた範囲の海をさす自然地理的な用法とは異なり、人間が生活する空間、人・モノ・情報が移動・交流する場としての海のことをさしている。「地域」という言葉も、たんなる陸地の区分ではなく、多様なサイズの生活・活動の場をさすことが多いが、この用法とよく似ている。海を中心にした「地域」といってもよいだろう。しかし、歴史を国単位で考えたり、人間の活動を陸中心に考えたりする人びとにとっては、「海域」の姿はとらえにくく、しばしば理解しがたい。それは今も昔も同じである。だから海域から来た人やモノは、「唐」や「コーレー」など、各地域で海外の陸の世界を象徴する地名・国名を付してよばれることがあったのである。

陸中心の物の見方からすれば、海域は、入口と出口しかわからないブラックボックスのような空間、あるいは海賊や密売人がうろつくアウトローの世界と映るかもしれない。しかし、そこは、魚を捕ったり塩を作ったりする島や沿岸の住人たち、船で人やモノを運ぶ商人や船乗りたちの暮らしと仕事の場であり、上意を受けた外交使節や向学心に燃える僧、ときには兵士を満載した軍船が往来する歴史空間でもあるのだ。私たちがこの本で描こうとするのは、この「海域」の歴史である。

私たちは、歴史は海から始まると主張しているわけではないし、海域を陸から切りはなしてその歴史を描こうとしているのでもない。この点は誤解のないようにお願いしたい。人・モノ・情報の交流が海に生みだす海域という歴史空間で生きる人びとの目線に立った叙述を試みようとしているのである。

一つ例をあげておこう。過去の東アジアでは、私的な海上活動や海外貿易を抑圧する海禁という特徴的な政策がとられたことがある。この政策を強く打ち出した明《みん》の永楽帝[8]は、即位直後に「使臣の報告では、海島には蕃国人が多く遁居してわが国の兵卒・民衆のなかのならず者と潜かに結んで寇を為しているという」、「蕃国人はすみやかに本国へ還れ。国王の使者として改めて来朝すれば、厚遇して送迎してやろう。わが国からの逃匿者はみな過ちを許して本業に戻し、永く良民として扱おう。もし海路険遠をいいことに従わなければ、兵を発して皆殺しにするぞ」と命じている。これが陸の政治権力の海に対する見方である。海禁は国内治安や外交秩序の回復のためだというのである。しかし、そこには陸の権力が脅威を感じるような当時の海域の状況が見え隠れしている。その実情を明らかにしたい。

私たちの多くは、これまでなかば無意識のうちに陸の権力の視線で当時の歴史を理解してきた。しかし、海域の側から見れば、同じ対象が異なって見えるのではないか。陸中心の政権の目で記されてきたこれまでの東アジア史を見直し、海と陸をあわせた東アジアを想定し、その歴史を描いてみたい。海を真ん中においてそこに生きる人びとの目線で歴史を考えてみたい。これらが本書の基本的なスタンスである。

何度もいうように海域は陸の世界からは見えにくい。歴史の叙述は史料によらなければならないが、残念ながら、船乗りや海賊など海に生きた人びとが自ら書き残したものはそれほど多くはない。現存する古文書や古記録のほとんどは、陸地人の目線・文脈にそって書かれている。しかし、明確な問題意識をもって、史料が語る情報を丹念に再構成していけば、海域の内実や「陸域」との関係性を具体的に明らかにしていくことは不可能ではない。海域に生きる人びとの権力への帰属意

8　一三六〇—一四二四年。明朝第三代皇帝（在位一四〇二—二四年）。燕王として北平（北京）に封じられていたが、内戦をおこして甥の建文帝を倒し、皇帝となった。北京に遷都し、南海遠征・モンゴル親征など積極的な対外政策をすすめた。

識や「よそ者」との距離のとり方は、陸の人びとと同じだったのだろうか。「家族のために汗をながす」漁師や船乗りと、「人殺しをものともしない」海賊や兵士はどういう関係にあったのだろうか。海域を中心に据えた歴史、すなわち「海から見た歴史」が明らかになったとき、私たちはこれらの問いに答えることができるだろう。

2　本書の舞台と構成

東アジアの海とは

アウトリガーカヌーが大洋に散らばる島々を結んでいた南太平洋。ヴァイキング[9]やハンザ同盟[10]の船が行きかったヨーロッパ西北の海。貿易風[11]に乗って三角帆のダウ船や大型のガレオン船が往来したインド洋。世界の歴史のなかにはさまざまな海域世界が存在する。本書の舞台となる「海域」は、ユーラシア大陸東方の「東アジア」である。

まず、「東アジア」という用語についての本書の立場を述べておこう。この語は、日本では中国大陸・朝鮮半島・日本列島などの地域を包括する呼称としてよく使用されるが、そのさすところは実に多様であり、一定していない。近年、ヨーロッパ共同体（EU）のような地域共同体として、「東アジア共同体」（EAU）をつくろうとする動きがあるが、この「東アジア」には東南アジア諸国が入っているし、さらに対象を広げてインドやオーストラリアをふくめようという考えもある。日本では、戦前の対外政策を反省し、この地域の国際関係を重視する歴史研究者が「東アジア」を用いることがある。また、漢字が使用され、儒教の影響を受けた文化圏として「東アジア」が用い

9　八世紀から一一世紀にかけて、ヨーロッパ各地で活発に活動したスカンジナビア出身の人びと。戦士であり、商人でもあった。

10　一二世紀から一六世紀にかけて、バルト海沿岸の貿易を独占した都市同盟。最盛期には北ドイツを中心に二〇〇以上の都市が加盟していた。

11　モンスーンのこと。インド洋では五月から九月にかけては南西、一〇月から四月にかけては北東の風が吹く。

られる場合もみられる。

地理的なアジアを東西南北に四分し、その東の部分をさらに東南と東北に二分することもある。その場合、これらの地域は東北アジア（北東アジア）に入る。また、中国の真ん中に境界線を引き、南中国と東南アジアとの連続性に注目する見方もある。韓国では中国・朝鮮・日本を包括して東北アジアということが一般的だし、日本でも考古学などの分野では東北アジアという語が使用される場合が多い。「東アジア」という語は、これを使う人の立場や考え方によって、さまざまな地理的空間をさしているのである。

本書の主要な舞台となる「海域」は、具体的にいえば、東シナ海と黄海を中心に、北は日本海・オホーツク海、南は南シナ海へと南北に連なるユーラシア大陸東辺の海である。私たちは、「東アジア」という用語の歴史性や文化的意味に配慮しながら、このユーラシア東辺に連なる海とその周辺を「東アジア海域」とよぶことにしたい。

といっても、本書は「東アジア海域」だけを対象とするわけではない。奈良の法隆寺に八世紀中期に奉納された白檀《びゃくだん》には、商人の名前とも商号とも言われる刻銘と焼印がある。中央ユーラシアをまたにかけて商業を展開したソグド人[12]たちのソグド文字とされていた焼印には近年、漢字説も出されているが、刻銘がはるか西の方イラン高原で用いられたパフラヴィー文字であることはまぎれもない事実である。このような産品について語るときには、ユーラシア南方のインド洋海域世界にも目を向けなくてはならない。さらに、人類史が全地球的規模で展開する一六世紀以降の海域を語るためには、世界各地の海域世界の動向に目をくばらなければならない。陸と違って海は世界中につながっている。取り上げるテーマや時代によって、本書で扱う地理的な範囲が伸縮することを、あ

12　ユーラシア中央部のソグド地方（ソグディアナ）のオアシス出身者。イラン語系のソグド語を話し、西アジアのアラム文字系のソグド文字を用いた。紀元一千年紀を通して、シルクロード貿易の担い手として活躍した。

らかじめお断りしておきたい。言い方をかえれば、時代ごとに見え方・広がりの違いはあるが、東シナ海の中央に立って周囲を見回したときに展望できる人間活動の連なりとしての空間を、ここでは「東アジア海域」とよんでいるのである。

本書は「東アジア」の海をすべて平等に取り上げているわけではない。あとにつづく本論をお読みいただければわかるように、オホーツク海や日本海に対する言及は少なく、東シナ海と南シナ海では、前者のほうに重点がおかれている。このような叙述のかたよりには、いくつか理由がある。ひとつは、さきにふれた、「東アジア」を文化圏や国際関係の枠組みとしてとらえてきた日本の歴史研究の影響である。

だが、より重要な理由は、東シナ海や黄海を中心においた海域の歴史がこれまでほとんど描かれていないという点にある。南シナ海やオホーツク海とその周辺については、近代的な国境・国籍を前提としない文献史学や考古学の研究が長い歴史をもっており、海から見た歴史像の解明は比較的すすんでいる。これに対して、東シナ海や黄海をとりまく地域では、歴史研究が日本史、中国史、朝鮮史など近代国家の単位に分断され、海の歴史は、その枠組みのなかの一分野として研究されてきた。海は陸の付属物として扱われ、「わが国がいかに積極的に海と関係してきたか」の証人探しを競いあいかねない状態だった。しかし、このような歴史研究の状況は、日本ではこの二〇—三〇年の間に急速に変化してきている。「海域アジア史」や「東アジアの海域交流」などのテーマを掲げた研究が活況を呈し、東シナ海を主要な舞台にした多様な研究成果がではじめている。本書が東シナ海に中心を置いた叙述にとくに力を入れたのには、これら近年の成果をもとに、一国史観とは異なる歴史の見方を提示したかったからでもある。

私たちは、近現代の国家と前近代のそれとの混同をさけるため、「日本」、「中国」、「朝鮮」などを可能な限り国家名称として使用しないことにした。本書に登場する「日本」、「中国」、「朝鮮」などは、日本列島、中国大陸、朝鮮半島などの地域空間をさしており、陸を統治する権力は、王朝、朝廷、政権などの言葉で表現されている。日本人や高麗人などの「〇〇人」という言葉も、その国の人ではなく、その地域の人という意味で用いた。このほかに中国東北地方にいたジュシェン（女《じょ》真《しん》）人[13]やモンゴル人などのように、エスニックグループとしての名称を用いる場合もある。また「中国人」という呼称は、現在では「中国の国民」を意味することも、海外在住者を含めた漢民族をさすこともあり、きわめて曖昧な言葉である。英語ではとくに後者をさして、Han-Chinese という呼称も用いられる。本書では、言語・習慣などを共有するエスニックな側面に注目して、おもに「華人」を採用するが、可能なら福建人や広東人などできるだけ具体的な地域呼称を用いる。また、文脈によって「中国人」（北部中国に関しては文脈により「漢人」と記す場合もある）を使うこともあるが、それは中国大陸に住む人のことを意味している。

13　東北アジアのツングース系住民で、漢字では女真、女直としるされる。畑作・牧畜をいとなみつつ狩猟・採集活動をおこない、モンゴルの政治的 文化的影響をつよくうけた。一二世紀に金、一七世紀に清をたてた。清代にマンジュ（満洲）と改称した。

三部構成のパノラマ劇

海から見た東アジアの歴史を描こうとする本書は、少し変わった叙述スタイルを試みている。歴史書によくある時系列に即した通史的な叙述ではなく、時間的に異なった三つの時期を取り上げて、その時代の海域とそれを取りまく地域の特徴をモデル的に再現しようとした。このような構成をとったのは、抽象的な概説ではなく、できるだけ、海の中心に視座をおいて周囲をぐるりと見回すパノラマのような具体的なイメージを読者に届けたかったからである。しかし、すべての時代にわたってそのような記述をおこなうには、紙数にも時間にも制約がある。そこで、この海域の歴史的特質が浮かびあがるように、三つの「百年間」を選びだして、それぞれの時代の特徴や多様性を具体的に描き出してみようというのである。このような手法は演劇ではよくみられる。本書を三部構成の海から見た歴史劇に見立てていただくのもよいだろう。

三つの「百年間」とは、次の通りである。

第Ⅰ部　一二五〇年―一三五〇年　ひらかれた海
第Ⅱ部　一五〇〇年―一六〇〇年　せめぎあう海
第Ⅲ部　一七〇〇年―一八〇〇年　すみわける海

それぞれのタイトルは、私たちがその時代の海域の姿を象徴すると考える一言からなっている。この三つの「百年間」は、同一の空間の連続した歴史の一部を切り取ったものではない。むしろ、視点を海の中央に置いた空間のパノラマ的なデッサンが三枚示されるのだとお考えいただきたい。当然、デッサンの大きさや図柄は異なっている。同じように海から周囲を見回しても、眼前に現れる光景は時代によって大きく変化しているからである。といっても、どこがどう違うのか、これらのデッサンがうまく比較できるように、各部の叙述には工夫が必要だろう。本書では、三つの「百年間」を叙述するにあたって、海から眺める視角やものさし、叙述の流れなどを、できるだけ揃えることにした。具体的には次のようになる。

まず、各部の冒頭には「時代の構図」が置かれ、それぞれの「百年間」の海域の位置づけと特徴が述べられる。つづいて、「人」がテーマとなる。私たちは海域と関わった人びとを、（1）政治権力やこれと密接な関係をもつ人びと、（2）航海や貿易と関わる人びと、（3）沿海で暮らす人びとの三つの範疇でとらえることにした。それぞれのグループが海域の歴史の展開にどのような役割を果たし、どのように関わったのかが説明され、また、各時代に海域交流の舞台となった港町とそこでの貿易の実態や「国外」から来た人びとの存在形態や権力による管理などの特徴についても述べられる。次は「モノ」だ。海上を運ばれたモノの多様性や時代的特徴を明らかにし、モノの観点から、各時代の東アジア海域の経済面での特徴が論じられる。最後は「情報」である。技術、学芸、美術、信仰、思想など、広い意味で「情報」に関わる要素の受容や拒絶の諸相が取り上げられ、それぞれと東アジア海域の歴史との関わりが説明されることになる。

舞台のあらすじ

三つの「百年間」の歴史的位置づけは、それぞれの「時代の構図」で説明される。しかし、それらの説明がより容易に理解できるように、ここであらかじめ三つの時代をはさみながらの東アジア海域の歴史を通時的に概観しておこう。これは芝居でいえば、筋書きにあたる。幕が開く前に筋書きを読んでおけば、せりふや所作の意味がより正確に深く理解でき、芝居をさらに楽しむことができる。以下は、これから始まるパノラマ劇を楽しむための基礎知識だとお考えいただきたい。

前近代の人びとは、しばしば自己中心的な世界観にもとづいて世界を理解していた。中国ではそれが中華思想（華夷思想）というかたちで体系化されていた。この思想によれば、天から地上の統治を委ねられた天子（皇帝）が主宰する世界秩序の基本は「朝貢《ちょうこう》」という制度にあった。朝貢とは、天子の徳を慕って、蕃夷《ばんい》[14]の首長が使者を派遣して貢物を献奉することであり、天子はその返礼

14　中華思想において、中国周辺部にいて天子の徳を十分に受けていないと考えられた人びと。

に貢物以上の価値をもつ回賜品を与えることになっていた。

しかし、それはあくまでも王朝の論理であり、それとは別に、早くから多くの海商が利を求めて中国各地の港を訪れ、各種の商業活動に従事していた。南シナ海・インド洋方面からやって来るムスリムの諸海商は、唐代(七—九世紀)には、王朝によって皇帝の徳を慕ってくる蕃客として扱われ、広州などの港には蕃坊《ばんぼう》とよばれる居留地があった。黄海・東シナ海方面からの海商は新羅商客とよばれ、山東半島などに新羅坊が設置された。浙江省中部の寧波には蕃坊の一種である波斯《はし》団(ペルシア人の居留地)があったと伝えられ、新羅坊の南限は浙江省南部の台州《たいしゅう》だった。南と北からの海商の活動範囲は杭州湾付近で交わっていたことになる。

円仁や円珍が留学した唐王朝末期の九世紀から、華人海商の活動が東アジア海域で急速に活発化する。彼らは、東シナ海では新羅人に取ってかわり、南シナ海でもムスリムの海商と拮抗するようになった。海上交易の活性化をうけて、宋王朝(一〇—一三世紀)は主要な港に市舶司《しはくし》という役所をおき、海商を管理するとともに、商品に課税し財源を得ようとした。王朝が海上交易の重要性に気づいたのである。この時代には、日本の博多や、近郊に外港礼成港《れいせいこう》を擁する高麗の国都開京《かいけい》、また東南アジアの主要港に、多くの華人海商が進出して居留するようになった。博多に住み着いた宋の商人、謝国明《しゃこくめい》の名をご存知の方も多いだろう。東シナ海を往来する海商の船には、中国の諸寺を目指す日本や高麗の僧侶の姿もめだつようになった。

華人海商によって活発な海上交易が展開された宋代につづくのが、「第Ⅰ部　ひらかれた海」の時代である。この時期、モンゴルが勢力を伸張させて南下し、南宋を滅ぼして中国大陸全域を支配下においた。第Ⅰ部では、この強大なモンゴル勢力の進出によって大きく揺れ動いた東アジア海域の諸相が詳細に解説されることになる。
元《げん》[15]の末期にあたる一四世紀中葉になると、東アジア各地では陸の政治権力の求心力が弱まった。内戦や帝室の内紛がくり返されて元の統治はゆるみ、中国の各地に軍事力を擁した自立勢力（軍閥）が現れる。党派抗争が激しくなった高麗でも国王の廃立がつづき、日本列島では、南北朝の動乱が長期化していた。陸の力が揺らぐなかで、東シナ海周辺では、沿岸・島嶼の各地で自立した諸勢力の動きがめだつようになる。中国沿岸では方国珍や張士誠が蜂起し、日本列島では各地の海上勢力が南朝北朝の旗印のもとで衝突をくりかえした。その一部は朝鮮半島や山東半島の沿岸にまで渡り、海上の治安を乱す要因となった。これは前期倭寇[16]とよばれている。

モンゴル勢力を駆逐して明王朝を建てた洪武帝は、集権的な統治体制のもとで社会秩序を再編し、元末の混乱の収拾を目指した。自立の方向に動いていた海域に対しては、理念にすぎなかった「朝貢」を実体化し、これを「海禁」政策と結びつけて、王朝が外交と貿易を一元的に統制する体制をつくりあげる。また、空島《くうとう》政策などによって海域の諸勢力を分断し、その殲滅を目指した。この明の海禁政策に典型的にみられるように、東アジア海域では、陸の政治権力が海域の動向に神経をとがらせ、干渉や統制を志向する傾向が強かった。これは、政治権力が海の世界にあまり関心を持たなかったインド洋海域とは対照的である。海域がしばしば「政治の海」となる点は、東アジア海域の大きな特徴なのである。

「第II部　せめぎあう海」が扱うのは、この明王朝の後半の時代にあたる。それは、スペイン、ポルトガルの人びとによって地球規模で海域のリンクが形成された時代でもある。明がつくりあげた体制の揺らぎと統制にたいする海域勢力の反抗、さらにイベリア半島出身の新しい勢力の参入な

15　大元。一二六〇年にモンゴル皇帝となったクビライとその子孫の政権。直接の勢力圏はモンゴル高原と中国を中心とする東部ユーラシアだったが、事実上分立した西方のモンゴル諸政権もその宗主としての権威をみとめていたという。

16　一四世紀後半を中心に朝鮮や中国の沿岸部で海賊行為をおこなった集団。対馬・壱岐・松浦など九州北部の島嶼・沿岸部を主要な発源地とするが、社会的性格、民族的性格については諸説ある。第II部でとりあげる一六世紀の後期倭寇とは区別される。

17　一五七六―一六二九年。明の軍人で、明・朝鮮

どによって生みだされた東アジア海域のダイナミックな展開が説明されることになる。

一七世紀前半は、東アジア海域史における一大転機だった。ながらく権力の拡散状況がつづいた日本列島では、強大な軍事力によって政治的統一を果たした徳川政権が、海域に対しても強力な海禁と管理貿易の体制を築いていく。大陸では満洲（女真）人の清が、内乱で自滅した明にかわって強力な支配体制を打ちたてる（一六四四年）。他方、海域でも諸勢力の統合と自立の動きがひろがっていた。黄海北部の海域諸勢力を糾合した毛文龍《もうぶんりゅう》[17]、東シナ海と南シナ海の海域勢力を背景にもつ南部の鄭芝龍《ていしりゅう》[18]・鄭成功[19]の活動がそれである。とくに後者は、一七世紀後半には台湾を拠点とし中国大陸中南部沿岸各地に影響を及ぼす一大勢力に成長した。海域の力が最大限にまで発展した時期だったといえよう。清政府はこれに対抗して、住民が沿岸に居住することや海に出ることを禁じる遷界令を出すとともに、鄭氏政権内部の切り崩しをすすめ、一六八三年にようやく鄭氏の根拠地だった台湾の攻略に成功した。

これを受けて出された清の展海令によって住民の海外出航が解禁されると、大量の華人商船が東シナ海と南シナ海を行き交う事態となり、管理貿易体制下にあった日本の長崎では、多すぎる唐船が大きな問題となった。またヨーロッパ諸勢力のなかでは、キリスト教布教との結びつきが強く東アジアの諸政権から警戒されたポルトガル人やスペイン人の活動がしだいにめだたなくなり、かわってオランダ東インド会社[20]が組織的な商業活動を展開するようになった。彼らは徳川政権の管理貿易体制にも唯一参入を許され、大きな利益をあげた。このように一七世紀後半には陸の強力な権力がその力を発揮しはじめ、それにともなって海域の諸勢力は次第にその自立性を失って陸の政権の管理下に入っていった。

国境に進出して後金（のちの清朝）との戦いにあたった。しかし、海上軍閥化して統制にしたがわなかったため、強硬派の司令官によって謀殺された。

18　一六〇四―六一年。福建泉州の出身。武装海商集団を統率して福建沿岸の海上貿易を掌握した。明朝の滅亡後、一六四六年に清朝に投降したが、子の鄭成功が抵抗をつづけたため処刑された。

19　一六二四―六二年。鄭芝龍を父、日本人女性を母として平戸で生まれる。鄭芝龍の投降後も、厦門を拠点に清朝に抵抗をつづけた。一六六一年には台湾からオランダ人を駆逐して本拠を移したが、翌年病没した。

20　ＶＯＣ。正式には連合東インド会社といい、一六〇二年にオランダ各地の六つの貿易会社を統合して設立された。東アジア海域ではバタヴィアを根拠地とし、インド洋から東シナ海にいたるほぼ全域で活動を展開した。

「第III部　すみわける海」は、このようにせめぎあう大波が徐々に静まっていったあとの海域の様相を扱う。私たちは、そこから現代のこの地域の特徴のいくつかをすでに見出すことができるはずである。第III部の百年が終わると、東アジア海域はアヘン戦争に象徴される「近代」という新たな時代をむかえることになる。

以上が、おおよその筋書きである。本編の開演まで、もうしばらく時間をいただきたい。三つの具体的な「百年間」を鑑賞していただく前に、私たちが扱う歴史がくりひろげられた舞台装置や大道具、すなわち、海や風、そして船や航海の実際をぜひ知っておいていただきたい。人びとの移動やモノ・情報の動きは、間違いなく東アジアの海とその周辺の自然環境の影響を受け、造船や航海の技術に支えられていたからである。

二　海の環境と船

1　ユーラシア東縁の海と風

海のかたち

人工衛星から見た私たちの地球は、海と陸が美しいコントラストをなしている。そのなかで、一番大きな海洋と陸地が出会う場所が本書の舞台だ。よく見ると太平洋とユーラシア大陸は、じかに接してはいない。両者の間には、千島列島・日本列島・南西諸島・フィリピン諸島などが、美しいアーチを描きながら連なっている。北太平洋の西ぎわをふちどるこれらの島弧は、地球を形づくるプレートどうしの境界に生まれたものだ。だから、島々の両側で海底の様相は大きく異なっている。太平洋側では平均四〇〇〇メートルという深さをもつ広大な海底が、これらのアーチの手前でさらに鋭く沈みこんで水深八〇〇〇メートル前後の海溝となり、そこからいっきに駆けあがる深度差六〇〇〇メートルの巨大な壁を形成している。大陸側の海底はゆるやかにたわんで深度三〇〇〇メートル前後の海盆を形成し、陸地に向かってある所ではゆるやかに、ある所では急激に上昇して、なだらかな大陸棚となってみぎわに伸びている。

このアーチの連なりを、カムチャッカ半島、サハリン島、朝鮮半島、台湾島が、まるで石柱のように支えている。これらの半島や島は、同時に大洋と大陸の間に横たわるこの縁海を、分節する役割を担った。こうして、オホーツク海・日本海・黄海と東シナ海[21]・南シナ海という四つの海がかたちづくられているのである。もちろん、この四つの海は完全に閉じているわけではなく、宗谷海峡・対馬海峡・台湾海峡などの海峡によってたがいに結ばれている。さらに、島と島との大小さまざまな隙間によって、太平洋側からも出入りが可能である。四つの海の姿は、さまざまなタイプの建築物によって構成された巨大な回廊に守られた広場や中庭のようにもみえる。

地球上の大陸の海岸線のなかで、これほど長距離にわたって列島や半島に囲まれた水域が連なっているのは、ユーラシア大陸の東辺だけであり、四つの海の連鎖は北極圏の近くから赤道直下まで、八五〇〇キロメートルの長さに及んでいる。回廊はさらに北アメリカやオセアニアにも伸びていくが、この海のかたちが、ユーラシア東部における人・モノ・情報の移動や交流のあり方に、少なくない影響を与えてきたのである。

21 東シナ海と黄海、それに渤海は、別々に扱われることが多いが、水面は連続しているので、ここでは黄海と東シナ海と呼んでひとくくりに扱うことにする。

海たちの個性

北から南に連なるこの四つの海は、本書のなかでひとしく舞台となっているわけではない。時代によっても違いがあるが、舞台としてもっとも頻繁に登場するのは東シナ海であり、南シナ海がこれに次いでいる。日本海はときどき登場するものの、その北にあるオホーツク海は第III部を除いてほとんど姿を現さない。これはもちろん、前述した本書の構成と内容、つまり台本からくる偏向である。しかし、寧波から博多に向かう船が、南シナ海方面の蘇木や香料を積んだように、オホーツク海産のラッコの毛皮が、博多から寧波に向かう船に持ちこまれている。表舞台に現れないとしても、決して本書と無関係なわけではないのである。そこで、ここで四つの海の個性、すなわち地理的な特徴を簡単にみておこう。

一番北のオホーツク海は、北・東・西の三面を大陸とカムチャッカ半島、サハリン島が囲み、南面に千島列島が連なっている。表面積約一五〇万平方キロメートル、平均水深八三八メートルで、海底は、北部沿岸の大陸棚、中央に広がる水深一〇〇〇―一六〇〇メートルの海盆、さらに南部の最深部三七〇〇メートルの深い海盆と、北から南に向けて深度を増すという特徴をもつ、たとえるならチリトリ型の海だ。千島列島周辺の海底も水深一〇〇〇―二〇〇〇メートルに及ぶ。水域内には前出の島々をのぞけばめだった島はなく、中小の島が北部沿岸に点在する程度である。

この海の個性をきわだたせているのが、西側に河口をもつアムール川（黒龍江）だ。ここから大量の淡水と栄養素がこの海に注がれる。淡水は塩分濃度を下げて海を凍結しやすくし、冬季には海面の七割以上が海氷に覆われる。海氷はさらに流氷となって北海道沿岸に押しよせる。また、凍結時に発生する海水の対流混合によって沈澱していた栄養素が浮上し、プランクトンの大量発生がおきる。それがこの海に豊かな水産資源をはぐくみ、さらに美しい毛皮をもつ海獣たちの楽園を生みだすのである。しかし、荒天や結氷といった北の海の厳しい環境が海上交通をはばみ、長い間この海は限られた数の沿岸住民の漁撈の場にとどまって、めだった港町は発達しなかった。

大陸・サハリン島・日本列島・朝鮮半島に囲まれた日本海は、表面積は約一〇〇万平方キロメートルと、四つの海ではもっとも小さいが、平均深度が一七〇〇メートルもある。深さがこの海の特徴で、中央の大和堆《やまとたい》（水深四〇〇メートル）を囲むように、北の日本海盆（同三〇〇〇メートル）、南東に大和海盆（同二五〇〇メートル）、南西に対馬海盆（同二五〇〇メートル）がとりまく、いわば深鍋型の海だ。大陸棚は水域の北東と南西に小さく存在するだけである。水域西部の鬱陵《うつりょう》島と竹島を除けば、ほとんどの島嶼は沿岸部に散在し、隠岐・佐渡・利尻など日本沿岸にややめだつ島々がみられる。この海のもう一つの特徴は閉鎖性である。周辺の海とは、間宮・宗谷・津軽・関門・対馬の五海峡という狭く浅い水路でしかつながっていない。海水の出入りの制約は、潮位変化が小さいというこの海の個性につながっていく。干満差がほとんどないために、沿岸には干潟が発達しない。この海の南端に位置する対馬海峡は、朝鮮半島と日本列島を結ぶ重要な水路であり、その両岸には、釜山をはじめとする三浦《さんぽ》[22]や、博多、下関のような、海域交流の拠点となる港町が成立した。また、日本列島に沿っては、北海道から博多にいたる浦々に、沿岸交易のための港町が発達した。

大陸と朝鮮半島、九州に三方を囲まれ、南に南西諸島が連なる水域は、東シナ海（約一二五万平方キロメートル）と黄海（約四〇万平方キロメートル）、さらに渤海（約一〇万平方キロメートル）の表面積を合計すると約一七五万平方キロメートルとなり、四つのなかで二番目に広い海となる。海底は

22　朝鮮半島南東部に位置し、一五・一六世紀に倭館が置かれた三つの港町。富山浦（釜山浦）、乃而浦（薺浦）、塩浦を指す。

傾向としてはオホーツク海とよく似ていて、北の大陸棚から南西諸島付近の深度二〇〇〇メートルの海盆（沖縄トラフ）に向けて、深度を下げている。だがこの海の特徴としてきわだっているのは、浅さである。沖縄トラフの幅は二〇〇—三〇〇キロメートルと狭く、全体の九〇%以上を水深二〇〇メートル以下の大陸棚が占めている。北部ではさらに浅くなり、黄海の平均深度は四〇メートル、渤海では同一〇メートルしかない。たとえるならお好み焼きのコテ（ヘラ）のような形状だ。

この海では、南西諸島以外の島嶼は沿岸域に集中している。水深の浅いこともあってその数は多い。特に朝鮮半島南西部や杭州湾口の舟山群島などは多島海の様相をみせている。朝鮮半島西岸の内湾では、干満差が一〇メートル近くに達する場所もあり、そこには広大な干潟が形成されている。さらに、対馬、五島列島、済州島など、陸地をやや離れたところにもめだつ島がある。これらの島々は、しばしば海を舞台にして生活する人びとの拠点となった。

忘れてはならないのは長江の存在である。淮水《わいすい》とともに大量の砂泥を排出し、両河口の間の沿岸に巨大な砂堆群が発達する主因となった。これらの河口は同時に大量の淡水をこの海に供給した。大きくひろがる汽水域は、南西諸島方面や台湾・対馬海峡から来る海水と重なり、種々の水塊の混在状態をこの海に生みだした。その結果、多様な海洋生態系が形成され、オホーツク海とはまた様相の異なる豊かな水産資源相をもたらしたのである。

長江をはじめ、大陸側からは多くの河川がこの海に流れこむ。そして、港町の多くは、海からこれらの河川を少しさかのぼった場所に位置していた。江南の上海、寧波、福建の福州、泉州などは、みなその例である。海上を航行する船は、満潮時には潮に乗ってこれらの河川をそのまま港町まで遡上することができた。見落とされがちだが、東シナ海沿岸の河川は、海上交通と陸上交通を結びつける重要な役割を担っていたのだ。日本列島西部を数百キロにわたって結ぶ瀬戸内海も、これらの河川と似た性格を持つ。海面にこのような内陸水路が接合していることもまた、この海の個性のひとつであろう。

もっとも南に位置する南シナ海は、表面積約三六〇万平方キロメートルと、他の三つの海にくらべ二倍以上の広さがある。平均深度は一二〇〇メートルであるが、大陸棚が広がる西南部と北部、深度五〇〇〇メートルのマニラ海溝を最深部とする巨大な海盆が口をあける東部というように、フライパンと鍋が合体したような構造をもつ。大陸や半島で閉ざされた北西辺と島々と水道・海峡で構成される南東辺、広く口を開けたルソン海峡と狭く長くのびたマラッカ海峡、大きな塊の海南島と広い水域に散らばる嶼礁群。まさに、ハイブリッドがこの海の個性だ。西はアンダマン海、東はスールー海やジャワ海などが連なっており、開放的なかたちをもった海でもある。

南シナ海の大半は熱帯に位置している。島嶼部ではサンゴ礁が発達し、大陸側の沿岸には広大なヒルギ林が広がっている。ヒルギ林の干潟や浅い陸棚は大変生産性が高く、多くの種類のエビ、魚、貝が棲息し、これらの漁によって生計を立てる人びとをひきつけてきた。

この海の沿岸にも、いくつかの大きな交易拠点が存在する。大陸側は、東シナ海と同様、河川をさかのぼった場所に、広州やプノンペン、それにアユタヤのような大きな港町が生まれた。また、マラッカやホイアン[23]のように河口部に発達した港町もあった。ヨーロッパ出身の人びとがこの地域に進出する一六世紀なかば以後は、マカオ、マニラ[24]、バタヴィア[25]のように、海に面した場所に交易の拠点となる港市が置かれるようになる。また、フィリピンから南の東南アジア諸島部には、海を生活の舞台とする人びとが多く暮らしていた。

23　古くから貿易港としてさかえたベトナム中部の港町。一七世紀前半には日本人町も存在した。

24　ルソン島南部のムスリム首長の交易拠点であったが、一五七一年、初代フィリピン総督レガスピが植民地首府とした。その後はガレオン船が太平洋を横断して、スペイン領メキシコのアカプルコとマニラを往復した。

25　ジャワ島西部の都市で、現在のインドネシアの首都ジャカルタ。一七世紀はじめにオランダが商館をおき、以後交易・統治の拠点とした。

風の知識

四つの海のそれぞれで、さまざまな風が吹く。たとえば、日本海では、偏西風の影響で一年を通して西や西北から風が吹く。これに対して、その南の東シナ海や南シナ海を特徴づけるのは季節風（モンスーン）だ。季節によって、風向きが変わる。帆船を操る船乗りはそのことをよく知っていた。

中国南部の船乗りたちの知識を一八世紀に集成した航海教本『指南広義』には「四月上旬の清明の後は、地気が南より北に通じ、南風がつねに吹くようになる。一〇月下旬の霜降のあとは地気が北から南へ通じ、北風がつねに吹くようになる」とある。夏は太陽に暖められた大陸に向かって、南部ではインド洋方面から南西、北部では太平洋上の高気圧から南東の風が吹く。逆に冬は冷えた大陸から吹き出す北東・北西の風が強くなる。

季節による風の交替は、海をとりまく環境に強い刻印を与え、そこに住む人びとの生業や文化に大きな影響を及ぼしてきた。熱帯・亜熱帯に属する地域では、一年が多雨と少雨の時期に二分され、モンスーンは雨季の代名詞になった。温帯地域では交替の合間が独立し、四季という季節観が生まれた。四季を有する地帯にも相違がある。南シナ海北部から東シナ海・日本海南部の人びとは、時間差はあれ「梅雨」という季節を共有している。しかし、黄海や日本海の北部の人たちは教養としてこの言葉を知っていても実感はない。この地域は太平洋からの南東風よりも、インド洋からヒマラヤを越え中国内陸を通ってきた乾いた南西風の影響が強いからで、この違いは植生や農業の形態にも及んでいるのである。

季節風だけが風ではない。『指南広義』の記述はさらにつづく。「風の大きく烈しいものを颶《ぐ》（暴風）といい、その甚しいものを颱《たい》（台風）という。颶は常に突然発し、颱は次第に起こる。颶は瞬発的に吹いたり止んだりするが、颱は日夜あるいは数日止まずにつづく。だいたい二月—五月は颶が多く、六月—九月は颱が多い。また、一〇月に北風が烈しく吹き始めて連月つづくのを俗に九降風と称すが、その間にも颱が発生することがあり、春の颶のように突如発生する。船が洋中にあるとき、颶に遇っても対応できるが、颱はなす術がない。颱や颶のおこる時は季節風のように定まっていないので、舟人は風の隙を視て往来しなければならない」。夏から秋にかけての台風や、低気圧性の暴風、あるいは突発性のつむじ風なども船にとって脅威である。

突発的な強風から船を守るには、観天望気による予知が欠かせない。教本は次のように説く。「雲が東より起これば必ず東風が吹き、西から起これば必ず西風が吹く。南北も同じだ」。「雲片が互いにまとわり集まってきて日光を囲めば風が起こる。雲行が急なら大風、日や月が瞬けば大風だ。雲脚の日色が赤い、昼に金星が見える、オリオン座がチカチカする、みな大風の兆候だ」。気流が速いとき、大気が不安定なときは早めの避難や対策が必要だ。

「春夏、天が暑く熱した日の午後には、雲が沸き雷鳴が轟いて必ず暴風がある」。日差しのきつい日はスコールがつき物だ。穏やかな日和を知るには早起きが必要だ。「起きたらまず四方を観察し、天色が明く澄んでいたら夜明直前に解纜せよ。午前八時ごろになっても天色変わらず微風が吹いていれば、順風か否かを問わず、そのまま船をすすめよ」。風向は順風でも、風が強すぎれば大波を起こす悪風になる。

気象庁の統計によれば、東シナ海でしけの目安になる波高四メートルの日数は、一月から三月が八・三日、四月から六月が一・二日、七月から九月が六・一日、一〇月から一二月が八・〇日である

(二〇〇四年から五年間の平均)。この海がもっとも穏やかな表情を見せてくれるのは春から夏の前半までであり、夏の後半からは台風、晩秋からは北西の季節風によって荒ぶる風波が、漕ぎだす船を待ち構えていたのである。

海流の影響

これに対して海流として重要なのは、何といっても黒潮だ。黒潮は、フィリピン群島から日本列島までの数千キロメートルにわたって、幅約一〇〇キロメートルの流れをもつ太平洋最大級の暖流で、海洋の気候や資源はもちろん、沿岸の生態系にも大きな影響力をもっている。だが、かつての東アジア海域の旅人や生活者にとって、黒潮はあまり身近な存在ではなかった。この海域の船の活動は、主として島嶼のアーチによって囲まれた縁海の内側で展開されていたからである。もちろん、東シナ海南東部では黒潮が回廊を通過している。しかし、深さ数千メートルに及ぶ黒潮の流れのすべてが、水深の浅い東シナ海に入るわけではない。一部の流れは海溝壁にそって琉球弧の外側を北上し、回廊から出てきた片割れと四国沖で合流する。東シナ海の黒潮は流量も流速も太平洋上の半分程度に減退する。「黒水」「黒水溝」という琉球に向かう中国使節が記した表現も、大陸棚と沖縄トラフの深度差に由来し、流れを意識してはいない。例外は、回廊からの出口にあたるトカラ列島近海で、東に方角を変え合流点に向かって勢いを増す様子は、古典の「落漈《らくさい》」(海の際の滝)になぞらえられたり、船の難所「天水ヶ渡」と書かれたりしている。ただ、何事もなく通過したという記録もあるので、季節や風の状況など外部要因の影響も大きいと考えられる。見方をかえれば、太平洋上の黒潮は、前近代の航海にとって対処しがたい障壁であったからこそ、船の活動が縁海内部に限定されたともいえよう。

東シナ海に入った黒潮の一部は、さらに分かれて日本海に入ってゆく。これが対馬海流である。この暖流は、冬に日本海を渡ってくる北西季節風に大量の水蒸気を供給し、日本海側各地に大雪を降らせる原因となっている。また、一七世紀の後半ごろまでは、朝鮮半島や九州北岸、山陰地方からは、船で若狭湾まで来て、そこで物資を陸揚げし、琵琶湖と淀川を経て、京・大坂へと運ぶことが多かった。海流のない瀬戸内海より対馬海流に乗った方が、早く上方《かみがた》に到着できたのである。

2　船と航海

中国の船

本書の舞台となる東アジア海域を実際に航行したのは、どのような船だったのだろう。三つの時代によって、また、場所によって、船の形状や性能、航海方法に大きな違いはあったのだろうか。残念ながら、西洋船にくらべると、東アジア海域の船についての研究は必ずしも十分とはいえず、まだわかっていないことが多い。ここでは、中国と日本の船について、現在知られている情報をごく概括的に紹介しよう。なお、ここで紹介するのは、主として、海上交易に用いられた船である。このほかにも、川舟や軍船、漁船など多くの種類の船があったことはいうまでもないが、ここではふれない。

この本が扱っている時代に中国大陸沿岸で使用された船は、大きく分けて二種類ある。ひとつは、主として河川や運河、それに沿岸を航行する平底の船で、沙船《させん》とよばれる。底の浅い水面でも航行でき、波に乗りやすく造られている点に特徴がある。長江河口以北は、沿岸に砂州が多く船の航行が難しいこともあり、元来海上交通はそれほど盛んではなかったが、本書の第Ⅰ部にあたる元代と第Ⅲ部の清代には、沙船を使っての通交が活発となった。沙船には遠洋航海に出るものもあり、江戸時代の長崎を訪れる中国船のなかにも、沙船の姿があった。

もうひとつは尖底船《せんていせん》で、文字通り船底が尖っており、外洋の深い水面で水を切ってすすむのに適していた。主に長江河口以南の地域で建造され、遠洋航海に用いられた。すでに九世紀ごろには、中国の海商がこの種の船を使って沿岸を航行し、南シナ海を経て南方の東南アジアとの間の航海を開始していた。また、江南に拠点をもつ海商が、この船で東シナ海を渡り、中国大陸と日本列島の間で交易活動をおこなうようになるのも、九世紀ごろからである。一口に尖底船といっても、そのなかには、福船、鳥船などいくつかの種類があった。一五—六世紀に福建で開発された鳥船が快速で遠方地域との間の海上交通に大いに用いられたことは知られているが、それぞれの船のくわしい特徴や差異はまだよくわかっていない。

これらの船は、しばしば「ジャンク」とよばれる。今日、漢字では「戎克」と記されることが多いが、もともとは、中国語の「船」の発音(chuan)がマレー語の jōng やポルトガル語の junco に転訛し、それが英語に入り junk となったとされる。

今日ジャンクと理解されている船には、二つの特徴がある。ひとつは構造的なもので、梁とよばれる隔壁板を備えているという点である。これは船の横方向への強度補強と防水のために有効だった。船の大きさによって違いはあるが、一〇枚以上の梁が船体にはめこまれることが多かった。もうひとつの特徴は、篷とよばれる方形の縦帆で、竹を網代《あじろ》編みにし、その間に葉付きの竹の小枝をはさんだものである。重量がかさむために、篷を揚げるには時間と手間がかかったが、簡単に降ろすことができ、海上での天候の急変に迅速に対応できた。また、安価であることも魅力だった。もし、この二つの特徴をもった船をジャンクとするなら、その出現はおおよそ八―九世紀ごろとなり、それ以前に中国大陸沿岸で建造された船はジャンクではなくなるし、中国以外で中国人以外によって造られたジャンクも存在することになる。また、用途にかかわらず、いわゆる商船も軍船も、ともにジャンクである。ジャンクとは、このようにかなり曖昧な言葉である。

言葉だけではなく、実際の船の大きさや形、碇や櫂の形、帆の数などもはっきりと定まっていたわけではない。ただし、いわゆる商船については、おおよその基準があり、それは本書の扱う三つの時代を通じて、それほど大きくは変わらなかったようだ。ジャンクの製作技術は、一一―一二世紀の宋の時代にその基本が確立し、その主要な部分は一九世紀にいたるまで維持されたからである。むろん、時代とともに細部での工夫や改良は多々なされてはいる。ポルトガルやオランダなどから東アジア海域にやってくるいわゆる「西洋船」の船首の帆や高い船尾楼の構造が取り入れられたのは、その一例である。

本書第I部の時代の船としては、福建省の泉州で発掘された船の遺物があるが、これは、長さが三四メートル、幅一一メートル、積載重量は二〇〇トンほどと推定されている。また、朝鮮半島南西部の新安沖で発見された沈没船（一四世紀前半）も、泉州船とほぼ同じ大きさである。一方、一五世紀の初めに東南アジアからインド洋へと派遣された明の鄭和《ていわ》[26]の船団には、宝船とよばれる巨船がふくまれていたことが知られている。この船は、一説では長さ一五〇メートルにも達したという。ただし、最近の研究によると、当時の木造ジャンクとしては、そのような大きさは考えにくい

26　一四〇五―三三年に雲南のムスリム出身の宦官である鄭和が実施した七回にわたる南シナ海・インド洋への遠征。明朝への朝貢をうながすとともに、交易活動もおこない、分遣隊はアフリカ東岸にも達した。

らしい。最大でも全長七〇メートルほどの船と考えた方がよさそうだ。

第III部の時代にあたる一八世紀の船については、九州・平戸の松浦《まつら》史料博物館にある「唐船之図」がその姿をいきいきと伝えてくれる。これは、寧波船、南京船、広東船など一一隻の中国船が詳細な寸法とともに描かれたコレクションである。沙船の特徴をもつ南京船をのぞいた他の一〇隻は、尖底船である。このうちの台湾船の長さは、およそ三二メートルとされる。多少の大小はあるが、他の船の寸法も、それほど変わらない。

とするなら、少なくとも、中国大陸と日本列島の間を往復するジャンクは、三つの時代を通じて、おおよそ長さ三〇メートル程度、積載重量は二〇〇トン程度だったといえるだろう。船建造用の木材としては、竜骨（キール）など船底材には重く腐食しにくい松、梁には釘のよくきく樟、外板には水によく浮く杉が、しばしば用いられた。また、外板の継ぎ目には、浸水を防ぐために、麻を詰め、さらに石灰や蠣灰に桐油を混ぜて練ったものを塗りこめた。

日本の船

日本列島の沿岸で使用された船についての具体的な情報は少なく、とりわけ中国大陸に向かう船の場合は、一五世紀以降についてしかその実態が明らかとならない。奈良・平安時代には、日本か

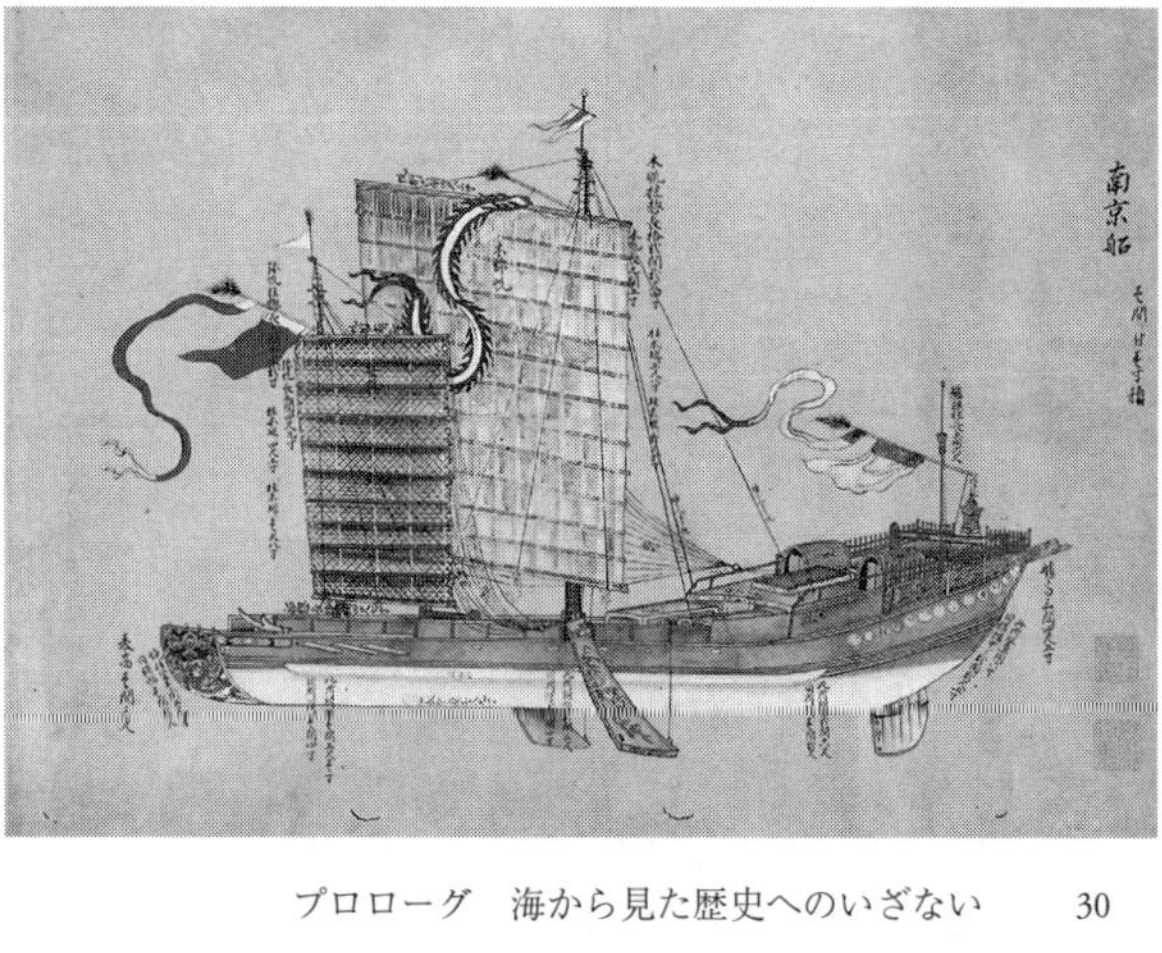

「唐船之図」　南京船（江戸時代、松浦史料博物館蔵。『平戸・松浦家名宝展』〈二〇〇〇〉より）

ら遣唐使船が中国大陸に送られたが、それがどのような船だったのかについては、わかっていない。また、第Ｉ部の時代に、中国から博多など日本列島の港にやってくるジャンク以外に、もし日本で造られ中国へ向かう船があったとしても、その大きさや形などは不明である。

第II部で語られる遣明船（一五―一六世紀）については、少しは情報が知られている。この船には明に向かう使節とともに商人も多数乗りこむのが通例で、乗員数は一五〇人から二〇〇人にも及んだ。このため、大型船が用いられた。しかし、特別な船が仕立てられることはなく、列島沿岸の海で使用されていた商船が転用された。その大きさは、大きいもので積載重量一八〇〇石（二七〇トン）だった。これは、一七世紀後半だとしても十分大船だったという。このころには、棚板造りとよばれる工法で組み立てられた構造船が用いられていた。

一四四五年に、瀬戸内海の東大寺領兵庫北関を通った大坂方面へ向かう船ののべ総数は一九〇三隻で、このうち積載重量のわかる一六八七隻のうち、半数以上は一〇〇石未満の小船だった。六〇〇石（およそ九〇トン）以上の船は、一二隻である。日明貿易に転用された船は、このような例外的に大きな船だったのだろう。これらの船の帰属は、門司《もじ》（豊《ぶ》前《ぜん》）、富田、上関、柳井（周防《すおう》）、高崎、蒲苅（安芸《あき》）、尾道（備後《びんご》）、兵庫（摂津）だった。

また一六世紀の後期倭寇が用いた船は、竜骨のない平底型の日本式小

同、寧波船

型船だった。このため横風や逆風の時には波を切ってすすむことが難しく、東シナ海を渡るのに一ヶ月ほどかかったという。しかしその後は、福建から来た華人が、日本船の船底を加工して尖底式のジャンクに改造するようになり、倭寇はそれによって短期間で東シナ海を渡るようになったという。

本書では直接扱わない時代だが、一七世紀には、日本列島で空前のジャンク熱が高まった。この世紀の前半わずか三〇年ほどの間に、のべ三五六艘以上の朱印船が日本列島から東南アジア方面に向かったからである。外洋航海に耐える強度をもったこれらの朱印船の多くは、ジャンクだった。主に日本で建造されたが、福建やシャムで購入されたものもあった。大きさは積載重量七二トンから四八〇トンまで、さまざまである。長崎歴史文化博物館に、長崎代官[27]であり朱印船貿易に携わった末次平蔵《すえつぐへいぞう》の船と、同じく長崎の商人、荒木宗太郎の船の図が所蔵されている。その復元案によれば、これらの船の長さは四九メートルあまり、幅は八—九メートルとなる。平均的なジャンクよりもかなり大きい船だったようだ。

いわゆる「鎖国」の後も、徳川政権は大船の建造を禁止したわけではない。安宅船《あたけぶね》など軍用の大船こそ規制したものの、ジャンク型の航洋船は禁じられておらず、熊本藩や仙台藩がジャンク建造を願い出た際にはこれを許しているし、一六六九年には、長崎代官末次平蔵茂朝に命じて「唐船」を造らせている。この船は、一六七五年に小笠原諸島を探検し、これが後に日本がこの島々を領有する主張の根拠となった。

しかし、第III部の時代である一八世紀になると、日本列島で海外渡航用のジャンクが造られることはなくなる。そのかわりに、国内の水運が飛躍的に発達した。用いられた船は多種多様だが、大

27　長崎の筆頭地役人で、長崎奉行の補佐役にして住民の筆頭格として長崎市政に大きな影響力をもち、周辺の天領などの支配をもになった。村山等安、末次平蔵家をへて、一七二九年以降は高木作右衛門家が世襲した。

きくは川船と海船に区分でき、さらに海船は、その船体構造に注目すると、瀬戸内海と太平洋の棚板造り、日本海の面木造りの二種類に分けられる。このうち、一八世紀には、瀬戸内海と太平洋でそれ以前から使用されていた船のひとつである弁才船《べんさいせん》が、日本列島各地に普及し、商船といえばほぼこの船のことをさすほどになった。今日、私たちが「和船」という語を聞いて思いうかべるのは、この様式の船である。特殊な部材を必要とせず、通常の板材と梁材だけで建造可能だった弁才船が安価だったこと、おそらく帆走性能にすぐれていたことが、その理由である。菱垣廻船《ひがきかいせん》や樽廻船《たるかいせん》、[28]それに日本海の北前船《きたまえふね》[29]などは、形状に若干の違いはあるが、皆弁才船の一類型である。

この船は、航とよばれる平らな船底材を中心に、その左右に棚板とよばれる木材をつぎあわせて建造された。マストは船の中央部分に一本立てられ、一七世紀中期までに商船に普及した木綿帆が装着された。一八世紀になるころには、ほとんど櫓や櫂を使わずに帆走する航海技術が生まれていた。また、舵は次第に大型化し、一八世紀後半の千石船の場合は、六畳敷きほどの面積があった。

遠隔地との交易が盛んになる一八世紀には、船の大型化がすすんだ。いわゆる千石船（積載重量一五〇トン）もめずらしくはなくなった。ただし、国内の水運で圧倒的多数を占めたのは、二〇〇石（三〇トン）以下の小船だったことを忘れてはならない。

朝鮮半島の船

朝鮮半島では九世紀に新羅商人による対外交易が活発になるが、彼らの使用した船舶についてはよくわからない。一〇世紀はじめから一四世紀末までの高麗時代に関しては、沿岸部で利用された船舶の実物が西海岸で複数発見されている。それらはマツを主な材料とし、平たい船底と船首をも

28　菱垣廻船は複数の荷主からひきうけた多種類の積荷を混載する貨物船で、菱垣の名は、両舷に菱組みの格子を組んだことに由来する。一七三〇年に酒運搬専用の樽廻船が独立し、やがて酒以外の積荷も運ぶようになって両者競合した。

29　蝦夷地・北陸方面の物産を西廻り海運で大坂へ運んだ廻船の総称で、北方では弁才船（べざいせん）などとよばれた。船主の多くは日本海沿岸を本拠とし、荷主をかねて自ら商取引をおこなう者が多かった。

ち、隔壁や肋材のかわりに加龍木とよばれる複数の棒材を左右に渡して船体を補強している。こうした分厚いマツ材を用い、ずんぐりとした箱船型の船体は、朝鮮半島沿岸では西海岸を中心に前近代を通じて一般的であり、漁船・荷船・軍船など各ジャンルに共通した特徴となっている。ジャンク船や弁才船と比較した場合、こうした船は相対的に運動性能が劣り、また喫水が浅く外洋のうねりを克服するのに不向きであったが、干潟がひろがる浅海域を航行する際などには、座礁・転覆を回避するうえでむしろ好都合な面もあった。

活発な海域交流がみられた高麗時代、その主軸を担った華人海商のジャンク船以外にも国際交易に従事した朝鮮建造船があったかもしれないが、その実像はよくわからない。一四世紀末から一九世紀なかばまでの朝鮮時代には、海を通じた中国との往来は漂流など一部の例外的ケースをのぞき、ほとんどとだえるが、日本にむけてはときおり使節を乗せた船が派遣された。江戸時代の日本に派遣された通信使船は、基本的には朝鮮の伝統にしたがった平底船だったとみられるが、外洋航海に配慮した船体の工夫も多少なされていたようである。またこの時代の対中国通交においても、陸上交通に障害が発生した際など、まれに黄海を横断して山東半島に使節が送られることがあった。距離が短い場合、または波穏やかな水域を通過する場合には、平底船でも対応可能だったのであろう。

航海の技術と信仰

かつて、陸地のまったく見えない大海原を帆船で航行するには、大変な勇気がいっただろう。座礁の危険と隣りあわせだとはいえ、風待ちや日和待ちをくりかえしながら、沿岸のさまざまな陸標を目当てに慎重に航海をつづける方が、よほど安心だったに違いない。海を越えるには、海流や海の難所、天文、気象、地理などについての知識がどうしても必要である。これらに欠けると、東シナ海のような大海を直接渡るのは困難になる。

七世紀から九世紀まで中国に派遣された遣唐使船は、当初は壱岐・対馬から朝鮮半島西岸を北上し、黄海を渡って山東半島にいたるルートをとった。これは、全行程ほぼ沿岸航海といってよく、海難の危険性は少なかった。その後、朝鮮半島の政治情勢の変化などが原因で、東シナ海を横断する直行ルートが使われるようになるが、全部で八回の渡航のうち、往復ともに無事だったのは、わずかに一回だけである。

その後次第に航海に必要な基本的情報が蓄積され、さらに、磁石を用いた羅針盤が発明されると、東シナ海の横断はそれほど難しくはなくなった。船体や帆、舵などにも改良が加えられ船の性能も向上した。また、逆風や横風でも船を前進させる技術のように、すぐれた航海術が開発された。この技術があれば、船で大海を航行できる期間は大幅に長くなる。かくして、本書でこれから紹介する三つの時期には、東シナ海や南シナ海を越える航海は、ごく当たり前におこなわれるようになっていた。

とはいえ、航海に海難はつきものである。予期せぬ天候の急変や船体の故障によって、船の航行が困難となることがときにあった。とくに干満の差の大きい沿岸部を航行する際には、座礁をさけるために十分な慎重さが必要だった。明治になってからの記録だが、一八八〇年代から九〇年代にかけての時期の日本型船の海難発生率は二―四%程度である。これは、一七―一八世紀における西ヨーロッパ諸国の東インド会社船の海難事故の比率とほぼ同じであり、この程度の割合で事故に遭遇するのはさけがたかったともいえよう。

航海の安全は、海に生きる人びとすべてに共通する願いである。彼らはつねに神に祈りをささげ、神意を占いながら航海をつづけた。それは抗いがたい海という大自然と向かいあう人間の心のよりどころでもあった。祈願の対象は実にさまざまだ。本来、漁民や船乗りが頼りにしたのは故郷の神々であった。貿易船の往来が盛んになると寧波の招宝七郎神や泉州の通遠王など、港町ごとの航海守護神が出現する。海南島南岸の華人系の船主神とイスラム系の蕃神廟のように航路沿いに祀られたものもある。一方で、暴風雨や潮流の難所を神格化した龍王神や、仏教経典に由来する観音や守夜神など、地域をこえて信仰される神仏もあった。さらには、中国・朝鮮の東海神・南海神や日本の八幡神のように国家と結びつき使節や軍船を守護する航海神もあった。神仏を祀るのも、海上から目立つ山、潮流の複雑な港の入口の小島や港、碇を下ろす埠頭や清水の湧く井戸の傍らなど、航海と密接に関わる場が多い。船中にも朝夕の祈りのためにお札を貼ったり、絵像を掛けたりした。外洋船になると船長室に小さな祭壇を設けて神像を安置することもあった。

日本では、住吉神社や金比羅宮《こんぴらぐう》、それに観音が海上の安全を守る神仏として有名である。各地の港町を今日訪れると、必ずどこか海辺に近いところに航海安全の社寺がひっそりとたたずんでいる。かつては、海に関わる人びとがこれらの社寺に参拝し絵馬を奉納して、熱心に航海の無事を祈ったはずである。

東アジア海域において、ローカルな神から地域を超えた航海神に成長したのが名高い媽祖《まそ》である。この神は、伝承によると、もともと宋代、福建省莆田《ほでん》に近い湄洲《びしゅう》島の林氏に生まれた霊力をもつ娘だった。まず、地元の船乗りたちの崇敬を集め、彼らの活躍とともに中国沿岸に信仰がひろがっていった。彼女を祀る廟が港につぎつぎと建立され、小型の像を船中に安置する船頭媽の風習がひろまった。また、観音の化身や龍王の娘という広く知られた神仏との付会もおこなわれた。

宋代には福建南部の航海神にすぎなかった媽祖は、本書第II部の時代に、南宋討伐や海上漕運に功ありとして元の皇帝から天妃の称号を授けられ国家神となった。第II部の時代には、その霊力によって海上で遭難した父兄を救おうとしたが、父しか救えなかった悔恨から海に身を投げて神になったという船乗りの心に響く物語とともに、信仰が東アジア各地に拡大した。また、第III部の時代には、鄭氏政権攻略の功績として清の康熙《こうき》[30]帝から天后の称号が与えられ、日本列島などでその信仰が独自の展開を遂げていった。現在も長崎の唐寺である興福寺や崇福寺には媽祖堂があり、屋内の左右に棚が設けられている。かつて唐船が入港するとここに船頭媽を預け、出港前に船に戻したという。東アジア海域の沿岸各地に残る媽祖廟は、海を通じた交流の歴史の証人といえるだろう。

さあ、そろそろ準備も整ったようだ。私たちも船出の時間だ。いよいよこれから、東アジア海域の三つの時代を語る本編の開幕である。三幕仕立ての舞台を、どうぞ心ゆくまでお楽しみいただきたい。

（羽田　正［主編］、藤田明良）

30　一六五四―一七二二年。清朝の第四代皇帝、アイシンギョロ（愛新覚羅）玄燁（げんよう、在位一六六一―一七二二年）。南方で三藩・鄭氏台湾を平定し、北方ではロシアを黒龍江方面から駆逐し北モンゴルを臣属させて、帝国を安定軌道にのせることに成功した。

第Ⅰ部　ひらかれた海　一二五〇—一三五〇年

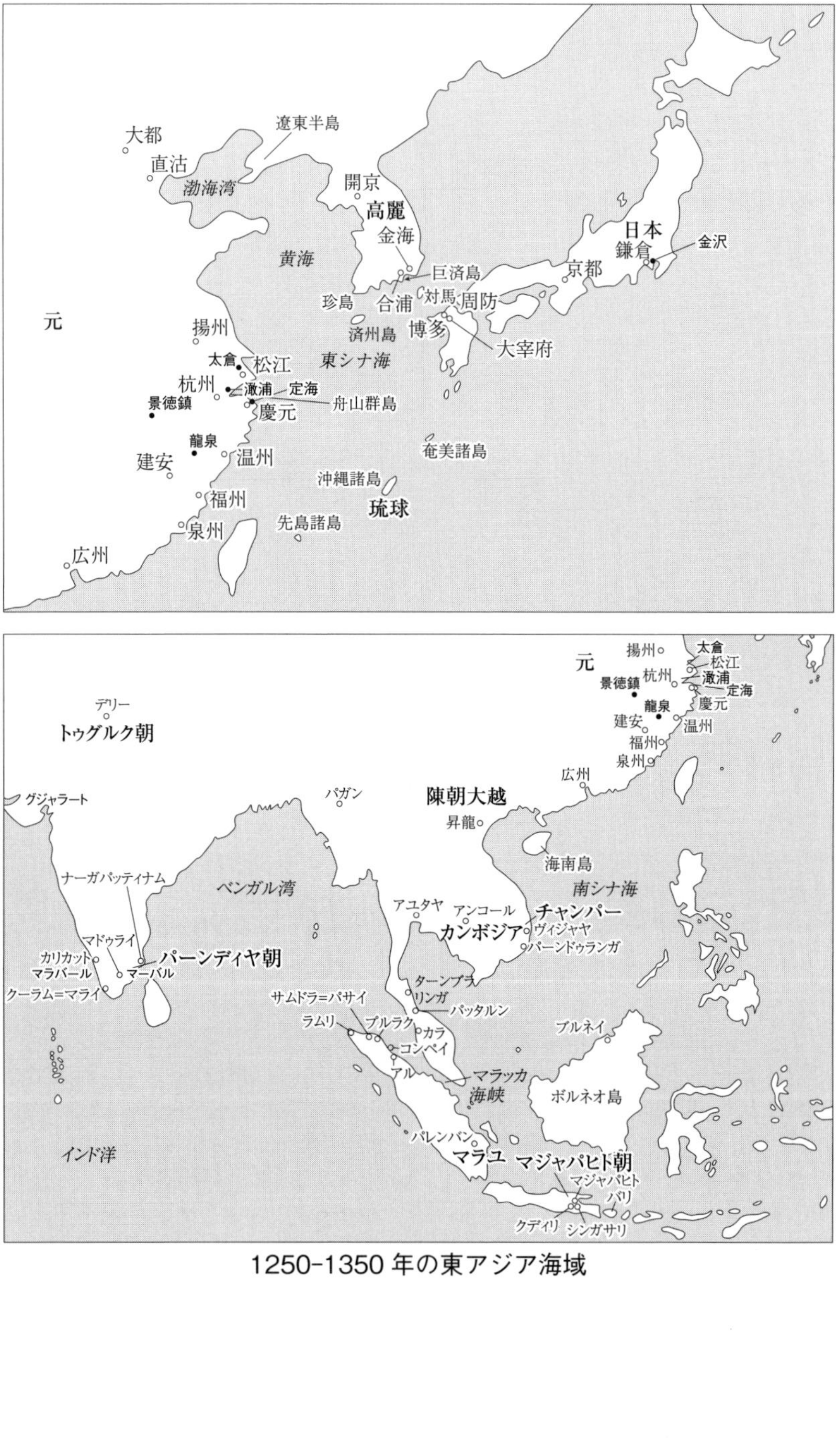

1250–1350 年の東アジア海域

一　時代の構図

一二五〇―一三五〇年の「百年」は、中国では南宋がほろんで元朝（モンゴル帝国）の覇権が確立した時代であり、朝鮮では高麗《こうらい》時代後半の一時期に相当する。また日本では鎌倉時代中期から南北朝時代の前半に相当する時期であった。

この時代の東アジア海域の特徴は、「ひらかれた」というキーワードで理解するのがふさわしいだろう。その「ひらかれた」様相は、大きくつぎのような局面から説明できる。

第一に、海上貿易を中心とするこの時代の東アジア海域の交流は、ユーラシア大陸の東西やインド洋までひろがる広域交流の一環をなし、東シナ海・南シナ海一帯にとどまらず、外部世界に対して大きくひらかれていたこと。

第二に、民族的・宗教的に多様な「外来者」が活発に往来するとともに、それらが各地にコミュニティを形成して現地社会にとけこみ、そのネットワークが海域交流の基盤を形成していたこと。

第三に、沿岸各地のさまざまな次元の政治権力が海上貿易に対して比較的ゆるやか、もしくは柔軟な管理体制をしき、場合によっては貿易を積極的に保護・振興する態度をも示し、国家間の緊張関係をともなう状況においてすら、貿易その他の交流が活況を呈したこと。

本章では、まず以上の三点の特徴を、象徴的な事例にそくして概観し、そのうえで議論の対象となる海域の巨視的なイメージを説明することにしよう。

ユーラシア・インド洋にひらかれた東アジア海域

> チパング諸島が点在している海を「チナの海」（中国の海）と称するが、これはチパングの言葉ではチナとはマンジ（南中国）のことだから、マンジに面した海という意味である。この海を航行し慣れて事情によく通じた老練な水夫や水先案内人の話では、この海には七四四八の島々があって、その大部分に人が住んでいるという。……ザイトゥン（泉州《せんしゅう》）やキンサイ（杭《こう》州《しゅう》）の商船でこれらの島々に航行する者は莫大な利益をおさめるが、そのかわりに一年間は航海の困難をともなわなければならない。なぜなら、チナの海にはただ二種類の風しか吹かない――ひとつは冬の風で彼方にゆく際の順風であり、もうひとつは夏に吹く逆風で、彼方からの帰還の際に利用できる風である――ため、冬に出発し、夏に帰還しなければならないからである。……なお、この海は「チナの海」とよばれているといったが、実は大洋であって、あたかもヨーロッパ人がイングランド海やロッシェル海などと称するようなものである。この地の人々もこのように「チナの海」や「インドの海」と呼んでおり、実際にはどれも大洋の一部である。

これはいまから約七〇〇年前の東アジア海域に関わる記録である。記録をのこした人物はマルコ＝ポーロ[1]。ヴェネツィアからユーラシア大陸を横断して中国にいたった彼は、帰路は南シナ海からインド洋を横断し、ペルシア湾から地中海へと海路を旅して、その記録をのこした。まさにこの時代のアジア海域――本書では東シナ海とその周辺からインド洋にかけてつらなる海を仮にこう総称する――の大半を、みずから目にしたわけである。マルコは上記のように、チパング、すなわち日本に関する記述のなかで、「チナの海」に言及している。この「チナの海」が現在の東シナ海と南

1　一二五四―一三二四年。イタリア・ヴェネツィアの商人。元におもむきクビライにつかえ、見聞記『東方見聞録』をあらわした。その実在を疑う説もある。

シナ海を混同したものとみるむきもあるが、マルコの知識は中国現地の地理概念というよりもユーラシア西方におけるプトレマイオス以来の地理概念[2]にもとづいているため、東シナ海・南シナ海をわけずに両者を一体にとらえたものとみるほうが自然である。

この記述のなかで目をひくのは、マルコが季節風の存在に言及していることである。季節風は東シナ海と南シナ海のみならず、インド洋を特徴づける自然現象であり、さらには、これらの海を相互にむすびつける船舶の動きを生みだす要因でもある。マルコの記述は、「チナの海」のさきに「インドの海」がひろがっていることを前提としているのである。

実際、この時代のアジア海域における最大の貿易港である中国福建《ふっけん》地方の泉州は、インド洋方面と直結し、世界的にも随一といえる繁栄をほこっていた。ふたたびマルコ＝ポーロの記述をみてみよう。

〔フージュー（福州）から〕五日目の終わりにザイトゥン（泉州）というとても立派な大都市に到着する。ここは港湾都市で、奢侈品や高価な宝石、とても大きな真珠などをたくさん積載したインドの海船が続々とやってくる港である。また、この港には、この地の周縁にひろがっているマンジ（南中国）各地からの商人たちもあつまってくる。要するに、この港でさまざまな商品・宝石・真珠が取り引きされる盛況は、ただただ驚嘆するほかない。この港湾都市に集積した商品は、ここからマンジ全域に運搬されて販売される。キリスト教諸国に売りさばくためアレクサンドリアやその他の港に胡椒を積んだ一隻の船が入港するとすれば、このザイトゥン港にはまさにその一〇〇倍にあたる一〇〇隻の船が入港する。その貿易額からいって、ザイトゥンの町は確実に世界最大をほこる二大港市のひとつであると断言できる。

2　天文・地理学者プトレマイオス（二世紀ごろ）に代表される古代ギリシア・ローマの地理概念は、その後、西アジア・北アフリカのムスリム社会のもとで継承され、発展し、さらにそれが中世ヨーロッパにもたらされた。

泉州の港にインドからの商船が陸続と入港し、また南中国各地から商人があつまってくるというマルコの記録は、まさに南シナ海を結節域として東アジア海域がインド洋までひとつの海域として連鎖し、泉州が海路と陸路の結節点になっていたことをものがたる。マルコは港市としての泉州を「世界最大」と称しているが、これは決して誇張ではない。イスラーム諸国でも最大の旅行家として有名なモロッコ出身のムスリム、イブン＝バットゥータ[3]も、同様の評価をくだしているのである。

　われわれが海をこえて最初に着いた町（泉州）をザイトゥーンの町とよぶが、この町にはザイトゥーン（オリーブ）がない。中国とインドの人々の国々のどこにもなかったのに、〔ザイトゥーン（オリーブ）という〕名前がそこにつけられたのである。それは壮大かつ広大な町である。そこでは、カムハー織りやアトラス織りの布地が生産されており、それ（泉州）に由来する名で知られている。それはハンサー織り（杭州織り）やハンバリク織り（大都織り）の布地よりも上等である。その町の港は、世界の大型港のひとつであり、最大のものである。私はそこでおよそ一〇〇隻にもおよぶ大型ジャンク船をみた。しかし、小型のものにいたってはその多さをかぞえきれない。大きな入江があり、大きな河とまじわる地点で海からはいりこんでいる。

イブン＝バットゥータはインドのデリーにあったトゥグルク朝の使節として海をわたり、一三四〇年代に中国にいたり、帰路もまた海路によりマグリブ地方（西北アフリカ）までもどった。彼は当時アジア海域を往来した数多くのムスリムのなかの一人にすぎないが、彼が書きのこした旅行記もまた、南シナ海を結節域として東アジア海域がインド洋と一体につながっていたことを示してい

3　一三〇四―六八年。イスラーム法学者。一三二五年にメッカ巡礼のためモロッコを出立、その後、西アジア、中央アジア、インド、スマトラ、ジャワをへて中国に達したとされる。旅行記『諸都市の新奇さと旅の驚異に関する観察者たちへの贈り物』を著す。

る。

このような状況が出現した背景には、一三世紀はじめにモンゴル高原で勃興したモンゴル帝国の覇権が、当時、東は朝鮮、西は西アジア・ロシア平原まで拡大したことがある。その結果、「モンゴルの平和」と称される政治的安定が広域にわたって実現され、これとあいまってユーラシア大陸とインド洋を連環する人・モノ・文化・情報の移動がひとつの極盛をむかえたのである。一三世紀から一四世紀にかけては、地中海・イスラーム圏が中央ユーラシア・インド洋を介して東アジアとむすびつき、ユーラシア大陸の東西にわたる交流がもっともさかんだった一時期とされる。

たとえば当時イタリアのフィレンツェにあったバルディ商会の商人フランチェスコ＝バルドゥッチョ＝ペゴロッティがのこした商業マニュアル『商業の実践』によれば、イタリアからアナトリアを経由して中国までおもむく商業行程において、整備された街道にはモンゴル人の衛兵が配置され、内乱や政権交代に直面しないかぎりは、昼夜を問わず安全な道中が保障されたという。

海上ルートの場合、モンゴルの支配や統制が直接およんだわけではないが、それ以前からつづいてきた季節風を利用した交通網が、陸上における「モンゴルの平和」と連動しながら安定した様相を呈していた。当時の海上交通の立役者の一端として、イブン＝バットゥータは、アジアの海ではアビシニア人（エチオピア人）が海の顔役として有名であり、彼らを護衛として乗船させているかぎりは安全な航海が保障されたと伝えている。

このように陸路と海路がともに安定し、かつ相互にむすびついていたからこそ、この時代の東西交通の繁栄がもたらされたのである。まさにユーラシア大陸とアジア海域の連環構造が頂点に達したのがこの時代であった。陸上におけるモンゴルの覇権下に、東シナ海・南シナ海・インド洋・地中海など海上交流の複数の核が連鎖し、それがユーラシア大陸の幹線とむすびついて大きな環流をかたちづくるこの空間を、人やモノの移動・交流を重視する立場からとらえるならば、「環ユーラシア交流圏」とでもよぶことが可能であろう。この時代の東アジア海域はその一部を構成するものとしてとらえることができる。たんに東シナ海と南シナ海だけではなく、インド洋と密接につながりつつ、東西ユーラシアにむかって大きくひらかれていたのである。

拡散、共生する人々

マルコ＝ポーロやイブン＝バットゥータにかぎらず、この時期の東アジア海域では、多種多様な出自・宗教をもつ人々が往来した。彼らの一部は現地の政権内部にはいりこみ、同時に沿海部を中心として、活動拠点となるコミュニティを地域内に形成した。それはさらなる来訪者の呼び水・受け皿となり、海上交流をいっそう活性化させた。その動きのなかでも、とりわけめだっているのはムスリムと華人の海商である。

たとえばイブン＝バットゥータは、さきにあげた泉州の記述につづいて次のように述べている。

ムスリムたちは市街において別個の区域にくらしている。その町に到着した日に、私はそこで贈り物とともにインドに使節として派遣され、われわれと同行していたが、そこ（インド）でジャンク船が沈没してしまったアミール（将軍）をみかけた。彼は私にあいさつをして、サーヒブ＝アッディーワーン（行政長官）を紹介してくれた。彼は私を壮麗な邸宅に泊めてくれた。すると、私のところにムスリムの法官タージュ＝アッディーン＝アル＝アルダビーリー──彼はもっとも博識にして高貴なる者たちのひとりである──とシャイフ＝アル＝イスラー彼は敬《けい》虔《けん》なる者たちのひとりである——がたずねてきた。また、その地の大商人たちが私をたずねてきたが、彼らのなかには、私がインドにいたったときに借金をした商人たちのひとりであるシャラフ＝アッディーン＝アッ＝タブリーズィーもいた。彼は商人たちのなかでももっとも他者へのふるまいのよい人物で、朗唱をよくおこなうコーランの暗誦者《あんしょうしゃ》である。これらの商人たちは、異教徒の町に住んでいるので、ムスリムが彼らをおとずれたならば、たいそう彼の訪問をよろこぶ。よろこびを強調して、「彼はイスラームの地からこられた！」といって、彼に対して彼らの財貨から施しをあたえる。するとその訪問者は商人たちのだれかのごとく裕福になって帰ってゆくのである。ここにはもっとも博識な長老たちのひとり、ブルハーン＝アッディーン＝アル＝カーズィルーニーがおり、彼は町のそとに修道場をもっている。商人たちはそこに〔航海の守護聖者〕シャイフ＝アブー＝イスハーク＝アル＝カーズィルーニーに対して〔航海安全を〕祈願する奉納金をしはらうのである。

イブン＝バットゥータは、泉州で彼の世話をしてくれた人物として、行政長官〔サーヒブ＝アッディーワーン〕、長老〔シャイフ〕、法官〔カーディー〕、大商人などの名をあげている。長老と法官はアジア海域各地のムスリム＝コミュニティごとに存在し、宗教的指導者・裁定者としてこれを統轄する立場にあった。行政長官とよばれているのは、元朝の地方政府の要職についていたムスリムのことであろう。イブン＝バットゥータの記録は、そのようなムスリム＝コミュニティが来訪者をうけいれる際、商人たちがきわめて重要な役割をはたしていたことを伝えている。すなわち、教団・官吏・商人が一体となった形でこのようなコミュニティが存在していたのである。

また商人たちは海をこえて各地のコミュニティを相互にむすびつけたが、その際にも各地の宗教拠点のはたす役割が重要であった。イブン＝バットゥータがあげているシャイフ＝アブー＝イスハーク＝アル＝カーズィルーニーの教団（カーズィルーン教団）[4]は、ペルシア湾から南シナ海までの諸港市に修道場をもち、中国・インドをふくむ海商の信仰の場となっていた。アジア海域各地のムスリム＝コミュニティは、商業と宗教のネットワークでむすびついていたのである。

渡航先におけるこうしたコミュニティの形成は、形態こそ異なるが、九世紀以降に東シナ海・南シナ海の沿岸諸地域に進出していった華人海商についてもあてはまる。

彼ら海商は、しばしば居住・滞在先の政権と中国の政権との外交や貿易を仲介したが、そこには現地の商人や船乗りも関わった。そのことは、海域進出に必要な技術や知識を現地社会に蓄積させ、諸地域におけるその後の海域交流の下地を形成した。

このように、重層的・複合的な構造をもつ沿岸社会の多様なネットワークが政治領域をこえて幾重にも広域にひろがり、連鎖することによって、貿易をはじめとする海域交流がなりたち、活性化していたのである。

政治権力のゆるやか、または柔軟な姿勢

当時の東アジア海域において、国家をはじめとする政治権力は、主として港町を管理することに

泉州市内に現存するアラビア文字の石刻類

4　イラン・カーズィルーン出身のシャイフ＝アブー＝イスハーク＝アル＝カーズィルーニー（九六三―一〇三三）が開いたスーフィー（イスラーム神秘主義）教団。この教団が発行する護符は船乗りや商人が航海安全・商売繁盛の祈願に用いた。

よって、海域での人間活動をコントロールしようとした。

たとえば中国では、主要港市に市舶司《しはくし》という役所がおかれ、出入りする海商・船舶・商品貨物の検閲や管理をおこなった。また元代、一三世紀後半以降の南海貿易（南シナ海・インド洋を通じた貿易）では、商人を管掌する行泉府司《こうせんふし》[5]や、最高地方政府（行省《こうしょう》）もこれに関与した。しかし実際のところ、それらの機関が港湾外における船舶の活動を厳格に統制できたわけではなく、海商の活動の自由を制限するものではなかった。形式的には厳格な規定が定められていても、実際の海上交易に対して柔軟に対応するか、少なくとも結果的にゆるやかさをともなう状態になった。

しかもこうした政治権力の港湾統制は、必ずしも海域交流の阻害要素となるわけではない。イブン＝バットゥータは、ムスリムの目からみて、元朝の貿易・港湾統制が他地域とくらべて細密かつ厳格であったことを伝えているが、その厳格さがむしろ道中の安全保障につながっていることをみとめている。つまり、東アジア海域における海上交通・海上貿易の繁栄の背景には、政治権力による危機管理と安全保障が大きな要因のひとつとして存在していたのである。

この時期、中国では海域交流に対する政治権力の姿勢に変化がみられる。それ以前は往来する商船をむかえいれて検閲や徴税をおこなうだけの受動的な傾向がつよかったのに対し、この時代は政治権力側から商人に積極的に資本を提供して官貿易を代行させることが多くなった。つまり貿易に対する姿勢が能動的なものへと転換したのである。これは前述したモンゴルの覇権下におけるユーラシア規模の交流の極大化という状況と無関係ではない。商業とむすびついた西アジア・中央アジアのムスリムやウイグル人[6]が財務官僚としてモンゴル政権に数多く登用されたことも、このような状況に拍車をかけた。

5　モンゴル・トルコ系の遊牧民では彼らに代わって資本を運営するパートナーをオルトクと呼び、モンゴル帝国の時代には主にムスリムやウイグル人の商人がその役割を担った。そして元では、オルトクへの資金貸付や管理全般を担当する中央官署として泉府司をおき、江南にはその支司として杭州・龍興に行泉府司をおいた。

6　もともとモンゴル高原に居住し、七四四―八四〇年には突厥にかわり同地域を支配したトルコ系遊牧民。その政権が瓦解すると、一部がタリム盆地に南下して定住化し、商人としても活躍するようになる。モンゴル帝国のもとでは官僚や商人として各地に活動をひろげた。なお現在の「ウイグル人」は、二〇世紀に東トルキスタンのトルコ系ムスリム定住民の統一名称として新たに使用されるようになったものである。

いっぽうで、当時の東アジア海域には政治的に緊迫した状況もみられた。

一三〇五年、慶元《けいげん》（現在の浙江《せっこう》省寧波《ニンポー》）に入港した日本からの貿易船があった。この船には龍山徳見《りゅうざんとっけん》という下総《しもうさ》出身の僧侶がのっていた。彼は中国の禅宗寺院のなかでも高い格式をもつ五山《ござん》のひとつで慶元にある天童寺の東巌浄日《とうがんじょうにち》[7]という僧のもとに参じる予定だった。龍山は鎌倉・円覚寺《えんがくじ》[8]の一山一寧《いっさんいちねい》のもとでまなんだ経歴をもつ。一山は一二九九年に日本の政権に対して朝貢をもとめる元朝の使者として派遣され、鎌倉幕府に拘留された華人僧である。だが身分のある僧ということで、それ以前の元朝の使者のように処刑されることなく、のちに釈放されて鎌倉や京都の禅宗寺院を歴住し、多くの日本僧を弟子としてうけいれた。おそらく龍山は一山のもとで同時代の中国の様子をきき、みずから留学をこころざしたのだろう。

ところが龍山の留学は決して順調ではなかった。彼は中国でいくどか苦難をあじわうが、その最初は入国時だった。龍山の伝記によると、元朝はこのとき日本船に対する税率をひきあげたうえ、商人・僧侶の上陸を禁止したという。この上陸禁止措置は元側の史料でも確認され、日本船来航時には日本人を都市内にいれず、いっぽうでは貿易を遂行すべしとする規定があったことがわかる。龍山はこのため官吏の目をぬすんで市壁をよじのぼり、内部にしのびこんだが、侵入した家で主人に捕縛された。だが龍山が修行の志をかたると、感銘をうけた主人は官に赦免を乞い、龍山はなんとか天童寺行きを実現できた。

元朝は日本との貿易に魅力を感じつつも、来航する日本人に対しては警戒心をもっていたわけだが、元側の懸念はこのあとさらに強まることになる。一三〇九年、慶元の貿易管理官の不正行為に憤慨した日本側の商人が、商品の硫黄を用いて役所に放火し、これが人口密度の高い慶元の市街に

7　一二二一—一三〇八年。元代臨済宗の僧。南康路都昌の人。慶元・天童寺の四七代住持。

8　鎌倉五山の第二位である禅宗寺院。鎌倉幕府八代執権北条時宗を檀越とし、南宋出身の僧である無学祖元により一二八二年に創建された。

延焼して甚大な被害をもたらしたのである。これに対して元朝は一時厳戒態勢をしき、日本側でも商船を通じて元軍来襲の風聞がもたらされ、鎌倉幕府が各地に「異国降伏」の祈禱を命じている。そして中国に滞在していた日本僧たちは事件への関与をうたがわれ、各地の寺院で検挙され、処刑・配流等の処置をうけた。龍山自身も洛陽におくられ、ここで数年間をすごしたが、この種の日本人取締まりはその後もたびたびおこなわれている。

日本に対する元側のこうした態度の背景には、後述する一二七四・八一年の二度にわたる日本侵攻の失敗と日本側からの反攻に対する警戒心があったとみられる。元朝は日本以外にも、朝貢勧告や協力要求にしたがわないジャワ・チャンパー[9]・陳朝大越《だいえつ》[10]に出兵した。こうした元朝の対外戦争は、この時代の東アジア海域をいろどる特徴である。

しかしこうした政治的・軍事的な緊張をともないつつも、戦役が終息したのち、こうした諸地域との貿易はとだえず、むしろ活況を呈した。前後の時代以上の盛況をむかえたとの評価すら存在する。実際、一四世紀は、近代以前において日本から中国へわたった僧侶がもっとも数多く確認できる時代だが、このことは、彼らが渡航に利用する日中間の貿易船が、それだけ恒常的かつ頻繁に往来していたことを意味するのである。

元朝に対して軍事的な警戒態勢をとりながら、そのいっぽうで貿易は許容するという態度は日本側も同様だった。しかも日本の朝廷（公家政権）や幕府（武家政権）に関しては、貿易船に対して抑制的な管理をおこなった形跡があまりみられないばかりか、寺社経営の資財を調達するためのパトロンとなる形でみずから中国との貿易に関わっていた。政治権力による、ゆるやか、ないし柔軟な港湾管理と、貿易に対する積極化という状況が各地に共通してみられ、それが政治的・軍事的な緊

9　二世紀ころからベトナム南部に存在したチャム人の政権。中国文献では林邑、環王、占婆城、占城などと記される。一四七一年に北部ベトナムの黎朝の攻撃により首都ヴィジャヤが陥落し、一七世紀末には残存政権も阮氏に征服されるが、その後も一定の自治権をもつ特殊な属国として一八三二年まで存続した。

10　一二二五－一四〇〇年。沿岸部の水上勢力に出自し、李朝についでベトナム北部を支配した王朝。紅河デルタの開拓を進め、一三世紀末には元朝の侵攻を撃退したが、一四世紀末にはチャンパー攻撃に失敗して衰退した。

張をともなうなかですら維持・増進された点に、この時代の海域交流の「ひらかれた」様相をみてとることができる。

東アジア海域のふたつの局面

以上のように東アジア海域の「ひらかれた」様相を概観したところで、この時期の東アジア海域の空間的な見取り図について確認しておこう。当時の東アジア海域は同時並行するふたつの局面からなりたっている。

ひとつは南シナ海からインド洋にかけての状況である。ここではムスリム・華人をはじめとするさまざまな海商が多国間の交易に従事していた。これはモンゴルの覇権下における「環ユーラシア交流圏」の幹線の一部として位置づけられる。このような状況は一四世紀後半に各地のモンゴル帝国継承政権[11]が瓦解したのちにもつづいた。しかし一五世紀半ばにモンゴル高原でオイラト[12]の勢力が拡大し、また海域交流に対する明朝の姿勢が消極化すると、「環ユーラシア交流圏」の一体性はうしなわれていった。

もうひとつは東シナ海を中心に黄海・南シナ海にかけて展開する状況である。中国江南の浙江・福建地方と日本・朝鮮・東南アジア島嶼部をむすぶラインがその中軸となる。一三世紀以前はおもに華人海商が立役者となったが、一四世紀前後から各地の現地商人が徐々に進出し、一四世紀後半以降、華人海商の動きと競合・複合しながら交易圏を形成していく。ここでは、陸地を支配する政治権力の動向が海域交流に大きな影響をおよぼす点が特徴である。とくにつぎの時代では、元朝にかわった明朝が朝貢に限定した域外通交体制をしき、周辺諸国もまたこれに応じたことで、海域交

11　モンゴル帝国の勢力拡張後、チンギス＝カンの子や孫たちが樹立した元朝（大元）、イル＝カン国、ジョチ＝カン国（キプチャク＝カン国）、チャガタイ＝カン国のこと。

12　モンゴル帝国の建国期、モンゴル高原西北部からシベリア南部にかけて居住した有力遊牧部族。モンゴル皇族の姻族として重きをなす。チンギス＝カン一族の政権が瓦解したのちも

流に対する政治権力の論理の投影はますます顕著になった。しかしいっぽうでは、その反作用として、政治権力の統制をつきくずそうとする動きが次第に高まってゆく。

以上のふたつの局面は、南シナ海と東シナ海という空間によって明確に区分できるものではなく、浙江―福建、琉球、ベトナムといった南シナ海と東シナ海の結節地域を軸としてオーバーラップしていた。異なるのは担い手である。前者ではムスリム・華人をふくむさまざまな海商が担い手となっていたのに対し、後者では華人海商が主導権をにぎっていた。こうした東アジア海域のありかたは、「環ユーラシア交流圏」が分解したのちもしばらくはつづくが、一五世紀半ば以降、マラッカ海峡以北における対中国貿易について華人海商が優勢を占めるようになると、東シナ海と南シナ海をひとつの交易圏とする域内連携の様相が強まってくる。

大勢力を維持し、一五世紀にはエセン＝ハーンのもとでモンゴル高原を統一、一七世紀にはジューンガル政権がモンゴル高原西部から東トルキスタン一帯を支配した。

二　海域交流の舞台背景と担い手たち

本章では、一二五〇―一三五〇年の東アジア海域に関係する諸地域の社会状況と、海域交流にかかわるおもな人物や、彼らが属する集団・機構をおおまかに紹介する。前章で要点を述べた当時の東アジア海域の具体的様相については、第三章以降でみていくことにしよう。

沿海諸地域の社会動向

中国では唐代の八、九世紀以来、南部地域で運河・耕地の整備にともなう開発がすすみ、大規模な人口移動がおこった。その結果、浙江・福建・広東など、東南沿海部に経済の重心が移動していったが、こうした動向は一二五〇―一三五〇年にもつづいている。

これらの地域は元代では江浙行省《こうせつこうしょう》と江西行省《こうせい》の管区にあたるが、当時の元朝の税収のうち、三七%が江浙行省、一〇%が江西行省によって占められ、両地域だけで全体の半分ちかくにおよぶ。こうした動向は、華北から江南への重心移動という中国社会の大きな歴史潮流にそうと同時に、内陸部から沿海部への重心移動という流れをふくんでいる。

いっぽう、元朝の政治の中心部にちかい華北に関しては、金末元初の荒廃期が人口変動のひとつの谷間となっている。たとえば山東では、一二世紀の北宋末・金代には一〇〇〇万から一二五〇万の人口を有したが、モンゴルの侵攻とその後の混乱にともなう荒廃により、一時は四五〇万人まで激減した。一三世紀後半には耕地や塩場・鉱山の開発が推進されるものの、一四世紀前半でも人口八〇〇万程度にとどまっている。沿岸部での海上交通も江南から乗りいれた船舶を中心に展開していた。

こうしたなかで、商業・流通は、一二五〇年以前からの状況をうけついで、ひきつづき発達していた。元朝治下ではそれまで政治的に分断されていた華北と江南をつなぐ陸上・水上の交通が整備されたが、穀倉地帯である江南で徴収された税穀が国都の大都《だいと》（現在の北京）まで海上輸送されるなど、とりわけ海上交通の発展が注目される。東シナ海・南シナ海などを通じた域外との交流をふくめ、この時代は中国社会の歴史上、内外の交通において海路の重要性が高い時期だったといえる。

日本では一〇世紀ころから大規模な農地開発がすすみ、これをうけて一二世紀には貴族や大寺社の荘園[13]が発達したが、こうした動向は一三世紀にはおちついていた。そして二毛作・畑作の普及による集約化と生産性の向上がすすみ、工芸作物の栽培が発達してくる。こうしてうまれた余剰農産物や手工業品は商品経済の発達をうながす一因となった。京都・鎌倉の二大都市を核とした都市間の交通にくわえ、両都市と地方をつなぐ交通も発達し、港町を廻船《かいせん》が往来した。交通の拠点には宿がたち、物流の拠点には運送・委託販売業者の問《とい》（問丸《といまる》）が登場する。そして公家政権（朝廷）・武家政権（鎌倉・室町幕府）・荘園領主・大寺社などさまざまな権力者が設置した関所で関銭《せきせん》（通行料）が徴収された。交換・支払手段としては輸入された中国銅銭が主要な役割をはたし、為替手形も利用されるようになった。

　鎌倉幕府の実権をにぎった北条《ほうじょう》氏[14]は、こうした交通・物流の拠点を積極的に把握しようとしており、鎌倉末期にはこれらがその所領となる傾向がみられる。京都の朝廷も交通・物流に着目し、津《つ》料《りょう》（港湾通行料）の徴収権を積極的に大寺社に寄進するようになる。仏教教団も活動の場として注目し、一三世紀半ば、叡尊《えいそん》[15]にはじまる西大寺《さいだいじ》流律宗は、北条氏ともむすびつきながら全国の宿・港町に進出した。

　このように当時の日本では交通・物流からうまれる富の重要性が高まった。海外貿易の盛況もその一環といえる。この時代に問題化した「海賊」や「悪党」[16]のなかに交通・物流に関与する者が多かったことも、これに関係しよう。またこうした列島中心部の状況は、現在の北海道や沖縄にあたる地域との経済的関係がふかまることにもつながったであろう。

　朝鮮では一二世紀以降、水利開発や米の新品種の導入により低湿地開発がすすみ、農業生産力が向上した。一三世紀以降は権勢家の営利活動がさかんになって王都の市場が活性化し、地方では農《のう》

13　朝廷や国司によって国衙に納める租税や雑役の一部もしくは全部を免除された土地。多くは確実な保護を得るために天皇家・摂関家・大寺社・鎌倉将軍・北条得宗家などの有力者に寄進され、その経済基盤の一部となった。

14　伊豆の在庁官人（国衙の役人として組織された在地有力者）の出身。源頼朝の正室政子を出した鎌倉期の有力御家人。頼朝死後は執権として、嫡流の得宗家を中心に鎌倉幕府の実権を掌握した。

15　一二〇一—九〇年。大和の人。当時の奈良の仏教界における戒律復興運動の中心人物の一人。大和の西大寺を中興し、その門流は鎌倉後期以後各地にひろまった。

16　鎌倉時代中期から南北朝時代にかけて荘園領主・幕府など既存の権力に反抗した在地有力者の集団。

荘《そう》とよばれる大土地経営が進展した。

当時の朝鮮における最大の物流は、海や川を通じて王都に税穀を水上輸送する漕運《そううん》であった。その業務はもともと全国一三ヶ所の積出港（漕倉《そうそう》）を中心として組織された労役集団が担ったが、一二世紀以降、流民の発生や戦乱、地方制度の再編にともなって機能を喪失または低下させ、各郡県単位で分散的に運営されるようになってゆく。しかしこのことは、むしろ水上輸送に関わる人々のすそ野をひろげ、物流経済の発達をおしすすめたとみられる。

また社会の流動化は身分秩序の動揺もひきおこしたが、このことは商業に関わる人々の一部が政治進出をはたすきっかけとなり、高麗の宮廷内に商業への志向性を生みだす背景ともなった。

当時の東南アジアは、現在の原型となるような民族分布状況がかたまっていく前段階であった。ベトナム北部の紅河《こうが》流域やジャワなど少数の例外をのぞくと、人口密度がごく低い状態であり、こうした低人口地域の島嶼《とうしょ》・沿岸部には交易への依存度がきわめて高い小規模な港市国家[17]が分布していた。

このうち陳朝大越治下の北部ベトナムでは、当時の東南アジアでは例外的に国家主導の大規模土木工事をともなう紅河デルタの開発がすすんだ。この結果として増加した人口の圧力は、後世に北部ベトナムの政権が南部ベトナムやカンボジア方面へと恒常的に進出してゆく歴史的前提となった。

このほか大陸部では、ベトナム南部のチャンパーが一二五〇年以前から継続して海上貿易の中継地として存在感を示していたが、内陸ではタイ系諸勢力の活動が活発だった。彼らは現在のミャンマー・タイ地域に多くの政権をうちたて、カンボジア・ベトナムの勢力と衝突したうえ、沿海部に

17　東南アジア各地で、河川下流域や海峡部などの港市（貿易港）を拠点として成立した国家。河川下流域の港市では、上・中流域の後背地の産品と、外来商人がもたらす商品との交易が王権の基盤となった。

18　一三五一―一七六七年。チャオプラヤー川下流の港市アユタヤを国都とした。王室独占貿易を推進し、カンボジア・タイ北部・マレー半島にも勢力を広げた。

も進出してスマトラ島から北進してきたマラユの勢力と対立した。のちのアユタヤ[18]につながる原勢力もすでにあらわれていたらしく、中国文献ではこうしたタイ系勢力を暹《せん》とよんでいる。

いっぽう、それまでマレー半島中部からスマトラ島北部にかけての地域をおもな勢力圏とし、「舟車《しゅうしゃ》往来の咽喉《いんこう》」たるマラッカ海峡をおさえてきた三仏斉《さんぶつせい》の名[19]は、一三―一四世紀の史料ではめだたなくなり、かわってマラユ（スマトラ南部）、ラムリー、サムドラ＝パサイ（ともにスマトラ北部）など、個別の港市単位での活動がめだつようになる。これは中国―インド間の直航ルートの発達により、マラッカ海峡の中継地としての重要性が低下し、そこを中心とする広域概念としての「三仏斉」という認識が後退したためとみられる。それまで三仏斉諸国のひとつだったマレー半島中部のターンブラリンガも、この時期、海上活動において独自の勢力として浮上してきた。

こうしたなかでジャワは、島嶼部における物産集散機能や、高い人口がささえる農業・手工業の優位を背景として、当該地域における対外貿易の一大中心地となった。当時ジャワを支配したシンガサリ朝[20]やマジャパヒト朝[21]は、スマトラやバリに遠征するなど、政治的・軍事的にも対外的影響力をもち、その勢力はボルネオ・マレー半島までおよんだ。

海をいきかう人々、海とむきあう人々

［海商と航海者］

この時代、東アジア海域における交流の中軸を担ったのは、遠隔地をむすぶ貿易と、そのための航海に従事する人々である。

このうち東シナ海・南シナ海、および黄海にわたって活動したのは、華人海商である。具体的に

19　七―九世紀の室利仏逝（シュリーヴィジャヤ）に同定されてきたが、マレー半島中・南部、スマトラ島のマラッカ海峡沿岸部、ジャワ島やボルネオ島の西部などマラッカ海峡の交易国家群の総称とする見方が出ている。アラブ史料の「ザーバジュ」、インド碑文の「ジャーヴァカ」「シャーヴァカ」の漢字音写との説が有力。

20　一二二二―九二年。ジャワ島東部の水田地帯を拠点として、香辛料の集散をはじめとする海上貿易と対外拡張政策を進める。のちのマジャパヒト朝はこれを継承し、さらなる発展をとげた。

21　一二九三年―一六世紀初頭。ジャワ島東部の水田地帯を本拠に発展した。ジャワ島の米やマルク諸島の香辛料の生産・流通を掌握し、対外貿易も推進した。

は貿易船の船主《せんしゅ》（ただし船主自身が航海をおこなうとはかぎらない）、都綱《とこう》・綱首《こうしゅ》とよばれる船舶運航・商取引の実務責任者、およびその配下の商人集団が相当する。九世紀の黄海・東シナ海では新羅《しらぎ》海商が日本・新羅・唐をむすんで活動したが、その大立者である張保皐《ちょうほこう》[22]が失脚するとともに存在感を低落させ、かわりに華人海商が浮上してくる。南シナ海でも、唐代の江南沿海部にはムスリム海商が進出していたが、九世紀末の黄巣の乱[23]にともなう混乱の影響でムスリム勢力が一時的に東南アジアまで後退すると、一〇世紀以降、華人海商がその空白をうめるように南海諸国との貿易（南海貿易）に進出していった。こうした華人海商の活動が一二五〇―一三五〇年のあいだにもつづいたのである。

いっぽう、南シナ海からインド洋にかけてはアラブ・ペルシア系のムスリム海商が活躍していた。すでに一三世紀前半までに福建・広東の貿易港に進出してコミュニティを形成していたムスリムにくわえ、西方から新たに来航したムスリム海商や、さらにはヒンドゥー教系・ユダヤ教系・キリスト教系の海商も存在した。彼らは東南アジア・南アジア・西アジアの沿海諸地域を東アジアにむすびつけ、なかには南海諸国の貿易請負人として活動する者もいた。

これに対し、日本や朝鮮、東南アジアの現地商人は、当時、国際貿易においてめだつ存在ではなかった。ただし実際にはこうした商人も華人海商やムスリム海商などの組下にまじって貿易に参加するケースがあり、そうした機会を通じて航海や商取引のノウハウを蓄積していった。またそもそも、国際的に活動する商船の乗員は、混血児をふくめてさまざまな出自の人々から構成されるケースも少なくなかった。たとえば華人綱首が指揮する貿易船に日本や朝鮮の乗員がくわわり、その知識と技術がそれぞれの地域での航海や商取引に貢献したことは容易に想像される。

22　張宝高・弓福ともいう。新羅の下層民出身。九世紀初め唐にわたって軍人となり、のちに新羅にもどり清海鎮大使となる。朝鮮西南沿海の海上交通を掌握し、中国・日本で活発な交易活動をおこなったが、新羅政府と対立し、九世紀半ばに暗殺される。

23　八七四年に唐で勃発した民衆反乱。塩の密売業者王仙芝がおこし、同業出身の黄巣が継承した。その活動は広く江南各地をまきこみ、一時は長安・洛陽を陥落させた。しかしその後急速に勢力を失い、八八四年に黄巣は殺害される。

こうした商船の活動と海商のネットワークを利用して宗教関係者が海上を往来した。黄海・東シナ海では仏僧、なかでも禅僧が代表的であり、その活動範囲は江南・華北・日本・朝鮮にまたがる。南シナ海でも仏教の僧侶や巡礼者のほか、イスラーム教のウラマー（イスラーム学者）やスーフィー（神秘主義修行者）をはじめ、さまざまな宗教関係者が往来したが、彼らが同時に海上交易の大資本主であることもめずらしくない。

各地の政権が派遣する外交使節も重要な航海者だが、当時の外交は商業ネットワークとむすびついておこなわれることがあった。すでに一〇世紀―一三世紀前半でも、使者の送達や文書・メッセージの伝達、あるいは情報収集といった形で海商が外交をささえていたが、元朝が南海諸国に遣使する際には、ムスリム海商のネットワークがしばしば利用された。また商業とのむすびつきが深いウイグル人が南海諸国に派遣された例も、商業ネットワークとの関わりが考えられる。

外交使節には相手国の宗教にみあった人物が選ばれることもある。元朝がムスリムを南海諸国へ派遣したのはその一例だが、南海諸国のなかでも仏教国に対して、元朝は仏教徒が多いウイグル人を使者に起用する場合があった。いっぽう、元朝が一二九九年に日本の政権に対して朝貢勧告をこころみた際には、禅僧の一山一寧が正使に起用された。その使節団には日本に滞在した経験があり、鎌倉寺院に知己をもつ僧侶西澗子《せいかんす》曇《どん》[24]も同行している。

こうした遠隔地間の通交と並行してローカルな海上活動も展開された。漁民や島嶼の住民、沿岸海運・近距離交易の従事者などがその担い手である。ただしローカルな海上交通の担い手が零細業者だとはかぎらない。とくに元朝治下の中国で大規模に展開した税穀の海上輸送（海運）の担い手のなかには、同時に海外貿易に従事する者もいた。

24　一二四九―一三〇六年。浙江台州の人。一二七一年に鎌倉幕府八代執権の北条時宗がその師僧石帆に遣使した際、石帆によって鎌倉に派遣された。一山一寧とともに再来日した後には日本において円覚寺・建長寺の住持となった。臨済宗大通派の祖。

［港町の人々］

海域交流の拠点となる港町には、海商その他の航海者に代表される外来者が来訪・居留した。そしてそこには、商取引の相手、官民さまざまな資本その他の支援提供者、各種の宗教関係者など、彼らの海上活動を物心両面でささえる多様な人間関係が展開していた。

なかでもムスリムは、江南沿海部において独自のコミュニティを形成した。また中国沿海部にモンゴルの覇権がおよぶと、新たに中央ユーラシアからもムスリムや、さらには当時仏教徒が多かったウイグル人の商業関係者が進出し、海上貿易に関わっていった。日本の博多では、一一世紀後半以来、博多《はかた》綱首《ごうしゅ》とよばれる人々をはじめとする華人海商のコミュニティが存在した。こうしたムスリムや華人のコミュニティとネットワークは、南海諸国のさまざまな港町にも広範に形成されたとみられる。

港町をはじめとする沿海部には当該地域を統治するローカルな政治権力が存在し、貿易や海上通交を管理、または監視した。とくに東アジアでは、国家の中央集権的性格が比較的つよかったことにも関係して、貿易港を直接に管理する政治権力は独立的な地方政権ではなく、少なくとも形式上は中央政府が設置した官庁である場合が多い。

元朝治下の中国沿海部では、最高地方政府である行省と、その下部組織である路・府・州・県など各レベルの民政官庁や、監察機構、万戸《ばんこ》府《ふ》・千戸《せんこ》所《しょ》などの軍事機構が存在した。また指定された貿易港には、宋代以来、貿易管理のために市舶司がおかれたが、これにくわえて元代には、南海貿易を管理するために行泉府司がおかれた時期もある。

日本では大宰府《だざいふ》[25]がながらく貿易管理と外交窓口の機能を担ってきたが、一三世紀後半の元朝の侵攻後には九州の行政・裁判・軍事を統轄する機関として博多に鎮西探題《ちんぜいたんだい》が設立され、そのもとに動員された武士たちが沿岸警備にあたった。室町幕府が成立すると、鎮西探題の機能は鎮西管領《ちんぜいかんれい》（九州探題）へとひきつがれる。

朝鮮においては、高麗が一〇世紀の建国以来、王都開京《かいけい》（現在の開城《かいじょう》）の外港である礼成港《れいせいこう》に中国からの貿易船をうけいれてきた。朝鮮南岸では日本からの通交者を応接するため金海《きんかい》に客館がおかれていたが、元朝の服属下、日本経略に関与するなかで撤廃され、一三世紀末以降は沿岸要地に対日警戒のため鎮辺《ちんぺん》万戸府などの軍事機構がおかれた。

東南アジア各地の港湾について個々の状況は未詳の場合が多いが、島嶼・沿海部には、港町そのものが国家的な政治単位となった港市国家が多かった。そうした港市国家のなかには、ときに商船に対して強制的な交易をおこなったり、事実上の略奪行為をおこなったりするケースもあった。

［広域政治権力］

海上活動者と港町の背後にひろがる陸上の広域政治権力として、中国では元朝（最初期には南宋が存在）、日本では武家政権（鎌倉・室町幕府）と京都の公家政権（朝廷）、朝鮮では高麗、東南アジアではチャンパー・ジャワといった南海諸国が存在した。なお琉球では、一四世紀後半の王国形成へとつながる地域勢力が、域外交易を通じて生まれつつあったとみられる。こうした国家やこれに準ずる広域政治権力が、海域での人間活動を〝管理〟する、少なくとも名目上の最高主体であった。

25 古代日本において九州および壱岐・対馬を管轄し、外交や九州の内政などを担当した官庁。現在の福岡県太宰府市に所在。律令制下では帥以下の行政官と祭祀をつかさどる主神が置かれたが、次官級の権帥・大弐が実務の長をつとめた。その権帥・大弐も一二世紀には多くは現地に赴任しなくなり、鎌倉時代に入ると鎌倉御家人の武藤氏が大宰府に大宰府守護所を設置、さらに大宰少弐（大宰府の実質的な現地責任者）を世襲して、その機能を掌握した。

三　海商がおしひろげる海域交流——開放性の拡大

一二五〇—一三五〇年の東アジア海域では、中国の江南沿海部を核としてさかんな交流がみられた。これはこの時期にはじめて生じた事態ではなく、八、九世紀以降における海上貿易の本格的な展開の延長線上にある。

ただし一二七〇年代に元朝が江南沿海部に進出してからの状況は、一二五〇年以前からの流れの単純な継続ではない。それは一見相反するふたつの局面をもつ。第一に、モンゴル政権の海上貿易への積極的な姿勢と、陸・海を連環するユーラシア規模の広域交流網の形成などに象徴される、海域交流をいっそう促進した局面である。いっぽうその第二は、モンゴルの覇権拡大にともなう政治的・軍事的な衝撃が周辺諸地域とのあいだに緊張をうみ、これが交流に一定の制約をもたらした局面である。

かつてはどちらかいっぽうの局面を強調する傾向がつよかったが、全体像を理解するには両面をみわたさなければならない。そこでまず本章では、このうち第一の局面、すなわち一二五〇—一三五〇年の東アジア海域において海を介した交流を促進した要素と、そのもとで展開した交流の実像についてみていくことにする。その際、この時代に新たに登場した状況だけではなく、当時の海域交流が一二五〇年以前からの流れをうけついで発展した側面をきちんと認識するため、一三世紀以前の状況についても適宜言及していきたい。

政治権力の柔軟・ゆるやかな海上貿易管理

東アジア海域で活動する海商たちは、それ以前から中国・朝鮮・日本の各政権が掌握した特定の貿易港に入港し、公的管理のもとで貿易をおこなってきたが、それは一二五〇—一三五〇年でも同様だった。中国では市舶司を通じた宋代の貿易管理体制が元朝にもひきつがれた。朝鮮や日本との貿易はおもに慶元の市舶司、南海貿易はおもに泉州・広州の市舶司が担当したが、これも宋代と同様であった。

元朝に帰属する海商は、保証人をつけたうえで、まず本貫地《ほんがんち》[26]で貿易のための出国申請をおこなう。その本貫地から出航希望地の市舶司へ連絡がいき、船数・搭載人数・船具・商品・行先などが確認されたうえで、これら確認事項や貿易関連法規を記載した出国許可証（公憑《こうひょう》・公拠《こうきょ》・公験《こうけん》）が発給された。帰国にあたっては出航地と同じ港に入港することが原則とされた。市舶司は海商が帰国すると、出国前の記録にもとづき、人員や船具の欠失を確認し、船内の商品もすべて把握したうえで徴税をおこなった。徴税後、のこりの商品は出資者などの権利者と分配するが、元朝ではこの出資者の位置にしばしば政治権力がはいり、貿易の利益を吸収した。このように運営された貿易船を官本船《かんほんせん》という。

こうした厳重な管理体制は、つねに十分な機能を発揮したわけではなかったが、武器・金銀・銅銭といった違禁物《いきんぶつ》の流出や脱税をふせぎ、海商の行動を規制する役割をある程度はたした。外国からの船の場合も、やはり市舶司による商品のチェックと徴税、出航時の船内確認などの手続きがおこなわれたとみられる。

26　ある人物の帰属地として戸籍に登録されている土地。中国では、納税や移動許可などは、本貫地の役所においておこなわれた。

日本では一一世紀後半以来、ひきつづき博多がおもな対外窓口だった。平安時代には大宰府が博多を公的に管理していたが、鎌倉時代には将軍と主従関係をむすんだ武士である御家人《ごけにん》の武《む》藤《とう》氏が大宰府の実質的責任者（少弐《しょうに》）となって守護所をおき、博多にも関与した。一三世紀末には博多に鎌倉幕府の機関として鎮西探題が、一三三六年の室町幕府成立後は鎮西管領（九州探題）がおかれた。この鎮西管領は、一三五〇年に日本僧をのせた元船の来着を京都に報告していることから、博多に出入りする船舶を把握していたようだ。

このように公的機関はなんらかの形で博多港を掌握しており、外交使節が到来したり対外戦争が勃発したりした際に対応した。ただ武藤氏にせよ、鎮西探題や鎮西管領にせよ、貿易の全般的管理をおこなっていたという明証はない。少なくとも九—一二世紀の日本朝廷が大宰府の一元的な商船管理を前提に貿易の許可・不許可を決定し、商品の買取りと代価の支払いをおこなったような官貿易体制は、もはや確認できない。

一三四二年、京都・天龍寺《てんりゅうじ》[27]の造営のために派遣された天龍寺船のように、幕府関係者が貿易船を派遣することはあったが、朝廷・幕府が貿易を全面的に管理・独占したわけではない。朝鮮西南沿海で発見されたいわゆる新安沈船《しんあんちんせん》[28]は、公家の名門九条家・一条家をバックにもつ京都の東福寺《とうふくじ》が、一三二三年に博多の末寺[29]である承天寺《じょうてんじ》を通じて中国に派遣した貿易船だったと考えられる。このように、博多周辺に拠点をもつ朝廷や幕府の有力者、または大寺社が、個別に貿易船を派遣するのが実態だったのだろう。

元朝が国ごとに貿易船の派遣主体と貿易額を限定していない以上、貿易船派遣の権利を独占する必要は、日本の権力者側には必ずしもない。その動機が生じるのは、明朝が国王以外の派船をみと

27　京都五山の第　位である禅宗寺院。室町幕府初代将軍足利尊氏を檀越とし、夢窓疎石によって一三四五年に創建された。

28　一九七六年に大韓民国全羅南道新安郡の沖合で発見された沈没船遺跡。船体とともに陶磁器や荷札木簡をはじめとする大量の積載物が引き揚げられた。その調査を通じ、一四世紀前半

めない制限貿易体制をとるようになる一三七〇年代以降のことである。

中国から朝鮮をめざす海商は、主として高麗の王都である開京をめざした。一二五〇年以前と同じく開京の外港である礼成港を窓口にしたとみられる。その管理体制は未詳だが、一三世紀初めには政府の査察官が貿易船のチェックをおこなった事例もある。一二五〇—一三五〇年においては、従来からみられた江南の海商にくわえ、元朝の国都として発展した大都方面から来航する商人も姿をみせた。元朝治下の中国の社会状況を反映したフィクション『老乞大《ろうきつだい》』（一四世紀後半成立）にえがかれた高麗商人も、大都の外港直沽《ちょくこ》（現在の天津）から開京まで船便を利用している。対日貿易の窓口港としては一三世紀半ばまで対馬の対岸にある金海（金州《きんしゅう》）が利用されてきたが、日本に対する元朝の軍事行動をへて大きく状況が変化する。

このように、当時の中国・朝鮮・日本において、国際貿易の拠点港は、慶元・広州・泉州・博多・礼成港など、かなり限定されていた。大規模な貿易船を取引相手として想定する場合、こうした管理貿易港をおさえることで、政治権力は貿易船を最低限度把握することが可能だった。

ただ宋代の市舶司体制のもとでは、港以外の場所で、そして出入港時以外において、商船の行動を実質的に統制することは、ほとんど実現できていない。元代も事情は同じだったとおもわれる。元代の市舶則法に、帰路入港前の商船による密貿易に対する罰則がみえるのも、実態として市舶司の統制外における寄航があとをたたなかったことを示唆する。さらに一四世紀後半、東シナ海に縦横無尽に跋扈した前期倭寇《わこう》[30]など海賊行為をおこなう集団に対応するうえで、この市舶司体制は明らかに不十分だった。彼らと対峙することになった明朝は、もはや海上活動者の管理手段として〝時代おくれ〟になった宋元以来の市舶司制度の廃止を決断したのである。

に日中間の貿易に従事していた中国式のジャンク船であることが確認された。

29 本山の支配下にある寺院。

30 一四世紀後半を中心に朝鮮や中国の沿海部で海賊行為をおこなった集団。対馬・壱岐・松浦など九州北部の島嶼・沿岸部を主要な発源地とするが、社会的性格、民族的性格については諸説ある。第II部でとりあげる一六世紀の後期倭寇とは区別される。

いっぽう、管理貿易港以外では、現地人による商船、とくに漂着船に対する掠奪もみられた。とりわけ琉球や済州島《さいしゅうとう》など、国家の管理が弱い島嶼部に関しては、人食い伝説も生まれるほどに海商たちからおそれられたし、日本では漂着船が現地住人の財産とされる寄船《よりふね》の慣行が公然と通用していた。中国・日本・朝鮮では政権が地方官を通じてこうした事件をとりしまる体制をいちおうそなえてはいた。中国と朝鮮では政治的条件がゆるせば商船を保護し、場合によっては送還することもあったが、略奪の事実が明るみにでた段階で、あとから犯人捜索をおこなうことも多く、商船の安全が十分に保障されていたとはいいがたい。一三二五年、鎌倉幕府は鎌倉・建長寺《けんちょうじ》[31]の修造のため中国に貿易船を派遣するにあたり、肥前《ひぜん》・薩摩《さつま》の御家人に対して警備を命じたが、このような安全確保能力は、貿易船派遣者にもとめられた重要な条件だった。とくに海賊の跋扈や内乱の進展は、その重要性を増すことになったであろう。

このように、状況の不明な南海諸国は別として、東アジア海域の沿岸各国では、貿易港に対する一定の管理体制が構築されていた。しかし港湾における点の管理以上の統制はおこなわれなかった。船がいったん海上にでた後の行動をしばるすべは事実上なかったし、そのような方策を徹底して講じようという政治権力側の志向もほとんどうかがえない。このような交易管理体制は、むしろ海域交流の振興要因として作用したとみられ、そうした〝ゆるやかさ〟ないし〝柔軟さ〟こそが、この時代の特徴なのである。

「外来者」の拡散

一一世紀から一四世紀の東アジア海域の諸港において、ハブ機能をになったのは、慶元（一二世

31　鎌倉五山の第一位である禅宗寺院。鎌倉幕府五代執権北条時頼を檀越とし、南宋出身の僧である蘭渓道隆によって一二五三年に創建された。

紀末までは明州といった）・泉州・広州など中国江南沿海部の港町だった。まず一三世紀前半までの状況をみていこう。

宋代中国の南シナ海沿岸では、アラブ・ペルシア系を中心とするムスリム海商や、インド系の海商、華人海商が主軸となって活動した。とくに広州には、唐代以来、ムスリム海商の居留区が存在した。これは宋代には蕃坊《ばんぼう》とよばれ、蕃長《ばんちょう》を責任者として一定の自治がみとめられた。東シナ海沿岸でも、慶元にはペルシア人との関係が推測される波斯団があったが、ムスリム居留民の存在は泉州・広州ほどめだたない。

またチャンパー・カンボジア・パッタルン・ブルネイ・ナーガパッティナム・クーラム＝マライなど、東南アジア・南アジアの諸国・諸港におけるムスリム・華人海商の居留も広範に確認できる。その存在は、後代それらの地域にムスリム政権・華人社会が成立する前史となる。

日本では九世紀以来、「新羅」や「唐」の海商が来航したが、一一世紀後半から一三世紀にかけては華人海商が博多を拠点に活動し、その中心となる人々は博多綱首とよばれた。大宰府の貿易管理機能が確認できる一二世紀前半まで、博多綱首の居留区は博多の西の入江の南岸一帯にかぎられたようで、これがいわゆる博多《はかた》津《つ》唐房《とうぼう》である（宋人の滞在施設の呼称とする説もある）。唐房は一二世紀後半には博多全域にひろがり、日本人との雑居がすすんだらしい。彼らは日本内部の寺社や政治権力者をよりどころに、その資本提供や保護をうけて貿易に従事し、土地を受給されるなどして活

博多の復元図（大庭康時『中世日本最大の貿易都市・博多遺跡群』〈二〇〇九〉掲載図にもとづき一部改変）

動の拠点を確保した。
博多の東側の大部分を占める聖福寺《しょうふくじ》と承天寺は、一二世紀末から一三世紀前半に中国帰りの禅僧である栄西《ようさい》[32]と円爾《えんに》[33]によってそれぞれ創建されたが、この両者はともに博多綱首と親しかった。聖福寺は後世「宋人百堂《そうじんひゃくどう》」と伝承された宋人墓地の跡地だったとみられる。また承天寺は円爾と親しかった博多綱首謝国明《しゃこくめい》が建立したもので、ともに開創にあたっては博多綱首が主導的な役割をはたしたようだ。その背景には博多綱首自身の禅宗信仰もあったであろう。

高麗が元朝に服属する前の朝鮮に関しても、王都開京において華人の居留がみられた。海商を対象とした施設として、少なくとも一一―一二世紀の開京の都城内には客館があった。来航した海商のなかには数年にわたってとどまる者や、現地で妻帯する者もいた。一三世紀半ばに高麗がモンゴルに対する抗戦のため江華《こうか》島《とう》に遷都してからの状況は不明だが、それ以前の段階で朝鮮に生活拠点をもつ華人海商が存在したことはまちがいない。

一一―一三世紀の東シナ海を往来した海商の活動は、おおむね華人を中心とした。一二世紀以降の中国史料には「日本」商人、「倭」商、「倭」船、「高麗」商人、「高麗」船などがみえるが、これらは「日本」や「高麗」の地からおとずれた商人・商船をさすことが多く、民族としての日本人・高麗人やその船をただちに意味するわけではない。ただし日本の権門[34]によって南宋へ派遣された貿易船には、華人の船員とともに少なからぬ日本人も同乗していたようである。宋ではこうした船を日本の商船としてあつかった。「プロローグ」でも述べたように、一般に当時の海商の民族区分や帰属先と、その船の帰属先は、必ずしも相互に一致・一定しない。むしろ現代的な国籍・船籍の感覚とは異なる、こうした海商の帰属の曖昧さこそが、この時代に進展した東アジア海域の開放性を

32　一一四一―一二一五年。備中の人。一一六八・一一八七年に入宋、臨済宗が日本に定着する基礎をつくり、また宋式の喫茶の習慣を伝えた。聖福寺のほか、京都・建仁寺、鎌倉・寿福寺を創建した。

33　一二〇二―八〇年。駿河の人。一二三五年に入宋。帰国後に博多で承天寺を開き、また京都に東福寺を開いた。

34　古代末期から中世の日本において、社会的な特権を有した権勢のある門閥・集団のこと。天皇家、有力貴族、大寺社、武家の棟梁などがこれに相当する。

特徴づけるのである。日本で活動する華人海商のなかにはいっぽうの親が日本人である者もふくまれており、そもそも海商の民族区分自体、しょせんは相対的なものにすぎない。

以上のような状況は、元朝の日本侵攻にともない博多綱首のありかたに変化があらわれたのを別として、基本的には一二五〇―一三五〇年にもつづいていたと推測される。

南シナ海では、宋代に華人海商によって形成された東南アジアの初期華人社会が継続している。カンボジアでは宋元交替期に「新唐人《しんとうじん》」とよばれるニューカマーが来航したようで、人の流れは依然としてつづいていた。ムスリム海商の影響力も相変わらず強く、一三世紀末にスマトラ島北岸の港市サムドラ＝パサイにおいて東南アジア最初のムスリム王権が誕生したのは、その結果であった。

ムスリム海商は泉州や広州などで依然さかんに活動していた。泉州のムスリム＝コミュニティについては、第一章でみたようにイブン＝バットゥータが詳細な記録をのこしている。また元朝治下の中国では政権上層部とむすびついたモンゴル人や色目人《しきもくじん》[35]――とりわけ商業とむすびついたムスリム・ウイグル人――が各地に官吏として赴任し、あるいはその他の形で移住していったが、彼らはおもむいた先ざきで、みずからに関わる商人と、その商人にとって最大の顧客であり庇護者でもある国家との関係を媒介する役割をはたし、ときには商人側の代弁者ともなった。このことは元朝治下で中央ユーラシアから中国沿海部にかけて色目人のネットワークが展開するうえで、一定の役割をはたしたであろう。南海貿易の中心だった広州や泉州にははやくからモスクが存在したが、杭州・慶元・松江《しょうこう》など浙江地方の貿易港にモスクが確認できるようになるのは、元朝治下においてである。

35 「諸色目人」（さまざまな種目の人）を意味する言葉。元朝統治下の住民のうち、モンゴル人（蒙古）、漢人（旧金朝治下の華北住民）、南人（旧南宋治下の江南住民）、高麗人以外をさす。中央アジア・西アジア系の人々がその多くを占めた。

これに関連して、イスラーム教のスーフィー教団の活動・ネットワークが中国内部でも展開するようになったことは注目される。各地に設けられた彼らの修道所は、一般旅行者や商人にも開放されることで、交通拠点としての性格もそなえていた。イラン・中央アジアから華北にかけてはクブラウィー教団[36]などの活動がみられた。また第一章でもふれたように、ペルシア湾岸から江南沿海部にかけての港町ではカーズィルーン教団が航海者の信仰をあつめ、西アジアの航海守護聖者ヒズルに対する信仰もさかんであった。中国各地のムスリム＝コミュニティの長や法官は、こうしたスーフィー教団とも関わる大商人である場合も多く、スーフィー教団の宗教・移動のネットワークは、同時に商業ネットワークとしても機能した。

このように、一二五〇―一三五〇年の東アジア海域では、一二五〇年以前からひきつづき、民族的・宗教的な多様性に富む「外来者」たちの活動が、空間的に、あるいは社会関係のうえで拡散していき、かつそれは現地社会にとけこんでいった。その中心となる立役者は海商たちであった。

36　一三世紀にシャイフ＝ナジュムッディーン＝クブラーが創設したスーフィー教団。中央アジア以東の諸都市にもハーンカー（修道場）を設置するなどした。

政治権力と商業の接近

政治権力と海商の関係の密接化、とりわけ元朝において商業関係者自身が国家の貿易管理機構にくみこまれるという、商業と政治権力の共生・協力関係は、それ以前と比較した場合、一二五〇―一三五〇年という時代のめだった特色のひとつである。

元朝治下の中国における貿易を特徴づけるものとして、前述の官本船があり、政府の出資によって経営され、その収益を政府と海商でわけあった。そして、そこにふかく関わったのがオルトクとよばれる商人である。ムスリムやウイグル人をおもな担い手とする彼らは、元朝の宮廷・王族や政府から資本提供をうけ、特権的な立場で貿易にたずさわった。彼らを管理して南海貿易の富を元朝にむすびつけていた行泉府司は、市舶司の上司として、その貿易関係業務に介入することもできた。またオルトクは、イスラーム教・キリスト教・仏教など宗教勢力の商業活動とも、ときにふかくむすびついていた。元朝においてこうした宗教勢力は、特定の官庁や官僚によって監督されていたが、いっぽうでそうした官庁や官僚は、各宗教勢力の利害を代弁する立場にもあった。元朝のオルトク政策は、こうした官庁・官僚・宗教勢力間で利害を相互調整することでなりたっている側面もある。

オルトクは元朝宮廷による宝貨の買い上げ（中買宝貨《ちゅうばいほうか》）にも関与した。こうした宮廷との取引において、海商は中央の有力者への献上（拝見・呈様）という形をとることで徴税をまぬがれる場合があった。もとより海商は、これ以前にも贈与などを通じて市舶司をはじめとする官庁の官吏とも私的な関係をむすび、脱税や違禁物の搭載といった違法行為を可能にしてきた。整備された市舶司制度のもとでの、中央・港市の権力者・貿易管理者と海商とのもたれあいが、この時代の中国での貿易を規定する重要な要素だった。

元朝は江南の統治にあたり、現地の民間有力者に規制をかけつつ統治機構の末端にくみこもうとした。一種の統治のアウトソーシングである。海上活動に関する著名な例としては、元代初期に海運を担当した朱清《しゅせい》・張瑄《ちょうせん》があげられる。彼らは南宋の海賊・塩賊（専売制下における塩の密売業者）だったが、元朝は彼らをめしかかえて海運関係の官職に任じ、彼らの水運に関するノウハウを江南から大都までの税穀輸送に利用した。宋代の公的な水運請負である「綱運」の関係者もそうであったように、海運関係者は、業務に便乗して私的に貨物を輸送するなど（私貨夾帯《しかきょうたい》）、並行して私的営利活動をおこなうことが多かった。

海運には海船と船員を保有し、航海技術を有する者が多く任用されたから、なかには政府から支払われた舶脚銭《はくきゃくせん》（船代）を元手に海上貿易にたずさわる者もいた。高麗貿易をおこなった太倉《たいそう》の殷氏などはその例である。澉浦《かんぽ》の楊氏の場合、海運に関わるいっぽう、ときには市舶司の任を、ときにはオルトク商人としてインド洋貿易の任を、ときにはイル＝カン国[37]への使行の任を担当した。このように江南沿海部の民間有力者は、しばしば貿易管理の官吏に登用されるいっぽうで、官貿易をうけおう海商としても活躍した。次章にも登場する泉州の海商蒲寿庚《ほじゅこう》[38]のように、南宋期の市舶司も、実態としては現地の有力者をとりこむことで機能した面もあったが、その傾向がより顕著になったのが元代である。

日本では京都・鎌倉の有力者や大寺社が商船を派遣する形で貿易がおこなわれたが、とりわけ寺社のパトロンとして造営資財を捻出する名目で中国に派遣される寺社造営料唐船《じしゃぞうえいりょうとうせん》が知られている。その運航責任者は綱司《こうし》とよばれ、派遣主に対しては帰国後に定額の配当を支払った。この貿易形態は一二五〇年以前までに形成されたしくみをひきついだものだろう。史料にみえる派遣主の例としては京都の東福寺もあるが、北条氏の惣領《そうりょう》[39]である得宗家や、その庶家の[40]金沢氏、室町幕府の将軍家足利氏など、幕府関係者がめだつようになる。その背景には鎌倉幕府がモンゴルの脅威に対する軍事的なそなえとして博多港を掌握し、対外通交への監視を強めるようになり、緊張緩和後にも博多における対外通交への関与が可能になったことがある。とくに一三世紀末に鎮西探題が設置されて以来、その職を北条氏一門が歴任したことで、幕府と博多を直結するルートがかたまったことが大きい。

37　一二六一—一三五三年。モンゴル皇帝憲宗モンケと世祖クビライの弟であるフレグによって西アジアに建設されたモンゴル政権。イランを中心にアム＝ダリヤ河からイラク、アナトリア東部にかけての地域を支配した。フレグ＝ウルスとも呼ばれる。イル＝カンとは直接にはその君主をさし、「部衆の君長」を意味する。

38　泉州を拠点に海上貿易に従事したムスリム商人。南宋末期には提挙市舶（貿易管理官）として泉州の政治有力者となっていた。江南征服をめざす元朝と、これに抵抗する南宋側勢力の双方から助力を求められ、前者につく道を選んだ。

39　中世日本の武家における一族の長とその家系。

たとえば武蔵国金沢に拠点をもった金沢氏は、しばしば貿易にも関与したが、そのなかで金沢・称名寺《しょうみょうじ》[41]の造営のために派遣され、一三〇六年に帰国した貿易船があった。この船が博多につくと、鎮西探題だった金沢政顕《まさあき》は、みずから手配した船に荷を積みかえ、瀬戸内海経由で鎌倉へむかわせるとともに、六波羅探題[42]として京都にいた従兄弟の金沢貞顕《さだあき》（金沢氏嫡流）に手紙でそのむねをつたえている。ここでは鎮西探題の一門が博多―京都―鎌倉をむすぶ遠距離ネットワークをきずき、貿易を円滑におこなうしくみをつくりあげていた様子をうかがうことができる。こうした構造は、知人・縁者・代官など、さまざまな伝手《つて》を通じて、他の幕府関係者もつくりあげていたことだろう。

朝鮮の状況についてみると、一一―一二世紀には中国や日本から頻繁に海商が来航し、彼らが王に対して物品の進献をおこなったことが知られる。こうした事例は史料上、一三世紀以降は頻度を減らしており、王と海商の関係が疎遠になったとの見方もある。ただ高麗が元朝に服属してからも海商が王に物品を献上したり、王が海商のために宴を設けたりしており、両者の関係が途絶えたわけではない。王室が中国に貿易船を派遣した事例もあり、王室のもとで海商を組織することが可能だったことがうかがわれる。この時期の高麗王は海・陸での商業活動に積極的に関与するようになっている。当時の高麗の廷臣に商人出身者がみられるようになるのも、こうした志向性が関係するのであろう。

以上のように、当時の海上貿易においては、権力とむすびついた御用商人的な存在が注目される。厳密にはそれが当該商人の性格のすべてというわけではなく、彼らがそのときどきの資本提供者・支援者のありかたに応じてみせる多様な〝顔〟のひとつである。ただ、従前にくらべて商業と

40　中世日本の武家における惣領家以外の家系。

41　金沢氏の祖、北条実時（一二二四―七六年）によってひらかれた同氏の菩提寺。

42　鎌倉幕府が京都においた機関およびその長官。朝廷との交渉、京都とその周辺の治安維持、および加賀・尾張（のち三河）以西（鎮西探題設立後は九州を除外）での裁判を職掌とした。

政治権力とのむすびつきが顕著になるのがこの時代の特徴である。またいっぽうでは権力者側においても、公的または私的な立場で商業・貿易に積極的に関与しようとする傾向が、中国・日本・朝鮮に共通して強まっていたのである。

経済・通交圏の拡大

東西ユーラシアにおけるモンゴルの覇権は、政治統合にともなう支配関係の安定や、駅伝(站赤《ジャムチ》)をはじめとする広域交通網の整備をもたらした。ムスリムやウイグル人に代表される中央ユーラシアの商人の一部は、はやくからオルトクとしてモンゴルの宮廷・王族と提携していたが、一三世紀後半に元朝の支配が江南におよぶと、中央ユーラシアの交易網が中国・南シナ海までむすびつき、海陸をつなぐユーラシア規模の物流が実現した。元朝は東南アジア・南アジア諸国への朝貢勧告も積極的におこない、ときには軍事行動をともなう強硬手段にもおよんだが、その背景には南海貿易への関心もあった。南シナ海のジャンク船とインド洋のダウ船の商圏の結節点は、一〇世紀にはマラッカ海峡付近のカラにあったが、一二世紀ころからインド南岸・西岸のマーバル・マラバール・グジャラートにうつり、クーラム＝マライやカリカットを中継点としてペルシア湾・紅海など西アジア沿岸地域に接続した。冒頭で紹介したマルコ＝ポーロやイブン＝バットゥータもこのルートを利用している。元朝とイル＝カン国やヨーロッパ諸国との通交も、多くの場合、海路を通じておこなわれたが、その際しばしば海商の交易網や交通資本が利用された。こののち一五世紀におこなわれた有名な鄭和《ていわ》[43]の遠征も、この時代に交易を通じて蓄積された航海知識をうけついで実現したのだった。

43　一四〇五—三三年に雲南のムスリム出身の宦官で

中国にかぎっても、一二七〇年代に元朝によって華北・江南全域が四世紀ぶりに政治統合された意味は大きい。元朝は政治の中心を北方の大都・上都においたが、海路・運河との接続を重視し、財政的には江南から輸送される税穀におうところが大きかった。当初は運河による税穀輸送もこころみられたが、結果的に海運中心の輸送体制を選択し、一四世紀にはこれを軌道にのせることに成功した。この点は運河による輸送を中心とした北宋や明朝とのちがいである（明朝の場合、元末以来跋扈した海賊への対応という面もある）。そのメインルートは、長江河口に位置する太倉の劉家港に税穀を集積したうえで、海路で渤海《ぼっかい》湾岸の直沽にはこび、運河を通じて大都におくるというもので、中国を南北につらぬく大規模な物流ラインを形成した。なお元朝は海運を重視するなかで福建地方に由来する航海神媽祖《まそ》に天妃の号を賜与して国家的な保護をあたえ、華北をふくむ沿岸各地にこれをまつる廟を建立した。このことは、のちに媽祖信仰が中国の諸地域に拡散し、さらには東アジア海域一帯へと広まっていく端緒となった。

海運の航路には山東半島から遼東・朝鮮へとむかう分路もあった。このルートは、元がこれらの地域に軍糧や賑恤《しんじゅつ》穀（不作時などの緊急援助に送られた穀物）を供給したり、逆に高麗から食糧供出をうけたりする際に利用されたとみられる。また一時的な措置にとどまったが、一三世紀末、元朝は朝鮮から物資を搬出すべく、朝鮮西岸一帯に海上の駅伝（水站《すいたん》）を設置した。このように

ある鄭和が実施した七回にわたる南シナ海・インド洋への遠征。明朝への朝貢をうながすとともに、交易活動もおこない、分遣隊はアフリカ東岸にも達した。

元代の海運航路と大運河

高麗が元朝に政治統合されたことは、元朝の公的な海上物流や人間移動が朝鮮沿海部にリンクすることにつながった。朝鮮の島嶼部は元朝の流刑地に利用されたが、とくに済州島は一時期元朝に直轄されたうえ、高麗に返還されたのちにも帝室直属の牧場がモンゴルの牧民によって経営された。元朝最末期に順帝トゴンテムルが済州島に避難するというプランが存在したのは、こうした朝鮮沿海部と中国のかつてない密接なつながりが前提になる。

また並行して、人々の私的な往来も従来からの海商のうごきにくわえてふかまった。そのなかには、養子縁組の名目でつれだされ、朝鮮などの地で不法に売買された華北や江南の子女もふくまれる。一四世紀後半、明軍におわれた浙江・舟山《しゅうざん》群島の海民が、遠く海をこえて朝鮮西南沿海部に潜伏したのも、彼らをうけいれる社会環境がそれ以前の交流のなかでその地域にうまれていたからである。

いっぽう日本の場合、元朝のたびかさなる朝貢勧誘と遠征が失敗に終わり、双方のあいだに政治的関係がむすばれなかったため、元朝の公的な水上輸送や人間移動がおよぶことはなかった。しかし次章で述べるように、政権間の政治的・軍事的な緊張をはらみつつも、日中間では貿易やこれを利用した民間交流がさかんに展開されたのである。

また考古学調査によると、琉球では、一三世紀後半以後に関して中国製陶磁器の出土量が増加する。とくに沖縄諸島・先島《さきしま》諸島において、日本の九州以北地域や奄美諸島での出土比率が少ないタイプの福建産粗製磁器が多く出土するようになる。これは中琉間で独自の物流が存在した可能性をうかがわせ、つぎの時代に発展する中琉貿易の前提として注目される。

四　モンゴルの衝撃がもたらしたもの――開放のなかの閉鎖性

本章では、一二五〇―一三五〇年における東アジア海域の特色として、「ひらかれた」様相をこの時期に極盛までみちびいた要因であると同時に、いっぽうではそこに「閉鎖的な局面」を萌芽させた要素について述べる。すなわちモンゴルの勢力拡大にともなう政治的・軍事的な衝撃と、これに対する関係各地の反応である。前章で述べた内容が、一二五〇年以前から連続する基調のうえにたち、これを発展・増幅させた要素だったのに対し、本章でとりあげる内容は、この時期に上記の基調を一部阻害する条件として出現し、そして明朝の海禁政策に象徴される一四世紀後半―一五世紀の東アジア海域の「閉ざされた」側面を準備した要素といえる。対外戦争や外交に注目するため、おのずと叙述の中心は、海商など直接の海上活動者ではなく、政治権力の動向となる。ただしここでは、元朝中央政府や鎌倉幕府といった広域政治権力が東アジア海域の動向から離れた位置にある存在であったのに対し、外交・戦争の現場担当者である沿海部のさまざまな次元の政治権力(高麗、南海諸国、元の地方官・軍官など)こそが、海域交流の主要な立役者となる。

モンゴルの「海道」掌握企図と軍事活動(1)――日本経略

モンゴル帝国は第四代皇帝モンケ[44]の時代までに、東は華北や遼東地方、西はイランやロシア平原におよぶ広大な版図を獲得した。しかしモンケ没後の帝位継承戦をへて元朝をうちたてたクビライ[45]が、みずからの地盤である華北方面に政治の重心をシフトさせると、中央アジア・イラン・ロシア

44　在位一二五一―五九年。中国式の廟号は憲宗。
45　在位一二六〇―九四年。モンゴル帝国の第五代皇帝にして元朝初代皇帝。中国式の廟号は世祖。

平原のモンゴル勢力は事実上自立した政権を形成するにいたる。

こうしてユーラシア東部を直接の統治対象とすることになった元朝は、さらにその東方・南方へと勢力を拡大していった。一二六〇―七〇年代には朝鮮の高麗を服属させ、これに対する影響力を確実にし、さらには南宋とその残存勢力の抵抗を排して、江南を支配下におさめることに成功した。これはモンゴルがついに東アジア海域の窓口まで到達したことを意味する。

ここから元朝はひきつづき海上進出をこころみた。一二六六年からは高麗を通じて日本への朝貢勧告を開始し、東南アジア・南アジアの南海諸国に関しても、一二八一・八二年にカンボジア、タンブラリンガ、ジャワ、マーバル、クーラム＝マライ、サムドラ＝パサイ、シャム、プルラク、アル、コンペイに対して大々的な遣使をおこなった。これらの活動目的については、政治的な勢力拡大欲と、交易・富の掌握という経済的理由のふたつの側面から説明されてきたが、いずれにせよ「海道」、すなわち海上交通の掌握にかかわる問題である。

しかし日本の政権は元朝の要求に応じず、南海諸国に対する朝貢勧告はベトナム南部のチャンパーが抵抗を開始して阻害された。そのため元朝は、まず日本と、ついでチャンパーと、さらに一二九二―九三年にはやはり朝貢勧告に応じなかったジャワとのあいだにも、それぞれ戦端をひらいたのである。

これらの戦争はモンゴルのそれまでの大規模な対外征服活動とは異なる面をもつ。通常、モンゴルにおける大規模な征服戦争は、後日の戦利品分配を念頭において、各地に分権的な政治単位を形成していたモンゴル王侯貴族の諸集団より兵員が供出されて軍団が編成された。しかしこのたびはモンゴル支配者共同体の総力をあげた戦争というおもむきは稀薄だった。いわば皇帝とその周辺の比較的せまい範囲の関係者による戦争であり、かつ前進基地となる朝鮮や江南沿海部の現地勢力、およびそれらの地域の経略にあたった前線の軍団をおもな担い手とする戦争だった。征服地の軍事力をつぎの征服対象にふりむけることはモンゴルの常套手段であるし、皇帝とその周辺関係者によって戦争がすすめられたのも、モンゴル全体にとってはあくまで局地戦にすぎなかったからだともいえる。しかし東方ユーラシアにおいて、大陸の兵員が外洋をこえてこのような遠隔地にまで大量に送りこまれたのは、はじめての出来事であった。

ただしこのことを、元朝中央政府の意志が末端にまでストレートに伝わり、忠実に実行されたかのごとく単純にとらえては不適切である。戦争の準備・遂行の過程は、関係した地域、前線の諸勢力の自律的な動きにより規定されていた。それは戦争を促進する要素と、これを抑制・阻害する要素をともどもふくみ、そうした元朝中央に対する抵抗、協力、順応、便乗、利用といったさまざまな思惑が交錯するなかで展開した。侵略する側もされる側も内情は複雑であったことに注意したい。以下にその様相を具体的にみていこう。

元朝の日本経略に際し、朝鮮では現場担当者である高麗が複雑な動きをみせる。高麗では一二世紀後半、武官（武臣）出身の権臣が実権をにぎり、一三世紀前半の対モンゴル戦争を主導した。この武臣政権は高麗が一二六〇年に元朝に服属したのちも存続し、反モンゴル的雰囲気をのこしていた。そのため、はじめ高麗は日本に対する元の朝貢勧告事業に非協力的であり、一二六六―六七年の最初の遣使に際しては大臣李《り》蔵用《ぞうよう》が元使黒的《こくてき》に対して航海の危険と対日交渉の無益を説き、ついに渡航を断念させた。そのうえクビライがあらかじめ、〝風濤《ふうとう》の険阻〟〝日本との不通〟等の理由による遣使の中止はまかりならぬと警告していたにもかかわらず、まったく同じ理屈を述べて、これを正当化しようとしたのである。また当時、高麗における対日通交窓口は朝鮮南東岸の金海だったが、高麗は元使を西方の巨済島《きょさいとう》に誘導するいっぽう、日本からの来航者を応接するため金海におかれていた客館を破壊して、対日通交の事実を隠蔽した。

指令の不履行に激怒したクビライは、高麗の手で国書を日本にもたらすことを命じ、その結果、一二六七年末に潘阜《はんぷ》が日本に派遣される。しかし来日した潘阜は大宰府の長官（少弐武藤氏であろう）に宛てた書状のなかで、元を日本より格下に表記し、高麗が元の対日経略を妨害してきた事実を暴露して、日本側の善処をもとめたのである。

しかしその後、高麗と元朝の関係は悪化し、一二七〇年に武臣政権は崩壊する。高麗は自国の安全保障のため元朝との関係改善をせまられるが、その一環として日本経略にも、負担の軽減をはかるなど消極性をのこしつつも、協力姿勢に転じる。

一二七四年の第一次出兵（文永の役／甲戌《こうじゅつ》の役）後、一二八一年の第二次出兵（弘安の役／辛巳《しんし》の役）にかけては、高麗側が出兵を発議するかのような動きをみせるなど、協力姿勢はより積極的な一面をみせる。しかしこれは、日本との再戦が不可避と予想されるなか、作戦遂行の主導権をにぎることで、元側の要求・干渉から自国の利益をまもることに目的があったとみられる。

いっぽう、長年モンゴルとの戦争を担ってきた高麗の精鋭部隊、三別抄《さんべつしょう》[46]は、武臣政権崩壊後、朝鮮西南端の珍島《ちんとう》、ついで南方海上の済州島にのがれ、一二七三年まで開京の本国政府と元朝に対して抵抗をつづけた。このことは元朝と高麗が朝鮮南方海域に進出するうえで大きな障害となり、結果的に日本に対する攻撃を遅延させた。ちょうどこのころ鎌倉幕府は、一二七二年に二月騒動《にがっそうどう》[47]として顕在化した政情不安をかかえていたが、これによって防備をかためる時間的な余裕を得ることが

46　別抄とは特別選抜部隊の意味。当初治安部隊として編成された左右二班の夜別抄、およびモンゴル軍の捕虜となった後に脱出してきた兵士から人員を選んだ神義軍の三部隊からなる。

できた。またこのとき三別抄は日本に遣使して元朝に対する共闘をよびかけているが、同じころ南宋からも日本人留学僧を利用して密使が派遣された形跡がある。しかし、こうしたはたらきかけに対する日本側の政権の反応はにぶく、いずれも連携は成立しなかった。

日本では元朝の朝貢要求に対して朝廷や鎌倉幕府から強い反発が示された。しかしそのいっぽうで、使者往来の窓口となった大宰府では、一二七一年に元使趙良弼《ちょうりょうひつ》が来日した際、独自に返使をしたてた形跡もある。また一二六九年、元・高麗の使者により連行された対馬島民が高麗から送還されてきた際、あわせて送付された元朝の中書省の書状に対し、朝廷は強硬な返書を起草したが、ともに送られてきた高麗の地方監察官（慶尚道按察使《けいしょうどうあんさつし》）の書状に対しては友好的な返答を用意している（ただしいずれも未発行）。かつて高麗使潘阜がひそかに示した日本への「好意」は、日本側にもたしかに伝わっていたのであろう。

大宰府の実質的責任者であった少弐武藤氏は、一二世紀末―一三世紀初に着任した直後より高麗とは倭寇の禁圧と通商に関して交渉してきた経緯がある。元朝による朝貢要求の直前、一二六三年にも武藤氏ゆかりの日宋貿易船が朝鮮に漂着し、高麗の保護をうけている。こうした対馬海峡をはさんだ一二五〇年以前からのネットワークが開戦前夜まで維持され、これを通じて衝突の回避が模索されたとみられる。一二七二年の段階で日本船が金海に入港したのも、一三世紀前半までつづいてきた貿易活動の一環として理解できる。しかしこのことを隠蔽しようとした慶尚道按撫使の曹子《そうし》一《いっ》は元によって処刑され、もはや情勢は緊迫の度を高めていた。

日本攻撃では二回を通じて朝鮮東南岸の合浦《がっぽ》（現在の馬山《ばさん》）が前進基地となった。ここから出撃する部隊の船舶は、朝鮮で建造ないし徴用され、水手《かこ》も徴発された。一〇―一三世紀前半の日朝間

47 執権北条氏一門の内紛。有力庶家である名越氏の時章・教時兄弟、およびときの執権時宗の庶兄時輔が得宗側によって討たれた。

の貿易では、判明するかぎり日本側から貿易船がおもむくケースが大半であり、朝鮮の住民が日本への航海情報をどの程度熟知していたかはわからない。だが、必要とあれば外交船を往来させる程度の能力は有していた。また日本攻撃にさきだって実施された済州島への三別抄攻略戦は、元・高麗両軍にとって外洋をこえた大規模軍事行動の予行演習となり、これを成功させるだけの能力が示された。にわかに動員された低練度の労働力をふくむだろうが、以上のような戦争の準備と遂行において、朝鮮の官・民の海上活動者の技術と知識が大々的に動員されたことであろう。

第二次日本攻撃に際しては、南宋の降将である范文虎《はんぶんこ》の指揮下に、南宋から継承された水軍力と、造船と航海に関する技術・知識・労働の担い手が動員された。その主要な進発地が慶元一帯だったことはまちがいないが、さらに複数の地点から同時に出発したとする見解もある。この江南進発軍は、朝鮮からの部隊にくらべると、艦隊の規模に対し、泉州・揚州《ようしゅう》などで新造された艦船の占める割合が低かったとみられる。旧南宋軍から接収された艦船にくわえ、民間船が多数徴用されたらしい。なかには沿江船もふくまれていた模様である。もとより旧南宋水軍にとっても東シナ海をこえた軍事活動は未知の経験である。当然その航海には、日中間を往来する貿易船のマンパワーが動員・利用されたことであろう。

モンゴルの「海道」掌握企図と軍事活動（2）——南海経略

日本侵攻からややおくれて開始された南海諸国への経略については、まず初期にその任にあたったモンゴル部将唆都（サガトゥ）と、泉州を拠点とするアラブ系ないしペルシア系の商人である蒲寿庚のむすびつきが注目される。

唆都は南宋より接収した水軍をひきいて杭州とその周辺地域の平定戦に参加したのち、一二七七年に福建地方の平定事業を統括する福建道宣慰使《せんいし》として南進し、泉州において元への帰順を表明した蒲寿庚を救援した。翌年、泉州地方を統括する最高官庁（泉州行省）の幹部となった唆都は、クビライの命をうけて蒲寿庚とともに南海諸国に対する朝貢勧告事業に着手したが、これを実行するにあたっては、蒲寿庚につながるムスリム海商のネットワークが利用されたようである。

この活動は各地の政権に対する朝貢勧誘のみならず、商船の招致とも並行していた。このことは蒲寿庚側にとっても、戦乱で停頓した福建・広東地方、とりわけ泉州の対外貿易の再生という商業利害と一致する。そのため朝貢勧告活動の立案と遂行においては、前線にたつ唆都・蒲寿庚のほうが、むしろ積極的に中央政府をリードする場面もあり、逆に中央政府が制止することすらあった。この時期、彼ら以外で南海諸国への朝貢勧告にかかわった者のうち、一二七九―八三年にチャンパーに出使した孟慶元《もうけいげん》・孫勝夫《そんしょうふ》、クーラム＝マライ等に出使した楊庭璧《ようていへき》も、唆都・蒲寿庚とのコネクションから起用された人物とみられる。

一二八一年前後から元朝の南海経略は積極化するが、その過程でその実行集団は変化をみせる。その背景として、南海貿易の利権をめぐり、元朝内部では競合がおこっていたようだ。

一二八一年にチャンパー進出の司令部として占城《せんじょう》行省が設置されると、その幹部には唆都にくわえ、南宋平定に活躍した水軍指揮官劉深《りゅうしん》や、ウイグル人のユィグミシュが起用され、南海諸国への出征準備がすすめられる。とりわけユィグミシュは、当時元朝宮廷における交易管掌者のひとりでもあった。

出征準備のいっぽう、これと連動して南海諸国に対する外交的なはたらきかけが活発化する。そこでは一二八〇年にマラユに出使した速剌蛮（スレイマン）、一二八一年にマラユ・カンボジア・タ一ンブラリンガに出使した苫思丁（シャムスッディーン）、一二八二年にマーバル（パーンディヤ朝）[48]に出使した俺都剌（アブドゥッラー）のように、ムスリムとおぼしき人物が浮上してくる。その背景には、商業とむすびついた中央アジアのムスリム勢力が中国沿海部まで進出してきたことがあった。当時、福建におけるモンゴル人幹部マングタイが海軍力を背景に福建の港湾に影響力をふるったのも、オルトク商人の利権をにぎる中央アジア出身のムスリム官僚シハーブ＝ウッディーンとのむすびつきが関係していると推測される。

このときの南海諸国に対する朝貢勧誘と軍事的示威は、チャンパーの抵抗によって挫折した。このため元朝はチャンパー、およびチャンパー攻略への協力をこばんだ陳朝大越と開戦するが、その過程で唆都は戦死してしまう。この戦役は一二八七年には終焉をむかえ、クビライの南海政策は平和的通商にシフトするが、唆都の軍団はウイグル人官僚アリクカヤに接収され、その関係者は南海政策からしりぞいてゆく。

いっぽう蒲寿庚は、少なくとも一二八〇年から一二八四年にかけては泉州の最高実力者だった。一二八五年に新しいスタッフが福建行省におくりこまれ、唆都の勢力が退場するとともに、蒲寿庚の中央政界とのコネクションもうしなわれる。しかし現地の有力者としては、その後も健在だったようだ。

このほかに元朝は、香辛料の集散地として重要な位置を占めていたジャワに対しても軍事侵攻を試みている。あいつぐ朝貢勧告の拒絶をうけ、一二九三年、泉州より進発した元軍がジャワに侵攻した。ところが、おりしもジャワのシンガサリ朝ではクディリ領主による政権転覆事件がおこり、

48　一二世紀末―一四世紀半ばにインド南端部に存在した政権。一〇世紀以前にあった前身の政権と区別して後期パーンディヤ朝ともよぶ。マーバルはその別名または地域名。

都をおわれた王婿ウィジャヤは、なんと来攻した元軍を自陣にひきこんで事態を収拾した。そしてその後ウィジャヤは、用済みとなった元軍をも駆逐して、ラージャサナガラ王としてマジャパヒト朝を建国したのである。

関係諸地域での反応

モンゴルの覇権拡大は、東アジア海域をとりまく諸地域にさまざまなストレスをあたえ、一部の地域では権力再編のきっかけともなった。元朝の登場により中国では、金末以降に成長した在地軍閥が解体され、各地に展開していたモンゴル王侯の権益も規制されるなど、一定の中央集権化がすすんだ。海上進出政策もその流れのなかにあったといえる。朝鮮では、ながらく実権をにぎってきた武臣政権がたおされ、モンゴルとの緊密な関係を背景に王権が復活する。マジャパヒト朝のジャヤナガラ王も、元朝との関係構築によって不安定な権力基盤を強化しようとさかんに遣使したうえ、みずからも直接入朝した（ただし帰国後に殺害）。元朝との政治関係をこばみつづけた日本では、軍事的な緊張状態がつづくなか、かえってこれを利用する形で鎌倉幕府の執権北条得宗家の専制体制が強化された。

異民族の侵略や支配は、東アジア海域の沿岸各地の人びとに、アンチ＝モンゴル的な意識や、新たな自意識の覚醒を、さまざまな形でうながした。たとえば江南では、一二七九年に杭州で演じられた参軍戯《さんぐんぎ》（滑稽風刺劇）のなかに、寺の長老が「鐘神ともあれば、こんなにやすやすと投拝していいものか」としかりつける場面があらわれる。これは「鐘神」（chung shen）を「忠臣」（chung shen）にかけて范文虎など元朝に投降した士大夫を風刺したものとされる。また元末の『輟耕録《てっこうろく》』[49]

49　元末明初の文人陶宗儀の筆記雑録。撰者は浙江黄巌の人。南村と号す。

では、元初に陵墓をあばかれた南宋皇帝の遺骨を収集した唐珏《とうがく》・林景曦《りんけいぎ》の事績を「義挙」として記録する。元末に蜂起した紅巾軍[50]の指導者のひとり韓山童《かんさんどう》も「宋徽宗《きそう》八世の孫」を名のったように、元朝にほろぼされた宋帝室に対するイメージが地域社会で一定の求心力を得ていたのである。

高麗が元朝に服属したのちの朝鮮では、それまで護国仏教などの形で示されたモンゴルへの対抗姿勢はなりをひそめる。しかし、元朝の「通制《つうせい》」とは異なる自国の「国俗《こくぞく》」に対する強いこだわりが維持された。その最たるものが現在朝鮮民族の始祖説話とされる檀君《だんくん》神話である。その原型はさらに過去にさかのぼって形成されたとみられるが、現在確認できるもっともふるい形が、李承休《りしょうきゅう》の『帝王韻紀《ていおういんき》』[51]と一然《いちねん》の『三国遺事《さんごくいじ》』[52]という、いずれも一三世紀後半に成立した文献である。とりわけ前者では朝鮮歴代の君王の系譜を、元朝皇帝をふくむ中国歴代帝王の系譜と区別し、その筆頭に檀君をおく。アンチ＝モンゴルというものとは異なるが、大陸の民族・政権とは区別された「われわれ意識」が顕在化したといえよう。

日本では神国思想の高揚がみられた。こうした思想自体はモンゴル侵攻前からあり、とりわけ鎌倉時代には武家政権の誕生をうけ、天皇を中心とする政治体制を保持するための論理として、天照《あまてらす》大神《おおみかみ》の血統の神聖性が強調された。モンゴルの侵攻はこれを外から刺激、促進したのである。一二六九年の元朝中書省の書状に対する日本朝廷の返書案では、自国の統治者が天照大神の子孫であり、神の加護《かご》をうけていることを外国に対して直接強調しており、注目される。そして、それがいわゆる「神風《かみかぜ》」（元軍撃退につながった悪天候）の発生によって各層に拡延されてゆき、北畠親房《きたばたけちかふさ》『神《じん》皇正統記《のうしょうとうき》』[53]における「日本は天祖がひらき日神がおさめる、他国に類例のない神国である」という言説に到達する。

50　一三五一—六六年に安徽・湖北地方から中国南部にひろがった民衆反乱。名称はシンボルとして紅い頭巾を巻いたことに由来。白蓮教をはじめとする民間宗教結社を基盤とし、元朝の中国支配を動揺させた。

51　中国の歴代帝王と朝鮮の歴代君王の系譜をうたった歴史叙事詩。撰者李承休（一二二四—一三〇〇年）は京山府嘉利県の人、号は動安居士。

52　新羅史を中心とする古代朝鮮の歴史記録と仏教関係の説話を集めた私撰史書。撰者一然（一二〇六—八九年）は慶州章山郡の人で、禅宗の高僧。

53　一三三九年成立、四三年改訂。日本の神代から後

東南アジア諸国でも、モンゴルの衝撃は自意識の高揚につながり、それはおもに歴史の体系化として結実する。陳朝大越では、自国の歴史、王権、境域、神仏の定式化が一挙にすすむ。一二七二年には黎文休《れいぶんきゅう》により『大越史記』が編纂された。一二九九年には全国の「山川神祇」がまつられ、一三二九年には元軍撃退後に封号をあたえられ国家祭祀の対象とされた神々の由来をまとめた『越《えつ》甸幽霊集録《でんゆうれいしゅうろく》』が編纂される。「国語詩（チューノム詩）」の創作も対モンゴル戦争のなかではじまったとされる。ジャワでは年代記『デーシャワルナナ（ナーガラクルターガマ）』が生まれた。大陸部の上座部仏教圏[54]における近世の王朝年代記や仏教年代記の多くも、その原型の成立を一四世紀とする。

東シナ海の貿易活況と政治的緊張

現代人の感覚からすると、二度の戦役をへて日本と元朝の敵対関係が解消されなかった以上、日中間の貿易はその後断絶してもおかしくないところであろう。しかし事実は異なる。たしかに戦役中からその直後にかけては中断したが、その後は従来とかわらぬ活況を呈したのである。前後の時代よりも活発だったとする見解もあるほどである。それは南海貿易に関しても同様だったが、戦争にもかかわらず貿易が盛んだったというべきか、それとも歴史的にみて、そもそも政治権力どうしの対立が民間貿易に影響をおよぼすとはかぎらないものなのか、現代の国際関係観にも一石を投じる問題であろう。貿易の体制をみても、中国側では慶元を窓口とする市舶司の管理下における貿易だった。日本側でも依然として博多が主要な窓口となっていた（日本攻撃の出撃地とその被害地である！）。全般的な形態・性格としては、一二五〇年以前の状況から劇的に変化することはなかった

村上天皇までの事績を示し、南北朝対立における南朝の正統性を論じる。北畠親房（一二九三―一三五四年）は南朝方の中枢で活躍した公家。

54　東南アジアにおいて上座部仏教（いわゆる小乗仏教）が多数派宗教となったタイ、ミャンマー、ラオス、カンボジアなどの地域をさす。釈迦の没後、初期仏教教団は戒律の柔軟な運用を主張する大衆部と厳格な遵守を主張する上座部にわかれ、ここから多くの部派に分裂していく。このうち戒律遵守を主張したグループが、おおむね現在の上座部仏教に相当する。上座部仏教はその後、スリランカや東南アジア方面にひろまり、そのため南伝仏教ともいう。

といえる。

しかし当然ながら、二度の軍事衝突がうみだした変化もある。それこそが、つぎの時代における東アジア海域の新たな特徴をうみだす前提となるのである。

侵攻をうけた日本では、元朝の再侵にそなえて警戒態勢がとられた。積極的攻勢にでようという「異国征伐」計画は実施されなかったが、一二七二年からは鎌倉幕府の御家人が輪番で九州北部の沿岸警備にあたる異国警固番役《いこくけいごばんやく》がはじまる。また一二七六年には現在も博多湾岸に遺構がのこる防御壁（石築地《いしついじ》）の築造が発令された。防御施設としては一二九四年にのろし（烽火《とぶひ》）の整備もすすめられている。防衛体制の中核機構としては、一二九〇年代に鎮西探題が設置され、一三三三年の鎌倉幕府の滅亡までつづいた。

こうした警備体制が外交や貿易船の管理にどのように関係したかについてはよくわからない部分が多い。ただ元・高麗より遣使があった際など、緊張状態が発生した場合には船舶の往来が中断したようである。恒常的な機能だったかは不明だが、鎮西探題などの権力機構が必要に応じて船舶の出入を管理しうる態勢がとられていたと推測される。

当時の日中貿易も華人海商が主軸を担っていたようで、日本僧の渡航記録などからは、戦時や外交的緊張が生じた一時期をのぞき、船舶がきわめて頻繁に往来していた様子がうかがわれる。しかしこの華人海商のありかたに、一二五〇年以前とは異なる様相があらわれる。それまで博多綱首として知られた博多を拠点とする華人海商のコミュニティが、次第に不明瞭になってゆくのである。

博多湾岸に残る石築地の遺構

博多綱首の子孫が一掃されたとはおもえないが、たとえば一四世紀前半の博多・妙楽寺《みょうらくじ》[55]の開創においては、かつて聖福寺や承天寺についてみられたような華人の存在をその背後にみいだすことはできない。

その原因のひとつとして、元との戦争の結果、一二八一年に鎌倉幕府の意向のもとでだされた新来外国人の排斥命令をあげることができる。日中間の頻繁な船舶の往来というのも、日本に新来の外国人海商が長期滞在しがたい社会的状況がうまれるなか、短いサイクルで貿易船を動かすようになったためにうまれた現象である可能性がある。そして新参者の補充がたたれた九州北部の華人コミュニティは、次第にエスニシティとしての独自性をうしない、やがて日本社会に同化していったのであろう。ただ視点をかえれば、渡航先に拠点をかまえて長期滞在する、いわゆる「住蕃《じゅうばん》」型の貿易にひけをとらず、安定した交通・通商が維持できるような、造船・船舶運航の技術的条件と、円滑な商取引と利潤を保証する政治・社会・経済的条件が存在したということでもある。

いっぽう、貿易の開放性と発展が強調される元側でも、日本との貿易に関しては一定の警戒態勢をとっていた。江南平定後、慶元には沿海万戸府がおかれて山東から福建にいたる沿海防衛を担当した。そこでは南宋以来の海防体制が軍備・人員の面でも継承されており、とりわけ泉州の蒲寿庚や澉浦の楊氏のような現地の海上勢力が利用された。日本からの来航者との接触の場となる浙江地域では、一三〇三年に浙東道都元帥府が設置され、一三〇四年には定海千戸所が設けられるなど、駐屯軍の増強がおこなわれた。そして第一章であげた龍山徳見のように、来航した日本人に対しては、都市内への立入り禁止措置がとられたほか、対日戦争の前後や「倭商」（エスニシティとしての日本人とはかぎらない）暴動事件の直後などは、日本からの商船来航も禁じている。とりわけ一三三

55　一三一六年、月堂宗規により博多息浜に創建された石城庵にはじまる。のちに妙楽寺と改称。明や朝鮮朝との外交・貿易にも関わりをもった。

五年に「倭船」の来航が禁止されてから一三四二年に天龍寺造営のための貿易船が派遣されるまでは、それまで大量に確認される貿易船を利用した日本僧の往来事例は、はたと消えうせる。

これはいうまでもなく、日本に対する朝貢勧告と軍事攻撃が失敗におわり、元朝にとって日本が潜在的な敵性勢力とみなされていたことに起因する。そして、こうした緊張関係のなかで、かえって「倭商」の暴力事件もひきおこされ、これが日本に対する警戒感をますます増幅させるという悪循環をまねいた。一四世紀前半の袁桷《えんかく》「馬元帥防倭記」には、慶元の外港定海における「倭商」との取引がものものしい警戒態勢のなかでおこなわれた様子が記されている。

日中間の貿易はこのように緊迫した状況下でおこなわれた。しかしここで強調したいのは、それにもかかわらず貿易が活況を呈したという事実である。一二五〇年以前からの「ひらかれた」貿易形式が、このような制約をともなうなかでなお維持・増進されたことに、むしろ海域交流の「ひらかれた」側面の強靱《きょうじん》さをみいだすことができる。

元朝の軍事行動ののちにも活発な通商が維持された点は南海貿易でも同様だったが、戦争が否定的な影響をおよぼした部分はより小さい。一二九三年のジャワ遠征前後に南シナ海への出航が禁止されたこともあるが、その後は日本に対するような規制措置や警戒体制はとられなかった。チャンパー・陳朝・ジャワをのぞく多くの南海諸国とは軍事衝突をみていないこと、そして、元側がそれらの国々から直接侵犯される可能性がとくに懸念されなかったことが関係するのであろう。

これに対し、日朝間の緊張状態はより深刻であった。高麗では第二次日本攻撃の際、朝鮮進発軍の司令部として征東行省が編成され、高麗王がその長官となった。この征東行省はその後も対日出兵が立案されるたびに設置されたが、一二八七年より常設化され、高麗王の管理下で高麗の地を統括する元朝の最高地方政府として位置づけられることになった。しかし「征東」という名称がひきつづき使用されたことが示すように、元朝の東方辺境において、とりわけ敵性勢力である日本に対して軍事的なにらみをきかせる機関であったことに、かわりはなかった。一二九四年にクビライが死去して進攻策が放棄されてからは、日本の脅威に対する防御的な役割が期待されることになる。

くわえて第二次攻撃後には、合浦・全羅道に辺境守備隊として鎮辺万戸府が設置され、一三〇一年には済州島に耽羅万戸府も設置された。そして朝鮮南岸一帯をカバーする対日警備網が構築されたが、これらの統括者は征東行省の長官である高麗王であり、高麗の人員がその任務にあてられた。このことは高麗が元朝の東辺防衛の責任者を自任し、その役割の重要性を元側にアピールして自国の利害を主張することにつながった。

結局、日本側が元朝や高麗に対して大規模な反攻を実施することはなかったが、その計画（異国征伐）が存在したことについては、高麗側も情報をキャッチしていたかもしれない。少なくとも「倭」による小規模な海賊事件はときおり発生しており、第二次日本攻撃直前のそれを「異国征伐」計画に連動した動きとみる見解もある。そして一三五〇年からは大規模な倭寇（前期倭寇）が発生する。日本からの軍事的脅威は、高麗側にとって必ずしも絵空事ではなかった。

いっぽう、一三世紀半ばまでつづいてきた日朝間の貿易は、開戦に前後して途絶状態においこまれたらしい。その後も朝鮮に「倭人」が漂着・接近した事例はあるが、平和的な通商関係がまったくうしなわれたかにみえることは、元朝と日本がたがいに警戒しながらも船舶の往来をうけいれていたこととは対照的である。ただし高麗が元朝の東辺における対日防衛のかなめを自任し、これを自己アピールに利用したことからすれば、高麗の官製記録にあらわれる日本が多くの場合で警戒対象として語られるのは当然であり、高麗側のポーズにすぎない可能性もある。ここから、史料に高麗への漂民・海賊として登場する「倭人」のなかに、実際には交易を目的とする者がいた疑いもでてくる。史料に明瞭な痕跡がのこらない規模にすぎなかったともいえるが、通商が皆無だったとまでは断定できないのではないか。このことは一四世紀後半に前期倭寇が発生する背景を考えるうえでもポイントになるだろう。

以上のように一二五〇―一三五〇年の東アジア海域では、モンゴルが軍事活動を展開するいっぽうで、日中貿易と南海貿易が活況を呈していた。南海貿易に関しては軍事活動そのものが通商振興策の一環をなすという見方もある。それはユーラシアの東西、そして陸海にまたがる巨大な交流ネットワークをうみだし、遠隔地間の人・モノ・情報の移動がそれまでになく直接的かつ大規模に展開することになった。海上通交管理は一二五〇年以前からの比較的ゆるやか、ないし柔軟なしくみをたもち、そのかぎりにおいて、一二五〇年以前からつづく基調としての「開放性」は、この時代、ひとつの極盛に達したといえる。

しかし東シナ海方面での貿易は、政治的・軍事的な緊張関係をともないつづけた。とくに日朝間には通交途絶ともみえる状況がうまれた。これは基調として「開放性」を継承しながらも、政治的な理由により貿易船の往来がさまたげられる事態、すなわち政治権力が海域の動向に直接介入する志向と、そのしくみが萌芽《ほうが》してきたことを意味する。このことは、直接の背景・動機こそ異なるものの、明代初期の海禁政策の発想へとつながる歴史的階梯《かいてい》としてとらえることができる。

五　モノと技術の往来――すそ野の拡大と双方向性

本章では、海域を媒介としたモノや技術の多様な交流状況と、その結果として諸地域に派生した新たな文化伝統の萌芽について述べる。その際、とくに日本をめぐる状況について重点的にとりあげることにしよう。これは現存する史・資料において、海を通じた文物交流の確実な情報が、とりわけ日本について豊富に存在するからである。

たしかに朝鮮でも、この時期、中国との直接的・双方向的な交流機会が増大し、朱子学・仏教・火薬・農書・貨幣・暦などにおける最新の中国文化や、モンゴルの風俗・チベット仏教といった北方・西方の文化までもがさかんに受容された。ただ朝鮮の場合、ユーラシアと地続きであるうえ、前述のように華北・江南ともそれぞれ海路でむすばれていた。ある外来文化の発祥地が大陸の北方であるか南方であるか、内陸部であるか沿海部であるかを問わず、移転ルートを海陸いずれかに特定するのはむずかしい。とくに両方の経路で動いていた場合、移動の量や質の違いが判明しない状況では、海か陸かという議論自体が無意味である。この点は、陸上ルートでも中国とつながっている西アジアや東南アジア大陸部についても同様である。

しかしそれならば、かえってそれらの地域に関する事物も、現時点においては海域交流に関わる可能性をもつものとして、あわせてとらえておく必要があるだろう。そもそも海域交流とは陸上の動向との連環関係をふくんで説明されるものであるから、とりわけ沿海部の状況に関しては、両者を厳密にきりはなして考える必要はない。

ただいっぽうでは、海上ルートでの動向であることが確実な事例を象徴的にとりあげることで、その時代の海域交流の全体的な特徴をうかびあがらせることも可能である。その際、海によって大陸とへだてられた日本は、域外との交流経路が必然的に海上ルートにかぎられるので、関連データの大半をそのまま活用できることになる。

そこで本章では、便宜的に日本をめぐる状況を中心にすえ、他地域の状況にも目をくばりつつ、一二五〇—一三五〇年の東アジア海域をいきかったモノや技術の特徴を述べることにする。ここでは、江南沿海部を中心とする中国と周辺地域との交流において、それ以前とくらべ、とりわけモノの動きに関して双方向性が顕著になってくること、そして海域をこえて行き来する「文化」の担い手のすそ野が拡大してくる点がポイントとなる。

なおここで言及する事物は網羅的な紹介ではなく、あくまで象徴的なサンプルである。以下でとりあげるもの以外に、この時期の東アジア海域では、さまざまな種類の繊維製品、薬種、香辛料、金属・非金属の素材や工芸品が、貿易品としていきかっていたこと（表1参照）を念頭に読みすすめていただきたい。

中国から流れだすモノ

一二五〇—一三五〇年ころ、中国産品に対する周辺地域の人々の欲求は、それ以前の時代にも増して強いものがあり、需要が大きく拡大した。

まず貨幣について注目されるのは、モンゴル語で「スケ（斧）」、ペルシア語で「バーリシ（枕）」とよばれる特徴的なかたちをした銀錠《ぎんじょう》が、ユーラシア規模で流通したことである。これはモンゴル

表1　元代の慶元にもたらされた主要舶載品

細色（高級品）	**宝飾品**　珊瑚，玉，瑪瑙，水晶，馬価珠（西方産碧玉），生珠，熟珠 **薬種・食材・香料**　檳榔（ビンロウ），血竭（カラムスドラゴンの樹脂），人参（チョウセンニンジン），蘆薈（アロエ），阿魏（アサフェティダ），烏犀（黒いサイの角），丁香（クローブ），白豆蔻（ビャクズク），没薬（ミルラの樹脂），砂仁（ヨウシュクシャの種），桔梗，細辛（ウスバサイシン），五味子（チョウセンゴミシの実），桂花（モクセイ属の植物），訶子（ミロバランの実），茯苓（マツホド），沢瀉（サジオモダカ），胡椒，八角茴香（ウイキョウ），黄芪（キバナオウギ），紅花（ベニバナ），梔子花（クチナシの花），松子（マツの実），榛子（ハシバミ），肉荳蔻（ナツメグ），桂皮（シナモン），鶴頂（アカザ），糖霜（砂糖），鹿茸（シカの幼角），牛黄（ウシの胆嚢や胆管結石），硃砂（天然辰砂鉱石），緑礬（硫酸鉄），雄黄（硫化砒素鉱），雌黄（三硫化砒素鉱），沈香，羅斛香（ロッブリー産の沈香），蘇合油（エゴノキ科の植物からとれる油），降真香（マメ科の植物やオオゲッケイからとる香料），檀香（ビャクダン），麝香，樟脳，篤耨香（テレピンノキ），乳香，龍涎香，膃肭臍（ジャコウネコの香料），万安香（海南島産の香料），交趾香（ベトナム産の香料），登楼眉香（カンボジア・登楼眉産の香料），旧州香（チャンパー産の香料） **鉱物素材**　倭金（日本産金），倭銀（日本産銀），水銀，琥珀 **動物素材**　犀角（サイの角），象牙，玳瑁（タイマイの甲），沙魚皮（サメ皮），赤魚鰾（魚のうきぶくろ），黄蠟（蜜蠟），翠毛（カワセミの羽毛），紫礦（カイガラムシからとる紫色の染料） **植物素材**　新羅漆（朝鮮産の漆），吉貝花（モメンの綿），水盤香（枯死した沈香） **繊維製品**　吉貝布（モメンの布），木綿，三幅布單，番花棋布，毛駝布（ラクダの毛織物？），襪布，鞋布，吉貝紗（モメンの細糸），崖布
麤色（一般品）	**宝飾品**　石珠（アオサンゴ），磨珠 **薬種・食材・香料**　紅花（ベニバナ），草荳蔻（ソウズク），蓬朮（ガジュツ），海桐皮（クララの根），藿香（パチョリ），没石子（ムクロジの実），石斛（セッコク），史君子（シクンシ），相思子（トウアズキ），杏仁，蕪荑仁（チョウセンニレの実），椰子，白朮（オオバナオケラ），破故紙（オランダヒユの実），花蕊石（蛇紋石を含む大理石），爐甘石（菱亜鉛鉱），滑石（加水ハロサイト），印香（香料粉を調合・成型したもの） **鉱物素材**　倭鉄（日本産鉄），硫黄，硫黄泥，鑊鉄，丁鉄，条鉄，銅青（緑青），鉛錫（鉛と錫），歴青（天然アスファルト） **動物素材**　牛角，牛皮，牛蹄，鹿皮，鹿角，麂皮（オオノロの皮），山馬角，螺殻，殻砂，五倍子（ヌルデシロアブラムシの虫瘤からとる染料） **植物素材**　蘇木（スオウ），椰子殻，松香（マツヤニ），藤棒，赤藤，白藤，広漆，花梨木（花梨木；マメ科のカリン），烏木（黒檀） **繊維製品**　苧麻（カラムシ），焦布（芭蕉布？），手布，生布 **その他**　銅銭，倭枋板枠，倭櫓，椰簟（ヤシで編んだ筵？）

出典：『至正四明続志』巻5・土産・市舶物貨（至正2年〈1342〉序）

帝国というユーラシアをまたぐ政権の誕生により、中国と中央ユーラシア・西アジアの経済圏が従来よりもはるかに密接に連動するようになり、国際的な基準通貨が必要とされたことによる。この銀錠は中央ユーラシアの陸上交易だけではなく、オルトク商人の資本として南海貿易にも利用され、西方にもたらされた。

この海上交易ルートの中間に位置する東南アジアでは、現地政権が発行した錫貨、中国から海商がもたらした中国銅銭、ムスリムのディーナール貨などが使用された。ややのちには現地で模鋳された中国銅銭や現地政権が発行した金貨・銀貨なども登場した。

銀錠（内モンゴル自治区博物館蔵。『チンギス・ハーンとモンゴルの至宝展』〈二〇〇八〉より）

日本では一二世紀なかば以降、貨幣経済が急速に進展し、一三世紀後半には荘園などの収取において代銭納[56]が一般化する。ところがこの時期の公家政権（朝廷）と武家政権（鎌倉・室町幕府）は、いずれも独自の貨幣を発行しなかった。貨幣経済をささえたのは中国から大量に輸入された銅銭（渡来銭）であり、とくにその中心は北宋期に膨大な量が発行された銅銭だった。日本各地の中世遺跡からはこうした渡来銭が大量に出土している。琉球でも一三―一四世紀について中国銭の出土量がひとつのピークをむかえ、中国と直接的な交易がおこなわれていた可能性を示唆する。

これらに対して例外的な状況にあったのが朝鮮である。朝鮮では一〇世紀末以来、高麗が何度か独自の鉄銭や銅銭を発行したが、あまり流通しなかった。大量の中国銭が輸入されて貨幣経済が発展した事実もなく、もっぱら米・布・銀などの現物が交換手段とされた。一二世紀からは政府によって規格化された銀瓶《ぎんへい》が発行され、国内の大規模取引や中国との交易などでひろく使用されたが、

56 荘園・公領における年貢やその他の雑税・労役等を銅銭に換算して支払うこと。

一四世紀初めには終了している。また元朝が発行した紙幣（交鈔《こうしょう》）も中国での交易や寺院への施納などに利用されたが、国内的にはほとんど流通しなかった。租税の代銭納もおこなわれなかった。

こうした通貨状況の違い、とりわけ中国銅銭の受容をめぐる差違は、それぞれの地域の特性を理解する手がかりとなる。

中国産の陶磁器も周辺地域に大量に流れだしていた。日本では龍泉窯《りゅうせんよう》（浙江省）系の青磁、景徳鎮《けいとくちん》（江西省）窯の青白磁や天目《てんもく》とよばれる黒釉《こくゆう》の茶碗、およびそれらの中国内部（福建・広東など）での模倣品など、大量の中国陶磁が輸入された。このことは喫茶のひろまりや、新興武士層の「唐物《からもの》」（舶来品）消費の増大、都市鎌倉の発展など、当時の日本内部における新たな需要とかかわっている。琉球でも、この時期に中国陶磁の流入が増加するが、そこには日本の他地域ではほとんどみられない福建産の粗製磁器が数多くふくまれており、中国との独自の交流が推定される。いっぽう朝鮮では、当時すでに高麗青磁を中心とする独自の磁器生産技術が根づいており、その製品の一部は中国にも輸出されている。

このような朝鮮での磁器生産は一〇世紀ころに中国の技術を導入して可能となったが、日本での磁器生産はかなりおくれ、一六世紀末—一七世紀初めに豊臣秀吉の朝鮮出兵[57]にともなって朝鮮の技術と技術者が渡来したことでようやく実現した。そのため、それ以前の日本では陶器にほどこす釉薬《ゆうやく》などを工夫して青磁や白磁を模倣した。このような模倣品がうまれるほど、中国陶磁は日本で渇望・受容されたのである。また東南アジアのベトナム・タイ・ミャンマー地域でも一四世紀ころから中国陶磁の模倣がはじまり、しだいに自前の陶磁器生産が発展していった。やがて一五世紀になると、それら東南アジア陶磁器もさかんに海外に輸出され、日本の博多遺跡などでも発見されるよ

57 一六世紀末の日本で統一政権を形成した豊臣秀吉が、大陸進攻への協力を拒んだ朝鮮に対しておこなった侵略戦争。一五九二—九三年、一五九七—九八年の二度にわたって実施。日本各地から動員された諸大名の軍勢と、朝鮮の政府軍・義勇兵（義兵）、明から派遣された救援軍との間で戦闘がおこなわれた。日本では「文禄・慶長の役」、朝鮮では「壬辰・丁酉倭乱」、中国では「朝鮮之役」などとよぶ。

うになる。

日本においてふるくから輸入されていた高品質の中国産絹織物とその原料糸は、一三、一四世紀にも継続して輸入された。ただこの輸入は、在来の絹織物技術の向上や、中国製品の域内産化には直結しなかった。その実現にむけて状況が大きく進展するのは一五、一六世紀のことである。磁器と同様、日本において中国由来の技術を模倣し、域内産化するまでのプロセスは、単純・容易ではなかったのである。朝鮮についても、高級生糸は江南からやってくる海商がもたらすものに依存したといい、日本と同様な技術状況を想定できるかもしれない。なお西アジアでは中国絹織物の模倣がおこなわれていたようだ。

また、従来さほど注目されていない中国産品として大唐米《だいとうまい》（占城米《せんじょうまい》）という稲の新品種がある。この稲は東南アジア原産のインディカ＝タイプのもので、早期栽培や生育条件の悪い低収田に適していた。そのため、低湿地における新田開発などでしばしば作付された。中国では一一世紀以降に導入され、とくに江南でひろく作付《さくつけ》された。

日本では一四、一五世紀ころには一定の定着をみて、筑紫《つくし》平野での低湿地開発などに利用された。これは日本稲作史上ひとつの画期とされているが、史料上の初見は一三〇八年の古文書であり、それ以前には導入されたことがわかる。そうすると、その契機として、一三世紀、あるいはそれ以前の活発な日中貿易のなか、海商や、その船で往来した僧侶などが江南から種モミをもたらした可能性が高い。朝鮮でも前述したような一二世紀以降の低湿地開発のなかで同様な品種が利用されたとみられ、日本の場合と同じく江南からの伝播経路が想定される。大唐米は、ともすれば自生的な発展を想定しがちな農業技術史についても海域交流を視野にいれる必要性を示している。

中国にむかうモノ

モンゴル帝国がユーラシア大陸を広範囲にわたって統合した影響は、中国から流れだしていくモノだけではなく、中国に流れこんでくるモノの動きをも活性化した。もとよりこうした動きは、海商の進出がすすむ八、九世紀以降、徐々に進展してきたことである。しかしこの時期には、海外よりもたらされたモノが、社会の上層部のみならず、さらに広い範囲の人々の生活・文化に影響をあたえるようになったことが特徴である。

たとえば西アジアからは、イスラーム思想にもとづくミニアチュール（写本絵画）の技術とコバルト顔料が伝来し、両者が融合することにより景徳鎮窯において青花《せいか》磁器[58]が誕生した。この青花磁器は日本や朝鮮でも出土・伝来するが、おもに西方の西アジアなどにむけて輸出された。

同じく西アジアからの影響として、その地域の調理法が、中央ユーラシアの陸上ルートだけでなく、南方の海上ルートからも中国に流入し、在来の料理と融合しつつ、『飲膳正要《いんぜんせいよう》』や『居家必用事類《きよかひつようじるい》』などの料理書・生活百科事典にみられる新たな料理文化をうんだ。さらに、イスラーム医学にもとづく薬材もさかんに流入し、中国の医学に影響をあたえた。

また宋代以降の中国では火器が発達するが、それに使用される火薬の主要原料である硫黄が中国ではあまり産出しない。そのため、日本・ジャワ・西アジアなどから海上ルートで大量の硫黄が舶載されるようになった。こうしてユー

58　白磁の釉下に呉須（コバルトを主原料とした青色顔料）で絵付をして透明釉をかけて焼成した磁器。青と白の意匠を持つことから中国では「青花」とよばれる。

元朝青花（内モンゴル自治区博物館蔵。『チンギス・ハーンとモンゴルの至宝展』〈二〇〇八〉より）

ラシア周辺の海上に形成された「硫黄の道」は、これ以後、中国の火薬・火器技術をささえる重要な存在となった。

南宋以降における中国東南部の社会発展は、木材消費の急増をもたらした。そのため、国都がおかれた浙江地域を中心に、建築材・燃料材などの調達のために森林破壊が急速にすすんだ。この結果、木材の新たな調達ルートとして海外貿易が利用され、たとえば日本の周防《すおう》産の木材などが輸入された。

このように、一二五〇―一三五〇年の東アジア海域の交流においては、双方向的な要素・動きが顕著にみられるようになった。

江南的生活文化の広がり

日本では、一二五〇―一三五〇年に中国との貿易が盛況となるなか、禅律僧[59]を中心に多くの僧侶が貿易船に便乗して大陸に往来した。僧侶以外の日本人がある程度の規模で渡海していたことも推測される。遣唐使など貴族・官僚を中心とする国家的な使節団とは異なる身分・階層の人びとが大陸に多数往来する状況を通じ、中国、とりわけ通交の窓口となった江南地方の庶民的な生活文化が、さまざまな形で日本に流入したことであろう。

たとえば、僧侶や商人を介して精進料理・点心などの中国の料理文化が日本に伝来し、その後の日本の料理文化に大きな影響をあたえたと考えられる。そうした新料理は「唐様《からよう》の膳」とよばれ、一四世紀前半に後醍醐《ごだいご》天皇[60]が好んだとも伝えられる。麺や饅頭については、鎌倉時代、当時最大の

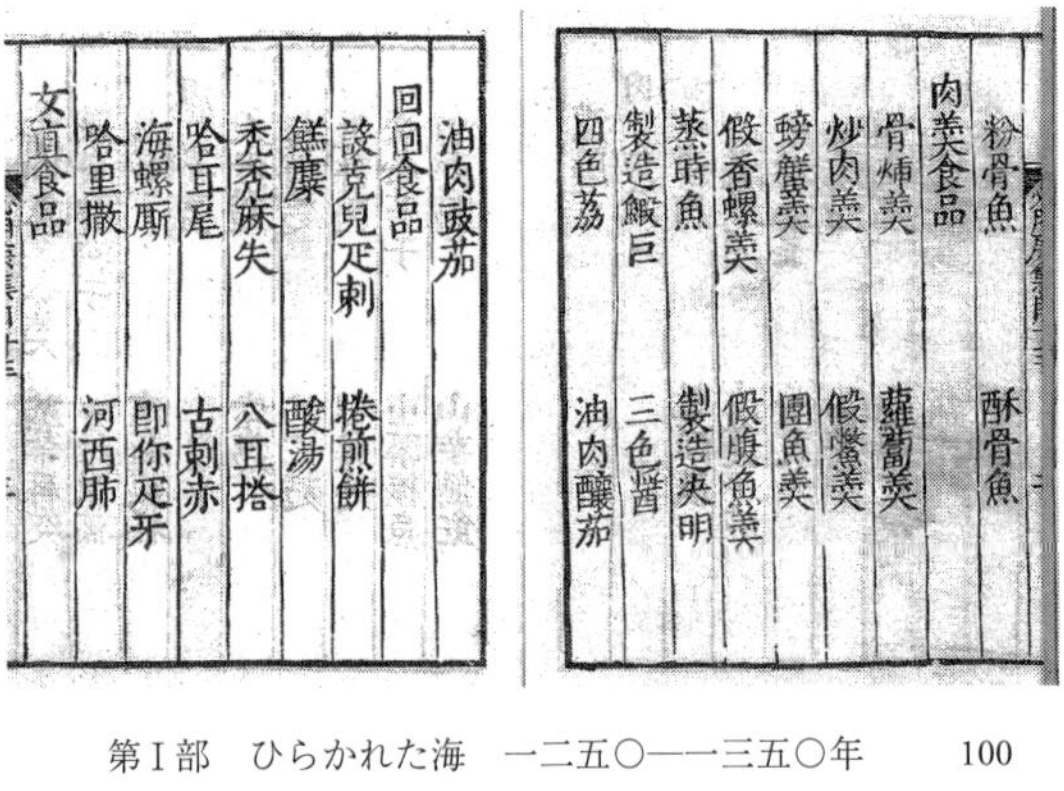
粉骨魚　酥骨魚
肉羹食品
骨炖羹　蘿蔔羹
炒肉羹　假鱉羹
螃蟹羹　團魚羹
假香螺羹　假腹魚羹
蒸時魚　製造決明
製造鰕巨　三色醬
四色菰　油肉釀茄
油肉豉茄
回回食品
設克兒疋剌　捲煎餅
䭔糜　酸湯
禿禿麻失　八耳搭
哈耳尾　古剌赤
海螺厮　即你疋牙
哈里撒　河西肺
女直食品

和刻本『居家必用事類』

59　禅僧と律僧。禅宗と律宗は鎌倉・室町期の日本仏教界で勢力をひろげ、しばしば禅律と並称された。

60　在位一三一八―三九

対中国貿易港であった博多を窓口として、中国に渡った僧侶たちによって日本に伝えられたとする伝承がある。そこでは、その功績を歴史上著名な僧侶のものとしており、うのみにはできないが、当時中国に渡航した日本人僧のだれかが、そうした中国の最新の食文化をもたらした可能性は高い。

　食文化の広がりについては喫茶文化もあげることができる。日本ではおもに茶樹と茶器、およびその点《てん》じ方がセットになった江南の茶文化が受容され、のちの日本的な茶道文化へとつながっていく。茶に関しては、この時代、西アジアのイランでも茶樹の実験栽培がおこなわれている。この地域で茶畑が定着するのは一七世紀に紅茶生産が開始される時期までくだるようだが、それよりかなりさかのぼる時期に、はるか東方の日本と同様に中国の茶文化が受容されはじめていたのである。

　いっぽう朝鮮では、この時期、元朝治下の中国を通じて葡萄《ぶどう》酒・蒸留酒など西方・北方の食文化が伝えられているが、海上を通じた伝播については明確な史料がない。ただ中国との海上貿易が継続している以上、一二世紀の僧恵素《けいそ》が宋の海商から砂糖菓子を大量購入していたのと同じような事例があったものとおもわれる。

　ふたたび日本に目をもどすと、中国の主要貿易港のひとつである慶元で制作された仏画（寧波仏画）が舶載され、人気を博していた。この仏画は、製作地における寺院や一般庶民の大きな需要を背景として、職業画家たちによって制作された商品である。このような海を越えてもたらされた仏画は、その後の日本の仏画や仏像彫刻にさまざまな影響をあたえた。また近年、それらの「仏画」のなかに、当時江南沿海部にもひろまっていたマニ教[61]の絵画が複数ふくまれていることがわかってきた。この事実は、当時の宗教文化の交流が、従来想定されてきた以上の広がりと深さをもつこと

年。一三三三年に鎌倉幕府を倒して建武の新政を推進。その後、足利尊氏と対立して一三三六年に吉野にのがれ、これにより南北朝の分立がはじまる（—九二年）。

61　サーサーン朝ペルシアの人マニを開祖とし、善悪・明暗の二元論的世界観にたつ普遍的宗教。ユダヤ教・ゾロアスター教・キリスト教などの流れをくみ、またこれらの宗教や東方では仏教・道教とも混淆しつつ、ユーラシア大陸の東西に広汎にひろまった。現在までにほとんど消滅したとされる。

を示している。青花磁器の成立に影響をあたえた西アジアのミニアチュールについても、逆にその画風に中国の宋元画が影響をおよぼしたことが指摘されている。

　日本については、このほか最新の中国医学の伝来もあげられる。中国では宋・金・元を通じて新たな医学が展開したが、これもまた日本にいちはやく伝わった。それを最初に吸収したのは、朝廷や幕府につらなるいわゆる官医たちではなく、むしろ民医や僧医たちだったと考えられる。そしてこのことに関して注意されるのは、当時利用された医書のなかに、同時代の浙江地方で学ばれたものが多くふくまれる点である。つまり、日中間の海上貿易において最大の接点となった浙江地方の医学が、主要な技術のひとつとして輸入されたということである。当時日本で利用された医学書のひとつに、南宋期の江南で生まれた『晞《き》范《はん》子《し》脈《みゃく》訣《けつ》集《しゅう》解《かい》』がある。いっぽうでこの書は、同時期に西アジアのイル＝カン国にも伝来していた。中国医学書のこのようなはばひろい流通は、当時のユーラシア東西交流の活況を物語る好例である。また日本の漢方薬のなかには、一三、一四世紀ころに中国から伝来したという伝承をともなうものがある。真偽はともかく、こうした伝承がうまれた背景には、この時期における中国の最新医学の伝来がかかわっているのだろう。

　つぎに思想文化についてみると、南宋期にうまれた新たな儒学である宋学（朱子学）が、朝鮮・日本・ベトナムなど周辺地域で受容されていく。

日本に伝わる南宋期後半の寧波仏画の「仏涅槃図」（奈良国立博物館蔵。『聖地寧波』〈二〇〇九〉より）

日本の場合、その伝来に重要な役割を演じたのは、やはり鎌倉時代に入宋・入元した日本人禅律僧や、来日した中国の禅僧たちであった。禅律僧は仏典や仏教関係の書物とともに数多くの宋学関係の書物を将来した。彼らは唐・宋代の思想の大勢である儒仏一致・禅儒融合[62]の立場から宋学をとらえ、仏教は儒教に、そして禅宗は宋学にまさるとし、禅宗振興に役立つものとして宋学を提唱した。やがて一四世紀前半、大陸の文物に関心をしめした後醍醐天皇のもとでは、儒学書の講義がおこなわれるようになる。

こうした禅律僧の往来のなかで中国の新たな思想文化が日本にもたらされたことに関連して、この時代、日本の寺院において出版事業がはじまったことも、のちの五山《ござん》版[63]のさきがけとして注目される。これは、刊本を輸入にたよる時代から、自前の刊行もおこなう段階へとすすんでいく重要な画期であった。その早期の事例である京都の泉涌寺《せんにゅうじ》は、創建者の俊芿《しゅんじょう》[64]をはじめとして、多くの入宋僧を輩出した寺院であり、出版文化の導入における入宋僧の役割がうかがわれる。

朝鮮ではかつて海上を通じて宋の書籍をさかんに輸入した。記録にのこるのはもっぱら使節の往来にともなうものだが、南宋代の対外貿易の様相を記した『諸蕃志《しょばんし》』（一三世紀前半）に、出版業で名高い福建の建安の書籍が朝鮮への輸出品として記録されている。このことは海上貿易を通じて朝鮮に伝わった書籍の存在をうかがわせる。こうした状況は一二五〇―一三五〇年にもひきつがれたであろう。前出した『老乞大』には、高麗商人が大都から持ち帰る商品として、朱子の『四書集註《ししょしっちゅう》』をはじめとする儒学書のほか、『資治通鑑《しじつがん》』『貞観政要《じょうがんせいよう》』などの政治書・歴史書、さらに小説の『三国志評話《さんごくしひょうわ》』といった多岐にわたる書籍がリストアップされている。実際にこうした書籍が直沽から船便で高麗にわたることもあったにちがいない。

62　儒教と仏教・禅宗とがともに人を善に導くという点で通じるものとし、統合的に把握する思想。

63　鎌倉末期から室町末期にかけて、京都五山などの禅僧によって刊行された、禅籍・語録・詩文集・経巻などの木版本。詳しくは本シリーズの第四巻を参照。

64　一一六六―一二二七年。肥後の人。律・天台・禅三宗兼学の学僧。一一九九年に入宋、天台山・径山・四明山などで学んだ。帰国後は京都・建仁寺、博多・崇福寺などを歴住し、一二一八年に泉涌寺を創建した。

「文明」の輸入から「文化」の輸入へ

以上述べてきたような一二五〇―一三五〇年の東アジア海域における文化や情報の交流状況は、日中間を例としてみると、つぎのように特徴をまとめることができるだろう。

八、九世紀までは、遣唐使といった国家的な使節団が中心となって華北の大都市を中心に展開した「文明」を日本に輸入する時代であった。ここでいう文明とは、個々の地域的文化を基礎としつつも、はるかにそれを超えた世界性や普遍性をもつ思想・文物・技術などをさす。律令制を中心とする統治システムや仏教などが好例である。そして日本では、その「文明」にアレンジをくわえつつ、貴族・官僚・高位聖職者など、おもに社会の上層に属する人びとが担い手となる「文化」がつくりだされた。

しかしこれにつづく時代では、日本・中国ともに庶民レベルの人々までをもまきこんで、民間貿易を主流とする往来が活発になる。その結果、海上通交の中心窓口となった中国江南沿海部の港市とその周辺地域に展開していた、より幅広い階層を担い手とする「文化」もまた輸入される時代となった。ここでいう「文化」とは、比較的かぎられた地域の人々がもつ固有の習俗や思考・生活様式・技術などをさし、さまざまな日用品、食文化、民間の習俗・信仰などもふくまれる。つまり、庶民層までをふくむ、よりすそ野の広い中国の「文化」が輸入され、それが日本においても、より広い社会階層に受容され、担われる「文化」として定着する時代が到来したのである。

一二五〇―一三五〇年の状況はその延長線上にあり、いっそう発展した様相を示している。室町時代以降に発展し、のちの人々から日本の「伝統文化」とみなされるようになった茶・水墨画・

能・狂言などの中核には、この時期の中国との海域交流を通じて伝来したさまざまな要素がある。そしてそれは、貿易船が行き来する江南、とりわけ沿海部の浙江地方を中心に展開していた「文化」であった。

こうした「文化」交流は朝鮮と中国のあいだにもみられる。朝鮮の場合、華北地域との交流も重要な位置を占めるが、密接な政治的関係のもと相互往来がより直接的で大規模だった分、「文化」のジャンルによっては江南とのむすびつきが日本以上に深かったかもしれない。なかでも仏教文化については、江南という地域を媒介にして日本と朝鮮のあいだのむすびつきが生まれた側面もある。

このように東アジア海域においては、海を通じた文物交流の重心が、中国華北の「文明」から江南の「文化」へと移行していったのである。

（森平雅彦［主編］、榎本　渉、岡　元司、佐伯弘次、向　正樹、山内晋次、四日市康博）

第II部　せめぎあう海

一五〇〇―一六〇〇年

1500-1600 年の東アジア海域

一　時代の構図

ピレスからカルレッティへ

一五一二年、ポルトガル人トメ゠ピレスが、マラッカに渡来した。彼はもともとリスボンの薬材商だったが、前年にポルトガルが征服したマラッカに、商館員として赴任したのである。ピレスは二年半のマラッカ滞在中、精力的にアジア各地の情報を収集し、当時の海域アジアに関する、もっとも詳細かつ体系的な記録を残した。そこではインド洋・南シナ海とその周辺はもとより、中国や琉球についても、かなり具体的な情報が記されている。

さらにピレスは華人海商からの伝聞によって、中国よりさらに遠くにあるという、「ジャンポン（日本）島」について次のように記している。

ジャンポン島はレキオ（琉球）人の島よりも大きく、国王はより強大で偉大である。それは商品にも自然の産物にも恵まれていない。国王は異教徒で、シナの国王の臣下である。彼らはシナと取引することはまれであるが、それは遠く離れていることと、彼らがジャンクを持たず、また海洋国民ではないからである。（『東方諸国記』第四部）

これがピレスの伝える日本情報のほぼすべてであり、他にはレキオ人が日本の商品をマラッカにもたらすことを述べているにすぎない。二〇年前には、コロンブスが黄金の島「ジパング」を求めて、アメリカ大陸に到達していたのだが、ピレスは「ジャンポン島」が「ジパング」とは認識していなかったようである。

ピレスのマラッカ滞在から八〇年あまり後、一五九七年にフィレンツェ出身の商人フランチェスコ＝カルレッティが長崎に上陸した。故郷を離れてペルーに渡り、貿易船を乗りついで、アカプルコからマニラを経由した末の長崎到着だった。彼は翌年には長崎からマカオに向かい、インド洋経由で世界を一周して、一六〇六年に故郷に戻った。カルレッティは、自らの海外での見聞を一書にまとめて、トスカナ大公コシモ＝デ＝メディチに献呈したが、そのなかで日本貿易の利益について次のように力説している。

> 日本人はあらゆる手段で、大きな危険を冒してさまざまな地域に渡ってゆく……日本は世界中でも、異なる土地へと航海して儲けるうえで、最良・最適な地域である。そこにはわれらの地域から、われらの船と船乗りによって行くべきである。そうすれば、すぐにでも信じられないような富を得ることができるだろう。そこではあらゆる種類の手工業品への需要があり、生計を支える豊富な銀があるからである。(Carletti, *My Voyage around the World*, second account)

ピレスが伝え聞いた日本は、輸出品も乏しく外洋船もなく、わずかに琉球を通じて海外と貿易をおこなっている僻遠の島国であった。これに対し八〇年後のカルレッティは、みずから世界を周航して貿易をおこなった実体験をふまえて、海外商品への需要が高く、銀生産が豊富で、海外との通商も活発な日本こそが、もっとも有望な貿易相手国だと力説している。わずか八〇年の間に、日本についての記事の内容はかくも大きく変化している。それは、一体なぜなのだろうか。その答えをえる

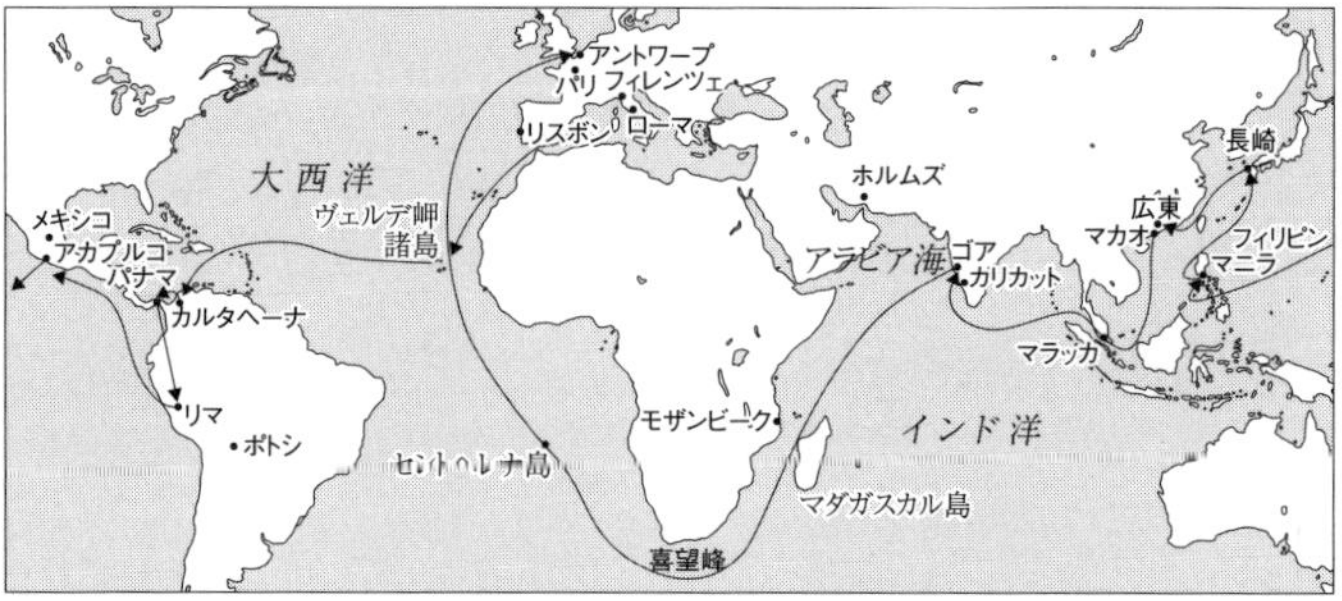

カルレッティの世界周航（中島楽章「ルーベンスの描いた朝鮮人」より）

ためには、この時期の東アジア海域の政治・経済状況をつぶさに見つめなおしてみる必要がある。

一五〇〇年ごろの東シナ海では、海上貿易はごく限定的なルートでおこなわれているにすぎなかった。日本列島から船が渡航する海外の港は、中国の寧波《ニンポー》・朝鮮の三浦《さんぽ》・琉球の那覇の三ヶ所にほぼ限られていた。朝鮮との間ではおおむね安定的な通商が続けられたものの、明朝との朝貢貿易は、原則として一〇年に一度しか許されず、琉球の中継貿易がその不足を補っていた。いっぽう、同時期の南シナ海はすでに「交易の時代」に入っていた。西アジアやインドから来航した海商たちによって、マラッカを中心に各地の港市国家を結ぶ貿易ネットワークが形成され、華人海商による密貿易も拡大しつつあった。活況を呈する南シナ海交易に対し、全体としては沈滞状況がつづいていた東シナ海交易は、きわめて対照的だった。

これに対し一六〇〇年の東シナ海では、ポルトガル人のマカオ—長崎貿易や、華人商船の密貿易が盛んで、生糸や絹をはじめとする大量の中国商品が日本に輸出され、その代価として日本銀が中国市場に流れこんでいた。この年には、オランダ船も日本に初来航している。また、南シナ海では、従来の西アジア系・インド系海商にくわえ、華人海商が全域に貿易ネットワークを拡大し、特にマニラから膨大な新大陸銀[1]を中国にもたらした。ポルトガル人が南シナ海とインド洋・東シナ海を結ぶアジア域内貿易を推進し、新興のオランダ人がそれに挑もうとしていた。さらに日本人海商も、南シナ海をわたって東南アジア各地に渡航しはじめている。東・南シナ海がともに交易ブームに沸いていた。

一六世紀はいわゆる「大航海時代」にあたり、世界史上でも有数の変革期だった。新大陸を含む地球上の広範な地域が経済的に結びつき、世界規模の経済システムが形成されつつあった。一六世

1 スペイン領アメリカ大陸のペルーやメキシコなどで産出した銀。特に一五七〇年代から、ペルーのポトシ銀山の産出量が急増し、大西洋を渡ってヨーロッパへ、太平洋を渡ってフィリピン経由で中国へと運ばれた。

紀の始まりと終わりの二つの時期における東アジア海域の状況の違いは、この海域が世界規模での大変革の最前線となっていたことを示しているのだ。

第II部は、一六世紀の百年間、すなわちこの大変革の時代を叙述の対象とする。この時期には、東シナ海と南シナ海を結ぶ人・モノ・情報の移動が急拡大し、両者の一体化がかつてなく進んだ。華人海商はもとより、ヨーロッパや日本列島の人びとも、南シナ海と東シナ海をつなぐ航海と交易活動を活発に展開し、二つの海の結びつきはいっそう不可分になっていった。第II部では、このように東シナ海と南シナ海が連動し、一体化して「東アジア海域」を形成していくプロセスが描き出されることになる。

東シナ海・南シナ海の双方において、この時代を通底する基調的なトレンドとして、海域秩序の「遠心化」と「多元化」をあげることができる。ここではまず、その前段階として、一四世紀末における明朝の「朝貢／海禁体制」の成立と、一五世紀以降におけるその変容のプロセスを概観しておこう。

朝貢／海禁体制と東アジア海域

一四世紀半ばのユーラシアでは、天災や飢饉があいつぎ、疫病が大流行して人口が激減した。経済活動が沈滞して長距離交易がおとろえ、政治的混乱や戦乱があいついだ。この「一四世紀の全般的危機」のただなかの一三六八年に、明朝の洪武《こうぶ》帝《てい》[2]は中国を統一した。モンゴル支配の解体と前後して、日本では鎌倉幕府が滅亡して南北朝の動乱がつづき、朝鮮半島では高麗王朝の支配がゆらぎ、ベトナムでも陳朝が衰退にむかっていた。洪武帝は、こうした不安定な状況を、国内的には元

2　在位一三六八―九八年。明の太祖朱元璋。淮河流域の貧農の出身で、元末に紅巾軍の反乱に投じて台頭した。南京を国都として明朝を建て、元朝をモンゴル高原に駆逐して中国大陸を統一した。

末の混乱期に遠心化・流動化した社会を、集権的な統治のもとに再編することによって乗りきろうとした。そして対外的には「朝貢」と「海禁」を結びつけて、国家が外交と貿易を一元的に統制する体制を作りあげていくのである。

洪武帝は積極的に周辺諸国に使節を派遣し、明朝への朝貢をうながした。一方で洪武帝はくりかえし海禁令を発布して、治下の人びとの海外渡航をきびしく禁止し、一三七四年には海外貿易の窓口だった市舶司も廃止してしまった。こうして一四世紀末には、明朝の対外貿易は朝貢にともなっておこなわれる国家貿易だけに限定され、明朝政府が外交と貿易を独占する、「朝貢／海禁体制」が成立したのである。

一五世紀前半の永楽―宣徳年間（一四〇三―三五年）には、七回にわたる鄭和の南海遠征や、内陸アジアとの通交によって、明朝の朝貢圏はインド洋や北アジア・中央アジアにも大きく拡大した。このときの朝貢体制の空間的構造を、海域アジアと内陸アジアに大別して図示したのが表1である。

朝貢貿易の中核は、朝貢国が明朝皇帝に献上する進貢品と、それに対して皇帝があたえる下賜品であったが、実際には使節や随行商人がもたらす附帯商品の交易が、より重要であった。附帯商

表1　15世紀前半の朝貢体制

	地域	朝貢国	朝貢ルート
海域アジア	東アジア	朝鮮王朝 日本（室町幕府） 琉球王国	遼東：鳳凰城（山海関経由） 浙江：寧波市舶司 福建：泉州市舶司
	東南アジア	ベトナム（一時併合） 大陸部・島嶼部諸国	広西：鎮南関 広東：広州市舶司
	インド洋	インド・西アジア・東アフリカ	広東：広州市舶司
内陸アジア	北アジア	モンゴル・オイラト ウリャンハ三衛 ジュシェン（建州・海西・野人）	山西：大同（居庸関経由） 北直隷：喜峰口 遼東：開原（山海関経由）
	中央アジア	東西トルキスタン・西アジア	ハミ（嘉峪関経由）
	西南高原	チベット・アムド・カム 西南土司・土官	陝西・四川 四川・雲南・貴州・広西など

出典：中島楽章「14-16世紀，東アジア貿易秩序の変容と再編」『社会経済史学』76巻4号，2011年

品は、まず明朝政府が優先的に買いあげたのち、残った商品については、政府の管理下で民間商人との交易（互市《ごし》）が許された。朝貢／海禁政策のもとでは、明朝と周辺諸国との貿易は朝貢貿易に一元化され、朝貢と無関係な貿易は原則として認められていなかった。「朝貢なくして互市なし」（貢市一体）という原則が貫かれていたのである。明朝は一四〇三年に市舶司を再開したが、それは民間の海外貿易を管理するためではなく、もっぱら朝貢貿易を管轄するためであった。それから後、東南アジア・インド洋諸国は広州市舶司、琉球は泉州（のち福州）市舶司、日本は寧波市舶司を通じて、明朝との朝貢貿易をおこなうことになる。

　朝貢／海禁体制の成立と前後して、東・東南アジア諸国でも一四世紀の政治的混乱がしだいに収束し、求心的な権力が成立していく。一三九二年に高麗にかわって朝鮮王朝[3]が成立し、日本でも同じ年に南北朝の分裂が終わりをつげた。また一四二九年には、中山《ちゅうざん》王国が琉球を統一して、東・南シナ海を結ぶ中継貿易に乗りだし、一時的に明朝の支配下に入ったベトナムでも、一四二八年に黎《れい》朝[4]が独立を回復している。またシャムでは、アユタヤ朝[5]がチャオプラヤー川のデルタ開発と外国貿易を通じて勢力を拡大し、マラッカ（ムラカ）王国やジャワ島のマジャパヒト朝[6]も、明朝との朝貢貿易を推進した。特にマラッカは、インドや西アジアのムスリム海商も積極的に誘致し、南シナ海・インド洋の全域から商品が集まる、東南アジア最大の「集散港」となっていった。

　一五世紀前半には、東アジアでは気候が一時的に温暖化に転じ、農業生産もしだいに安定して、長距離交易も復活にむかっていた。明朝でも農業生産の回復による税収の増加や、鉱山開発による銀産量の増加が、鄭和の遠征や北京遷都などの巨大プロジェクトを支えた。また周辺諸国も朝貢関係を通じて中国との貿易を推進し、時には明朝の政治的権威も背景として、それぞれの地域内にお

3　一三九二—一八九七年。紅巾軍や倭寇の撃退に活躍した李成桂が建国した。明朝に朝貢するとともに、室町幕府や琉球王国とは形式上対等な通交をおこなった。

4　一四二八—一七八九年。黎利が明軍を撃退して建国した。中国的な官僚制度を整備し、ベトナム中部にも領域を拡大したが、一六世紀には莫氏が王位を簒奪する。

5　一三五一—一七六七年。チャオプラヤー川下流の港市アユタヤを国都とした。王室独占貿易を推進し、カンボジア・シャム北部・マレー半島にも勢力を

ける求心性を高めることができた。また明朝との朝貢貿易とも連動して、東・東南アジア諸国間の貿易や外交も活発化した。総じて一四〇〇年前後には、明朝の朝貢／海禁体制のもとで、東アジア海域の各地で求心的な政治権力が成長し、沿海地域の遠心性を抑えこんでいったのである。

広げた。
6　一二九三年—一六世紀初頭。ジャワ島東部の水田地帯を本拠に発展した。ジャワ島の米やマルク諸島の香辛料の生産・流通を掌握し、対外貿易も推進した。

政治的動揺と開発の進展

しかし一五世紀中ごろには、明朝の朝貢／海禁体制は早くも動揺にむかうことになる。すでに一四三〇年代から、巨大な国家プロジェクトの負担による財政難と農村の疲弊は顕著になっていた。一四四〇年代ごろからはユーラシア全域でふたたび寒冷化が進み、中国大陸でも飢饉や天災が頻発した。内陸アジアでは、オイラトがムスリム商人と結んで朝貢貿易の拡大をもとめ、明朝がそれを抑制しようとすると、それを不満としたオイラトは一四四九年に大挙して侵攻し、正統帝を捕虜とするにいたる（土木の変）。これによって明朝の対外政策は完全に守勢に回り、海域アジア諸国との朝貢貿易もつとめて抑制するようになった。このころにはインド洋からの朝貢はほぼ途絶し、東南アジアからの朝貢も大幅に減少して、日本の朝貢も一〇年に一回に制限されている。こうした朝貢貿易の減少を補っていたのが、明朝と東南アジア・日本を結ぶ琉球王国の中継貿易であったが、一四六〇年代からは、琉球の朝貢貿易までもが縮小にむかう。

日本でも一五世紀には飢饉や土一揆があいつぎ、一四六七年にはじまる応仁・文明の乱によって、室町幕府の求心力低下は加速していく。その後、日明貿易の実権は、細川氏と大内氏という西日本の二大勢力が握ったが、一五二三年には両者が派遣した朝貢使節が寧波で武力衝突を起こし（寧波の乱）、以後は大内氏が日明貿易を独占するようになった。また日朝貿易の実権は、しだいに対馬の宗氏[7]が掌握するようになるが、一五一〇年には三浦に居留する日本人が暴動を起こし（三浦の乱）、朝鮮王朝は対馬との貿易をきびしく制限した。これに対して、対馬は日本国王（足利将軍）などの名義で偽装使節を派遣し、なんとか貿易の規模を維持したのである。

その一方、一五世紀末には東アジアでは気候の寒冷化も峠を越え、経済活動は上昇局面に入り、人口も増加していく。中国の人口は、「一四世紀の危機」における天災や戦乱によって急減し、一四世紀末の明朝の総人口は六〇〇〇万人程度にすぎなかった。特に華北地域の荒廃と人口減少は深刻であった。一五世紀以降はおおむね人口増加が続き、一六世紀には総人口は一億人を超えるが、南北格差はなかなか埋まらなかった。

明代は中国史上でも、江南・浙江・福建などの東南地域にもっとも富や人口が集中した時代であった。特に江南デルタでは、一六世紀までに水田開発がほぼ完了し、農民の副業として生糸・絹・綿布の生産が急成長していく。農村部には多くの市場町（市鎮）が出現し、生糸・絹・綿布の生産や流通の拠点となり、蘇州や松江《しょうこう》などの大都市では、より高級な織物が生産された。こうした製品は徽州《きしゅう》商人[8]や山西《さんせい》商人[9]などによって中国全土に供給され、海外市場にも輸出されたのである。一方で長江中流の沖積平野では、このころから水田開発が本格化し、江南デルタにかわって最大の穀倉地帯となっていった。

さらに日本列島でも、一五世紀からしだいに人口が増加し、一六世紀には各地の戦国大名や領主が、きそって領内の開発を進め、沖積平野の新田開発や沿岸部の干拓もはじまり、一七世紀の「大開墾時代」の幕を開いていく。このような水田開発の尖兵となったのが、中国では「占城米《チャンパー》」、日本では「大唐米」などとよばれた、干拓地や低湿地でも生育する、東南アジアから渡来したインデ

7　朝鮮との通交の窓口であり、前期倭寇の根拠地でもあった。朝鮮王朝は宗氏をはじめとする対馬の海上勢力に交易を許し、一六世紀後半には、宗氏が朝鮮王朝との交易をほぼ独占した。

8　安徽省南部の徽州盆地出身の商人集団。新安商人ともよばれる。一五世紀末に塩商人として台頭した。江南デルタを中心に、特に長江流域や大運河沿いの商品流通を主導した。

9　山西省の汾水流域出身の商人集団。明初から北辺への軍糧納入と塩の販売によって台頭し、北方中国を基盤として商圏を拡大した。

ィカ系の新品種であった。商品流通も拡大し、京都を中心とする全国的な市場圏と戦国大名の領国の市場圏とが、並行して成長していった。一六〇〇年ごろの日本列島の総人口は少なくとも一二〇〇万人であり、その約三割が畿内に集中していたと推計されている。また朝鮮半島でも、山間平地の開墾や西海岸の干拓によって、水田開発が進められた。さらに朝鮮では、一五世紀に綿布の生産が全土に普及し、衣料や貨幣としてひろく用いられ、日本への主要輸出品ともなった。

遠心化・多元化の時代へ

このように一六世紀の東アジア各国では、それまでの扇状地や河谷《かこく》を中心とした水田開発が完成に近づくとともに、デルタ部・沖積平野・沿岸部の開発が進展しはじめる転換点にあたっていた。特にこうした低地開発がいちはやく進んだ中国東南部・畿内・朝鮮南部などの先進地域では、農業生産が成長し人口が増加するとともに、自立性の強い小農民家族が集約的農業をいとなむ、「小農社会」が形成されていく。これに対し東南アジアでは、ベトナム北部の紅河デルタやジャワ島などで集約的な水田農耕が発達したほかは、森林地帯における焼畑や、氾濫原における粗放な稲作が中心であった。一六〇〇年ごろには、東南アジアの総人口は二三〇〇万人程度であったと推定され、特にいくつかの水田農耕地帯に集中していた。

一六世紀の東アジアでは、先進地域における開発の進展と人口の増加とともに、市場経済が発展し、海外貿易も拡大に向かっていた。こうした経済成長と交易ブームを背景として、一五世紀末から一六世紀にかけて、沿海地域はしだいに中央政府からの遠心性を強めていく。福建では、華人海商による南シナ海方面への密貿易が活発化した。広東では朝貢船以外の外国船が、広州湾に来航して貿易（互市）をおこない、地方当局はそれを黙認して関税を徴収するようになった。日本では西日本の戦国大名や海上勢力が、華人海商と結んで、東シナ海での密貿易や海賊行為に乗りだしていく。また琉球の朝貢貿易は、一五世紀後半から長期低落傾向にあったが、それにかわって対日貿易や、華人海商との密貿易が活発化していった。もはや朝貢／海禁体制によって、明朝が対外通商を一元的に統制することは不可能であった。

明朝を中心とした広域秩序が動揺するとともに、東アジア海域では遠心化・多元化のトレンドが加速していった。日本列島では政治的分裂がいっそう進み、西日本の海上勢力は、一六世紀中期には東シナ海における密貿易や略奪にも乗りだしはじめた。ベトナムでは一五世紀末から黎朝が衰退して、一五二七年には莫《ばく》氏政権が成立するが、その後も黎朝の残存勢力との抗争がつづいた。またジャワ方面でも、一五世紀後半にマジャパヒト朝が衰亡してからは、多くの港市国家[10]が競合するようになる。そして一五一一年には、ポルトガルがマラッカを占領して東南アジア貿易に強引に参入し、ジャワ海を東進してモルッカ（マルク）諸島に、南シナ海を北上して中国沿岸にも進出していく。一方でムスリム海商は、マラッカから周辺の港市に拠点を移し、マラッカが果たしていた集散港機能は、マレー半島やインドネシア各地の港市に多極化していった。

海域秩序の変動は、南シナ海で先行したが、やがて一五四〇年ごろには、華人海商がポルトガル人を舟山列島の双嶼港に誘引し、日本人も巻きこんで密貿易を展開するようになり、東シナ海において「大倭寇時代」が幕を開ける。こうして一六世紀半ばには、東南沿岸では華人・日本人が一体化した後期倭寇、北辺では逃亡漢人も収容したモンゴル勢力による、中国への侵入と略奪が蔓延していく。そして一五六〇年代末になると、明朝はついに、それまでの朝貢／海禁体制を大きく転換

10　東南アジア各地で、河川下流域や海峡部などの港市（貿易港）を拠点として成立した国家。河川下流域の港市では、上・中流域の後背地の産品と、外来商人がもたらす商品との交易が王権の基盤となった。

し、華人海商が福建から東南アジア各地に渡航することを許し、北方辺境でもモンゴルと和議を結び、朝貢貿易と国境地帯での「互市」を認めることにしたのである。

三つの「せめぎあい」

一三―一四世紀の「ひらかれた海」の時代には、ムスリム海商や華人海商などの交易ネットワークが、海域アジアの全域に拡大したが、一四世紀末には明朝の朝貢／海禁体制のもとで、東アジア海域における交易は、国家貿易に一元化されることになった。明朝の朝貢貿易圏は、一五世紀初頭の鄭和の遠征によって、東・南シナ海からインド洋にまで急拡大している。しかし朝貢貿易体制は、一五世紀中期から長期低落傾向をたどり、一六世紀にはいると解体へとむかい、ふたたび海商たちが海上貿易の主役となっていく。一三世紀から一六世紀にかけて、東アジア海域の海上貿易は開放―統制―開放という大きなサイクルをたどったわけである。

一六世紀には、まず南シナ海が「交易の時代」の最盛期にはいり、ついで東シナ海にも交易ブームが拡大し、さらに両者が華人・ポルトガル人・日本人などの海商によって結びつけられ、一体化していく。第II部では、この海域で活動した多様な人びとの「せめぎ

表2 明代主要朝貢国の入貢回数（1368-1566）

	朝貢国	I 1368-1402	II 1403-1435	III 1436-1464	IV 1465-1509	V 1510-1539	VI 1540-1566	総計
東アジア	朝鮮	60	158	87＋α	135＋α	90＋α	81＋α	611＋α
	琉球	47	105	63	37	20	16	288
	日本	11	9	1	4	3	1	29
東南アジア	ベトナム	25	6	27	23	4	4	89
	シャム	39	26	11	10	1	4	91
	チャンパ	23	31	22	10	3	1	90
	カンボジア	12	7	0	0	0	0	19
	マラッカ	0	20	7	5	2	0	34
	サムドラ	0	16	0	0	0	0	16
	パレンバン	6	4	0	0	0	0	10
	ジャワ	11	34	18	3	0	0	66
	ブルネイ	1	9	0	0	0	0	10

出典：中島楽章「14-16世紀，東アジア貿易秩序の変容と再編」

あい」を、商品・貨幣・文化・技術などの、境界を越えた移動に注目して論じていくことにしたい。ここでいう「せめぎあい」には、大きく分けて次の三つの局面がある。

まず第一には、外交と貿易の一元的統制を維持しようとする明朝と、それを破ってより自由な海上貿易を展開しようとする、華人海商や海外諸国との「せめぎあい」がある。この「せめぎあい」は華人海商の密貿易や、広州近海における外国船との「互市」というかたちで、一五世紀末に南シナ海からはじまり、一六世紀中期には東シナ海においても、「倭寇」勢力による密貿易や略奪が激化していった。ただしこの「せめぎあい」は、一五六〇年代末に明朝が海禁を緩和して、華人海商による南シナ海貿易を解禁したことで、ひとまず鎮静化することになる。

第二には、海域アジアに登場したポルトガル・スペイン勢力をめぐる「せめぎあい」がある。ポルトガルはホルムズ・ゴア・マラッカなどの海域アジアの貿易拠点を占拠し、海上貿易のメイン＝ルートを掌握しようとしたが、ムスリム海商はそれに対抗して新たな貿易拠点と航路を開拓した。さらにまたポルトガルとスペインも、モルッカ諸島の香料貿易などをめぐって対抗関係にあった。東シナ海では、朝貢／海禁政策をめぐる第一の「せめぎあい」とも連動して、中国貿易への参入をめざすポルトガルと、それを排除しようとする明朝との紛争が、一六世紀中期まで続くことになる。

そして第三には、東・東南アジア諸国どうしの「せめぎあい」の激化があげられる。一六世紀の東・南シナ海では、交易ブームのなかで新興勢力が成長し、海上貿易がもたらす利益を掌握しようとした。一六世紀には、海上貿易の利益による経済力と、ヨーロッパ式火器を中心とした軍事力を結びつけた政治権力が、はげしく競合することになる。東南アジアでは、一六世紀後半を通じて続いた、ビルマのタウングー朝とシャムのアユタヤ朝[11]との抗争が代表的である。そして日本では豊臣政権が政治的分裂に終止符をうち、求心的な支配体制をつくりあげるとともに、新式火器を装備した大軍を動員して朝鮮侵略を発動し、明朝もまきこんで、一六世紀の世界でも最大規模の戦乱をひきおこしたのである。

第II部ではこうした三つの「せめぎあい」の連動を通じて、一六世紀の東アジア海域を展望していきたい。ただし冒頭で紹介したピレスとカルレッティの証言も示すように、一六世紀は東アジア海域においても有数の激動期・転換期であった。このためその百年間をひとつの時期として概括するよりも、前後で大きく二つの時期に分けて叙述するべきだろう。このため第II部では、第I部・第III部とは異なる章立てをとることになる。

まず第二章では、一六世紀前期に朝貢／海禁体制の動揺と、ポルトガル勢力の登場によって、南シナ海における「せめぎあい」が激しくなり、一六世紀中期にそれが東シナ海に拡大することによって、「大倭寇時代」をむかえるプロセスを明らかにする。ついで第三章では、東アジア海域における「交易の時代」の全体状況を展望したい。一五六〇年代末に海禁政策が緩和され、海商たちの活動を通じて人やモノの移動が活発化するとともに、東アジア海域が世界規模の市場とリンクされ、そのひとつの中心となっていったのである。そして第四章では、こうした世界規模の人やモノの移動とともに、東アジア海域の内部で、そしてその外部の世界とのあいだで、文化や知識の交流と相互作用が進展したことを、宗教・美術・工芸・出版・情報・軍事技術などのトピックを通じて描きだしてみたい。

11　一四八六—一七五二年。一五世紀末からビルマ南部で勢力を拡大し、一六世紀後半にはバインナウン王がビルマ北部を征服し、アユタヤ朝も服属させた。ベンガル湾の港市ペグーを王都とし、海外貿易も推進した。

二　大倭寇時代——東アジア貿易秩序の変動

倭寇

明の嘉靖《かせい》三八（一五五九）年一二月二五日、杭州門外で一人の囚人が処刑された。罪状は国家への反逆罪。男の首は寧波海辺の定海関にさらされ、その妻子は奴隷として功臣にあたえられた。この男は逮捕前から一貫して無罪を主張し、早くから皇帝に宛てて釈明を試みる上奏文をしたためていた。こうした文書としては極めて異例のことながら、その内容は木版に刻されて今日に伝わっている。男の言い分はこうである。——自分は徽州府出身の商人であった。浙江や福建の海上で商売に従事し、同業者たちと利益を分かち合い、国のために海の守りに当たった。倭賊が中国、琉球、朝鮮を襲った際にも、自分は陛下への真心から平和の使者として日本へと赴き、侵略行為を止めるよう各地で説いて回った。もし陛下が自分を信じて下さるなら、日本と貿易をおこなうことを許していただきたい。日本各地の領主たちには自分が十分言い含め、二度と勝手な真似はさせるまい。こうすれば、戦わずして敵の軍勢を従えることができるだろう……。

男の名は王直[12]、歴史上「嘉靖の大倭寇」などとよばれる動乱の張本人とされてきた人物である。当時、中国沿海各地で「倭賊」の侵入が大問題になっていた。また、日本と中国との私的な往来は禁止されていたが、王直をはじめ、多くの華人たちが密かに日本へと渡っていた。王直の事績についてはこの章の後半でもう一度触れることとし、ここではまず「倭寇」とは何か、その基本的な定義を考えておきたい。

12　?—一五五九年。舟山列島を拠点として密貿易で財を築き、配下に多くの日本人を擁したが、官軍の攻撃により五島や平戸に拠点倭寇とは、通常、貿易および略奪を目的として日本から中国や朝鮮に渡っていった海賊だと説明される。「倭寇」の語を文字通り解釈すれば、日本人の蛮行、あるいは日本からの侵略者という意味になろう。ただし、この語は当時の日本語の話者が自称したものではない。もともと「倭が（ある地方を）寇す」という形で高麗王朝末期から史料上にあらわれ、やがて、「倭寇」という成語として、朝鮮王朝や明朝中国で広く人口に膾炙するようになった漢語である。本章で扱う一六世紀の「倭寇」とは、一五五〇年代以降、江南デルタから広東にかけて報告された「倭賊」による擾乱を指すが、多くの中国史料から、この「倭賊」は浙江・福建・広東等、中国沿海地方の出身者が大多数を占め、日本列島の出身者は数の上ではむしろ少数派に属したことがわかっている。

中国東南沿岸地域を行きかう多様な反政府勢力のなかには、日本列島で生まれ、日本語を母語としながら海外に稼ぎを求めて渡っていった人びとが確かに含まれていた。また、「倭寇」の呼称が一般化した背景には、民家の略奪や官軍との戦闘において、彼らが往々にして日本刀を振るって先駆けをつとめる存在だったこともあるだろう。しかし、同時代および後世の記述者によって拡大解釈された「倭寇」概念には、華人商人はもちろんのこと、史料の読みようによってはポルトガル人すら含まれていた。彼らは決して一枚岩の存在ではなく、多様な民族・集団がしばしば衝突する利害のもと互いにせめぎあう状況にあった。その実像に迫るためには、中国・日本・朝鮮における商人・海賊・軍隊・漁民の動向についてみていく必要があるし、またその周辺状況を知る意味でも、ポルトガル人を核とする商業・軍事勢力の動きも注視しなければならない。本章「大倭寇時代」では、この「倭寇」が猛威をふるうにいたった、一六世紀前・中期の東アジア海域の素描をこころみる。多種多様な民族や階層、生業集団などが見いだされるが、ここではとりわけその象徴的な存在

を移した。総督胡宗憲の帰順勧告に応じて官軍に投降し、「倭寇」の元凶とみなされて処刑された。中国の史書では海賊とされるが、今日では日中貿易の担い手として肯定的に評価する見解もある。

である「倭寇」、あるいは広義の海賊・水軍に焦点をしぼることとしたい。

海賊と水軍

一六世紀の中国沿岸部で「倭寇」の被害がもっとも甚だしかったのは江南デルタ地域である。松江府の柘林鎮《しゃりんちん》、崇明《すうめい》県の南沙《なんさ》など、蘇松地方の複数の港町が一時的に「倭賊[13]」に占拠され、多くの市鎮が戦場となった。資産をもつ者は、府や県などの城壁を備えた大都市に逃げ込んだが、小農や佃戸《でんこ》[14]、沙民《さみん》[15]などの零細な人びとは、官軍の情報を賊軍側に流して生計を得た。悪いことに、官軍も信用できるような連中ではなかった。長江以北・湖南・広西などから官軍に徴発されてきた兵士たちは、多くが「倭寇」以上のやっかいな荒くれ者とみなされたからである。こうした官軍が現地住民の支持を得ていたとは言いがたく、佃戸のなかには積極的に「倭賊」の側について官軍と敵対する者もいた。江南地方が「倭寇」によってこうむった被害は、実際にはこうした二次的な動乱がかなりの割合を占めたのである。

浙江や福建沿海の府州県も、連年、「倭寇」の侵入にさらされた。これらの地域でも、華人側の誘引によって「倭」が町や村を襲うことは自明視されていたが、浙江ではその元凶を福建人のしわざとし、福建では逆に浙江人のそれとするように、互いに責任をおしつけあった。さらに、官有の軍船は粗末なつくりで役に立たず、地元の民船は兵役を忌避して逃亡があいつぎ、他所から雇った軍船は、ともすれば同郷の海賊と内通しているため、機密情報が筒抜けであった。このように、一口に官憲対「倭寇」、官軍対賊軍といっても、その境界はきわめて流動的なものであった。

この傾向は、中国以外の場所、たとえば日本列島においてもそう大きくは変わらない。一般に、

13　字義上は「倭の賊」、すなわち日本人であり、なおかつ官憲に討伐の対象とみなされる者を指す。ただし当時は華人と比較的少数の日本人が合同で形成する武装集団を集合的に「倭賊」「倭寇」などと称することも一般的であった。

14　地主から土地を借りうけて耕作する小作人。ただし、借地での農場経営、第三者への又貸し、所有地に課される労役を逃れるための実態のない名義の移行などもしばしばおこなわれたため、法制上の佃戸身分が内包する社会層は多様なものであった。

15　明清時代に長江河口部の崇明島一帯の砂州を居住地とした人びと。多くは他所からの移住者で、浅瀬の

海賊は海上の平和を脅かす存在、それゆえ禁圧の対象として史料に登場するが、その一方で、現実には航行する船を外敵から守る役目も負っていた。中世の日本において、船が航路を正確に保ち、海賊を回避するためには、海賊たちの「警固」（ガード兼パイロット）が必要だったのである。したがって、関銭や礼銭などの対価が十分に支払われなければ、海賊＝警固衆自身による略奪行為も珍しくはなかった。西日本の大動脈、瀬戸内海で大きな勢力を張った村上氏[16]などは、まさにこうした海賊衆・警固衆の代表例である。もっとも、能島《のしま》の村上氏が「倭寇」の一翼であったという所伝はあるものの、同時代史料での裏付けはとれない。また、一四世紀段階ではむしろ倭寇の巣窟であった対馬が、この一六世紀には、逆に壱岐の海賊や「上賊船」（瀬戸内海地域の海賊と思われる）に襲撃されている。

そして、海賊と一口にいっても、彼らが専業の海賊集団であったわけではない。実際には、廻船業・交易業・漁業など、多角経営に勤しむ場合が多かった。しかも、彼らの基層部分には、〝海の雑兵〟というべき雑多な下層民が多く含まれていた。飢饉や凶作、戦乱が常態化していた中世日本社会においては、戦場はひとつの重要な稼ぎ場であった。当然、こうした〝海の雑兵〟たちにとって、中国大陸の「倭寇」も、出稼ぎの好機であったと考えられる。中国側の認識でも、九州地方の大部分と瀬戸内海沿岸の諸国が「倭寇」の出身地とみなされている。おそらく、一六世紀の中国東南沿海部の「倭寇」に加わった日本人海賊とは、領主権力によって高度に組織された海賊・水軍勢力ではなく、九州北部から瀬戸内海西部にかけて存在した〝海の雑兵〟たちが主流だったのではないだろうか。

一六世紀半ばになると、琉球でも「倭寇」事件が確認されるようになる。一五五六年、中国沿岸

航行に適した平底船（沙船）に乗り組み、漁業・商業・運送業にたずさわった。なかには禁制品の密売や窃盗・略奪を生業とする者もあり、官憲からは盗賊の温床とみなされた。

16 芸予諸島の能島・来島・因島を根拠地とする三島村上氏のこと。瀬戸内海で活躍した海上武装勢力。室町幕府や有力守護河野氏などから海上警固を命ぜられた。豊臣政権による海賊停止令ののち、因島・来島村上氏は毛利氏の支配下に入った。

を荒らして敗走した「倭寇」の一派によるものと見られる、那覇港襲撃事件がおこった。首里王府は、こうした「倭寇」に対して、軍事道路の敷設や中国式火砲を備えたグスク（城廓）の造営など、那覇港の軍事防衛ラインを固めて対抗した。那覇港を襲った倭寇は、中国帰りの一団だけではなかった。一六世紀後半、日本から琉球へ交易に赴いた商人は武装集団的性格をもっており、琉球でも「倭寇」とよばれ恐れられていた。この「倭寇」の素性は史料上よくわからないが、地理的な環境を考慮すれば、七島灘水域の水先案内人で、このころ薩琉間の交易活動に乗り出していた、七島衆が主体である可能性が高いだろう。南西諸島を黒潮が横断する七島灘（トカラ列島）のあたりは海の難所であり、高い航海技術が必要であった。いかにも海賊のあらわれそうな場所である。

一方、かつて一四世紀に倭寇の甚大な被害をこうむった、朝鮮半島の状況はどうであったろうか。そもそも朝鮮王朝の水軍は、高麗王朝末に倭寇対策として整備され、朝鮮王朝成立後に確立をみた。だが、一五世紀半ば、朝鮮側の懐柔策により倭寇が沈静化するとともに、海防体制もしだいに空洞化していく。そして一五世紀後半になると、朝鮮人海賊の活動が報告されるようになった。「水賊」という表記がはじめてあらわれるのは、一四七四年である。成宗代[17]（一四六九―九四年）の「水賊」は済州島民を含むようだが、なかには全羅道出身者もいたらしい。中宗代[18]（一四八八―一五四四年）以降には、海浪島を拠点とする水賊や、江華島・黄海道の水賊などもあらわれた。『朝鮮王朝実録』には、これらの地域の人びとがしばしば倭人の装いをして、内地の村々を襲っては倭のしわざと称する模様が描かれている。朝鮮人の「水賊」と日本人の「倭賊」との峻別は、当時から困難をともなっていたのである。一六世紀になると、三浦の倭人の暴動・「倭賊」の襲撃、華人密貿易船の漂着などがあいつぎ、朝鮮ではふたたび沿岸防備が叫ばれるようになった。一五一〇年に

17　在位一四六九―九四年。朝鮮王朝第九代王、李娎。儒教主義にもとづき、文化・儀礼を重視。彼の治世下に、『経国大典』『東国通鑑』『東国輿地勝覧』『東文選』『海東諸国紀』など、王朝を代表する書物が作られている。

特設された軍事行政機関の備辺司が、一五五四年以降は常設となるなど、海防体制は充実・強化されていく。

朝鮮王朝初期の水軍（船軍）には、沿岸や島嶼で生業をもつ海民が動員されており、文字通り「船を以て家と為す」人びとが主たる構成員であった。しかし一六世紀になると、水軍への徴発人数が増加したため、海民出身者の逃亡があいつぎ、かわりに山郡出身者が多く充当されるようになった。その逃亡問題に深く関わったのが、アワビ採取を生業とする鮑作人という人びとである。たとえば、壬辰《じんしん》倭乱[19]（文禄・慶長の役）時の水軍の将、李舜臣《りしゅんしん》指揮下の水軍にはこの鮑作人が動員されていた。彼らは、水先案内人として水軍の軍事活動に寄与する一方、水軍の逃亡兵の案内もおこなうなど、さまざまな逸脱行為もはたらいていた。

したがって、この鮑作人もまた、朝鮮水軍と「倭寇」勢力との中間に位置する存在であったといえる。鮑作人が海路の難所を熟知していたということも大きい。「倭人」たちが彼らを黒山島や楸子島にて捕縛し、本拠地に連れ帰って優遇した末、朝鮮へ海賊活動をおこなう時に先導者とした、というような例が知られている。

「倭人」の手先となった鮑作人の代表格が、沙火同[20]という珍島出身の鮑作人である。彼は、「倭人」によって五島に連れ去られた後、一五八七年に起きた損竹島倭寇事件の案内役をつとめた。そして拉致された朝鮮官人に向かって、「五島は本当に住みやすい。朝鮮は税が重くて、採ったアワビを全部取り上げられてしまう」と語っている。一六世紀後半においては、朝鮮半島南岸・多島海の海民たちが、時には水軍の構成員に、時には「倭寇」の構成員に組み込まれていたのである。

18　在位一五〇六—四四年。朝鮮王朝第一一代王、李懌。クーデタにより先代の燕山君を廃して王権を簒奪した。政局の混乱はたえることがなく、外交・軍事面でも一五一〇年の三浦の乱や北方からのジュシェン人の侵入があいついだ。

19　豊臣政権の朝鮮侵略戦争に対する朝鮮側の呼び名。第一次・第二次の戦争を併せて「壬辰（一五九二）・丁酉（一五九七）の倭乱」ともいう。なお、この戦争を中国では「万暦朝鮮の役」という。日本では「唐入り」「高麗陣」などといった。

20　全羅道の珍島出身と伝える。一五八七年に全羅道沖で倭寇事件を誘導した。豊臣秀吉が要求する通信使派遣に対し、朝鮮側は、当時五島にいた沙火同を引きわたすことを要求する。平戸松浦氏の協力もあり、一五九〇年二月に沙火同は朝鮮に引きわたされ、通信使の派遣が実現した。

ポルトガル勢力の登場

東アジア海域の交易ネットワークにおいて、東の那覇（琉球王国）と西のマラッカは重要なハブ港であった。そのマラッカ王国を滅亡させたのが、ほかならぬポルトガル勢力である。この一事件は東南アジア、ひいては東アジア海域の政治勢力図に大きな転換をもたらした。

第I部「ひらかれた海」の時代から、マラッカ海峡は多くの港市国家を擁する海の要衝であったが、この地域は、ジャワやシャムなどの諸勢力がせめぎあい、久しく政治的安定をみなかった。一五世紀初頭、そこに勃興したのがマラッカ王国[21]である。一五世紀前半、鄭和の南海遠征の基地として急成長し、この世紀中ごろ、明朝の海外貿易が下火になると、むしろインド洋方面との交易に力点を置くようになり、王族は本格的にイスラームを受容した。その後、マラッカ海峡の東西両岸の諸都市を服属させ、その地域のイスラーム化を進めた。ジャワ海沿岸の港市から、さらに東方のモルッカ諸島などにもイスラームは広まっていった。このように、東南アジアの典型的な集散港（エンポリアム）に成長していたマラッカが、一五一一年、ポルトガル艦隊の攻撃を受けて陥落したのである。

一方、ポルトガル艦隊は、さらに勢力を拡大していく。一五一三年にはモルッカ諸島に進出してテルナテ島に商館を建設し、一五一五年にはペルシア湾頭のホルムズを押さえた。こうした交易拠点を複数押さえて要塞化し、ポルトガル本国から東アジアへとつながるシーレーンを確保しようとしたのである。いうまでもなく、モルッカ諸島はクローブ（丁子）とナツメグ（肉荳蔲）・メースの特産地であり、当時の香料貿易における垂涎の的であった。

東アジア海域で互いに覇権を競う政治権力の側にとっても、ポルトガルなどのヨーロッパ勢力は

21　一四〇二？―一五一一年。マラカ、ムラカとも。マラッカ市を盟主とする複数の港市から構成され、来港する商船がもたらす富と強力な海軍によって繁栄を維持した。建国者はマレー系ヒンドゥー教徒だったが、王族はほどなくイスラームに改宗した。マラッカ周辺の言葉はマレー世界の商用共通語で、のちのマレーシア語・インドネシア語の母体となった。

戦力的に利用価値が高かった。彼らのあやつる新式の火器は、勢力拡張の手段としてきわめて有効だったからである。逆に、ポルトガル人たちは、その貢献の見返りとして、現地政権から商館建設の許可を獲得していった。キリシタン大名大村純忠[22]による長崎のイエズス会への寄進などがその典型的な事例といえよう。さらに、こうしたヨーロッパ人勢力のほかにも、華人・ペルシア人・日本人など、さまざまな出自の人間たちが、役人や軍人として、東南アジアの現地権力に雇われていた。ただし一六世紀の段階では、マラッカやフィリピンなどを除けば、政治的な主導権はむしろ現地政権の側にあることが多かった。ヨーロッパ人たちは諸港市の支配者との交渉を通じて、商館建設などの特権を得ていたにすぎなかった。この地域で〝ヨーロッパのアジア侵略・植民地化〟などという構図が一般化するのは、まだ遠い先の話である。

そして、このことを裏書きするように、マラッカ海峡を押さえたにもかかわらず、ポルトガルは島嶼部東南アジアの交易網を独占することができなかった。マラッカがポルトガル人に占領されたのち、マレー系の人びとに担われた交易ルートは、スマトラのアチェやジャワのバンテン、スラウェシのマカッサル等の港市へと多極化し、なお生命力を保ったからである。また、華人ムスリム商人も対中国貿易に限らず広範囲に活動しており、ジャワ島では、「色の黒い華人は先祖のころに到来した人びと、白い華人は最近来た人びと」とよばれ、新旧の華人コミュニティが重層的に存在していた様子がうかがえる。

また、東南アジア方面で活躍していたポルトガル人海商が、必ずしもポルトガルの王室と直接に結びついた存在ではなかった点にも注意が必要である。軍事功績等によりポルトガル国王から与えられる航海権にもとづくカピタン＝モール制[23]は、マラッカ以東では、中国や日本に向かう基幹ルー

22　一五三三—八七年。肥前の戦国大名。最初のキリシタン大名となり、領民にもキリスト教改宗を強いた。南蛮貿易の拠点を領内の横瀬浦に誘致し、さらに長崎へと移した。周辺の領主からの攻撃にさらされ、長崎とその周辺をイエズス会に寄進した。

トに限られていた。むしろこのあたりの地域で活躍したのは、中国の官憲から「仏郎機《フランキ》」とよばれ、海賊の一味とみなされるようなポルトガル人たちであった。そして、彼らの私商船は、ジャンク船のみを借り上げるのではなく、乗組員の大半をアフリカ・南インド・東南アジア・中国などで雇い入れた船員や奴隷で構成することも稀ではなかった。この時代のポルトガル人の活動は、まさしく東アジア海域のトランスナショナルなありようを体現したものだったのである。

新規参入組のポルトガル人たちは、マラッカ攻略後のしばらくの間、華人のジャンク船をチャーターしてマラッカ—中国間の胡椒取引をおこなうのが常であった。しかしながら、マラッカ以東の東アジアの海では、しだいにポルトガル人貿易商人の多くが自前でジャンク船を購入し、華人の水夫を確保して交易をおこなうようになった。そして、一六世紀中ごろから、カラッカ／ナウ船など、ポルトガル人自身の船を用いて日本などにもやってくるようになったのである。

ポルトガル人の造船技術に関しては、インド洋進出前後で大きな変化がみられた。一五世紀アフリカ西海岸から喜望峰に至るまでの航海では、カラヴェラ caravela 船とよばれる、船体・マスト高とも三〇メートルを超えないような、比較的小型の船が用いられた。カラヴェラ船の特徴は、その三角帆にあったが、櫂も艤装していた。これに対して喜望峰迂回後は、イスラームの造船技術に影響を受け、深い丸みを帯びた形状の船底に三—四本マスト、方形帆を特徴とする、積載量平均約四〇〇トン規模の大型船が製造されるようになった。この種の船はポルトガル語やスペイン語でカラッカ carraca、英語で carrack とよばれるが、とくにポルトガル語では船全般も意味する「ナウ nau」がその代名詞とされた。ナウとカラッカはほぼ同形状のため、同義で使用される場合が多いが、あえて峻別すればカラッカは船体の補強に鉄製の肋骨が用いられたものを指す。南蛮屏風（第

23　ここではゴアから中国や日本にいたる航海を王室の独占とするため、年ごとに専任のカピタン＝モールを任命した一種の特許制度を指す。この地位は当初王室に功労のあった人物がア副王の選定を経て任命されたが、やがて航海特権は競売の対象となり、富裕な商人の間では転売もおこなわれた。

四章参照）に見られるようなマカオからの船は、このカラッカ／ナウ系統の大型船である。一六世紀中ごろ以降にカラッカ船を改良したガレオン galeón 船が登場し、第三章で詳しく触れるマニラ―新大陸間貿易は、大型のガレオン船（最大級のもので積載量は約一五〇〇トン）によって営まれた。ガレオン船はカラッカ船よりも船体が長めで喫水が浅く、戦闘機能が強化された点に最大の特徴がある。一七世紀に入ると、イギリス、オランダといった新たなヨーロッパ勢力のアジア進出による紛争のため、インド洋からシナ海にかけては、船足の速いガレオタ galeota 船が使用されるようになった。ただしこのガレオタ船は、一六世紀初頭にインド洋で進化したカラッカ／ナウの系統ではなく、小型で三角帆のカラヴェラ船系統の櫂走船への逆行形態であった。

双嶼の繁栄と壊滅

一六世紀前半の東アジア海域を代表する密貿易港としては、中国浙江の寧波沖合にあった双嶼を第一に挙げねばならない。この港は、ポルトガル人には寧波がなまったリャンポー Liampo の名で知られ、中国近海におけるポルトガル人の秘密の居留地でもあった。また、広東・福建と浙江・江南とを結ぶ中国江南・華南沿岸航路上の要衝に位置し、同時に江南や寧波から日本に渡る航路の基点にもあたっていた。ポルトガル人私商人がこの港を拠点にしておこなった密貿易によって、中国沿海地域

ポルトガル関係の船舶図（左上＝ナウ船2隻、右上＝ガレオン船、左下＝ガレー船2隻、右下＝カラヴェラ船。*Tábuas dos Roteiros da Índia de D. João de Castro*〔ジョアン・デ・カストロのインド航路画集〕より）

と西日本が緊密に結びつき、南シナ海と東シナ海は一続きの海として彼らの活動の舞台となった。そのため、かつて二つの海をつなぐ役割を担っていた琉球王国の凋落は、もはや動かしがたいものとなってしまう。

無名の一島嶼にすぎなかった双嶼がにわかに国際貿易港として台頭したのは、鄧《とう》某という福建人が南海諸国の人をよび寄せ、ここを密貿易の拠点としたことに始まるとされる。これは、広東当局により広州近海を追われたポルトガル人たちが、福建の漳州や泉州、それに浙江の寧波周辺に北上していく時期にあたる。おそらく、彼らの活動が、この港の発展に決定的な意味を持ったものと思われる。その後、マラッカ方面にも進出していた許氏四兄弟（許松・許棟・許楠・許梓）が、ポルトガル人と組んで頭角をあらわす。この許氏兄弟は、徽州歙《きゅう》県の出身であり、いわゆる新安商人の一派である。

ポルトガル人海商にとって、双嶼は江南の物産を手に入れるためには格好の交易地であった。海域アジアの各地を舞台に、スケールの大きな自伝的冒険物語『遍歴記』*Peregrinação* を著したメンデス＝ピントも、こうした海商たちのひとりであった。ピントの叙述には、数字の誇張やさまざまな脚色も多いのだが、物語の背景となる舞台設定は、彼自身が体験した東アジア海域の状況を反映しているとみてよい。双嶼が多民族混成の貿易拠点であったことは、明朝側の文献史料からも裏付けられるのである。

一五四〇年代には、日本の商人たちも銀を元手として国際交易の場に積極的に進出していく。一五四八年には、日本の有力戦国大名大内氏が経営する、最後の公式の勘合貿易船[24]（遣明船）が寧波に入港するのを許されたが、その前後に、入貢を拒絶されるものの、やはり戦国大名の大友氏や相

24 偽使（偽装使節）を排除するために勘合を用いて査証をおこなう貿易。明朝がシャムやチャンパー、ベトナム、日本などとのあいだでおこなった。勘合は「礼部之印」などが割印された料紙であり、その紙に使節の名や朝貢品、その他の積載品を網羅的に書き上げることがほんらい義務づけられていた。なお、朝鮮や琉球には勘合制度が適用されなかった。

良氏、大内氏（あるいは毛利氏、ただしいずれにしても実質的には吉見氏）があいついで勘合貿易船を派遣している。また、一五四〇年代以降は、華人海商たちもこぞって九州方面へ交易に渡来した。当初、日本に直接来航するポルトガル船は少なく、宣教師フランシスコ＝ザビエル[25]は中国船に乗り込んで来日したほどであった。しかしながら、ザビエルの宣教活動を契機にポルトガル人の日本に対する関心が高まり、日中間航路にもポルトガル船が直接参入するようになった。南蛮屏風に描かれたような「黒船」を、九州の人びとはこのころから目にするようになったわけである。

浙江・福建地域を核とする密貿易ネットワークは、琉球王国にも及んだ。そしてその影響は相当に深刻であった。密貿易の拡大は、明朝の朝貢体制に依拠する琉球王国の存立基盤をいやおうなく掘り崩すものだったからである。ところが、一五四二年には、福建と広東の密貿易船が琉球側官吏をも巻き込んで争う事件が起こり、これをきっかけに、華人海商の密航を琉球王府が許していた事実が明朝側に露見してしまう。ここからうかがえるのは、密貿易をおこなう華人海商とつきあわなければ、琉球王国も立ちゆかないところまで来ていた、という事実である。朝貢体制の斜陽化・空洞化とともに、琉球王国の対日本貿易への比重はしだいに大きくなっていった。おもな通商相手も、一五世紀後半には室町幕府から細川氏へ、一六世紀前半には大内氏へとうつり、同世紀後半に入ると島津氏、種子島氏などが前面に出てくるようになった。

さて、浙江・福建地域で最大の密貿易拠点であった双嶼の繁栄は、中国官憲の大規模な密貿易取り締まりによって終わりのときを迎えた。ポルトガル人海商たちは、いったん漳州沖の浯嶼《ごしょ》へ、そこから広州近海の上川島《サンチャン》[26]、浪白澳《ランパカウ》[27]（一五五四―五五年）へと拠点を移し、最終的にマカオ（一五五七年）に落ち着くことになる。マカオに居留したポルトガル人コミュニティは、広東当局に土地の租

25　一五〇六―五二年。スペインの宣教師、聖人。イエズス会創立に参加し、一五四一年以降インドのゴアを中心に布教をおこなった。一五四九年、鹿児島に上陸後、平戸・博多・山口・京都・豊後・島原・大村などで伝道活動を展開。中国への布教を目指す途上、広州沖の上川島で病死した。

26　広州の西南、現台山市南方海上に位置する島。明軍によって浙江方面から駆逐されたポルトガル人は一五五〇年前後一時ここを主要な拠点とした。発音の類似からポルトガル人からは聖ジョアン São João の島とも呼ばれ、ザビエルはこの地で病死している。

27　マカオの西方、現在の珠海市南水鎮に比定される港。明代には大小の砂州が散在する浅海であり、諸外国の商船が来航して密貿易がおこなわれていた。ポルトガル人はマカオに定住する以前、一五五四年に広東当局から同港で貿易をおこなうことを認められた。

借料と停泊税を支払う決まりであった。ポルトガル国王から対日本・中国貿易の航海権を受けた「カピタン＝モール」が、マカオのコミュニティの名目上のリーダーと目され、東シナ海域に居住するポルトガル人の活動を保護・監督する王の官吏としての役割を果たした。民意で別途「土地のカピタン」が選ばれることもあった。だがここから、ポルトガル人がマカオを植民地として支配下に置いた、とみるのは正しくない。ポルトガル人たちは、マカオに〝居候〟しているにすぎなかったのである。こうしたところに、この時期の東アジア海域における、ヨーロッパ勢力の特徴と限界とがよくあらわれている。

ところで、沿海住民・密貿易海商の海上活動を考えるうえで忘れてならないのは、郷紳[28]や地方官府による庇護という要素である。商人たちは、みずからが頼む郷紳・地方官府らに巨船や資本を出資させ、それをもとに密貿易を展開していた。商人の側は郷紳の威信によって安全を保障され、郷紳たちは商人の財力をその財源とする、という互恵関係が成り立っていたわけである。また、密貿易や海賊を取り締まる側の官憲は、意に沿わぬ海賊集団をつぶすために、これと敵対する海賊勢力を「民船」などと称して官軍の末端に取り込んだ。もちろん、海上の武装勢力にとっても、官府から受ける身分保証は大きなメリットであった。

明代中期以降には、正規の軍人の供給源である衛所制が制度疲労を起こし、傭兵が一般にひろくおこなわれるようになる。中国近海における軍事力の主体も、官有の軍船から民間商船の動員というかたちで、実質的な担い手が民間ベースに組み変わった。軍事・警察機構の〝民営化〟といってもいい傾向が顕著にあらわれはじめたのである。

こうした状況のなか、辣腕を振るって密貿易港・双嶼の繁栄に終止符を打ったのが、浙江の行政

28 明清時代、地方社会において勢力をもっていた官僚身分保持者。病気や服喪で休職中の官僚や、すでに退職した官僚も含まれる。労役の免除など各種特権が認められ、当地では現役の執政官からも礼遇され、特に明代後期には郷紳たちの個人的な威信や名望がしばしば現地官府を凌駕した。

長官と福建沿海各府の軍事司令官を兼ねた朱紈《しゅがん》[29]である。彼により海上の粛清活動が進められ、福建省沿岸の民間の大型船は、乗員ともども官軍に編制されていった。こうして集められた軍船が、一五四八年の夏五月、双嶼港を攻撃し、これを徹底的に破壊したのである。これ以後、翌年の早春にかけて、いくつかの密貿易港が官軍の攻撃によって潰滅させられた。ところが、朱紈の強圧的な政策は、華々しい成果にもかかわらず、現地輿論の激しい反発を招き、彼自身は失脚のすえ、毒を仰いで自殺してしまう。

実際には、朱紈司令下の海軍内部でも、密貿易はおこなわれていた。このときに動員された軍船が、そもそも正規の軍隊のそれではなく、かつて密貿易に使われた民船だったからである。要するに、朱紈のもとにあった者たちの多くは、たくみに体制側に滑り込んだだけの存在であった。彼の企図した力ずくの抑えこみですら、もはや海外貿易を禁圧することはできなかったのである。

王直の〝可能性〟

双嶼陥落の後、密貿易ネットワークの覇権を握ったのが、本章冒頭にも登場した王直である。彼は広東で大船を建造し、日本や東南アジアの諸港で貿易をおこなって巨富を築いたとされる。一五四三年にポルトガル人を乗せたジャンク船が種子島に到達し、火縄銃を伝えたことは有名だが、その船は王直のものであった。くわえて、双嶼の密貿易ネットワークに初めて日本人を引き込んだのも、彼だという所伝がある。王直は、ポルトガル人や日本人との交易によってその地盤を築き、同業者との激しい抗争を経て、「海上に二賊なし」とささやかれる地位にのし上がった。

海上における覇権確立の過程で、彼は浙江海道副使[30]や寧波知府[31]などから、しばしば援助を得ていた。

29 一四九四―一五四九年。蘇州出身の官僚。浙江・福建近海の海賊対策に派遣され、福建船を浙江に動員して各地の密貿易港を掃討させた。この政策は軍事的には成功したが、官界では賛否の議論を呼び、辞任後さらに弾劾を受けて自殺した。

30 明清時代の官職名。海道とは分巡海道、または巡視海道の略称で、各省沿海地域の治安警察を主管する任務を指す。各省の裁判や監察をつかさどる按察使司の副官がこれを担った。

31 府の長官。中国歴代王朝を通じて、皇帝の任命を受けて官僚が赴任する基層行政単位は県と呼ばれた。県以上の名称は時代によって異なるが、明清時代には通常、各省が府と呼ばれる行政単位に区分され、各府が複数の県を管轄していた。

る。またその手兵には相当数の日本人が含まれており、彼は「倭寇」の文字通り倭を率いて治安活動に従事していた。官府の指令を受けて王直が一部の「倭」を粛清した事例も知られる。王直は、官軍との〝協調関係〟のなかで自身の覇権を築き上げていったのである。

そうしたなかで、名将の誉れ高い兪大猷《ゆたいゆう》は、もっとも強硬に王直の討伐を主張した。兪大猷は、寧波の北面対岸に位置する金塘島の烈港に停泊していた王直を急襲し、東方海上に放逐する。折しも台州府の黄巌《こうがん》県で報告された大規模な「倭寇」の責めを、王直その人に帰したのである。これ以後、「嘉靖大倭寇」と呼ばれる、「倭賊」による連年の侵入が記録されるようになった。これは、王直がいなくなって海賊たちの統制が利かなくなった結果ともいえるが、官軍が攻勢をしかけたためにかえって倭寇がさかんになるという、海禁体制固有のジレンマのあらわれであった。

故国を追われてからの数年間、王直はふたたび日本に身を寄せた。その拠点は、五島福江の唐人町や平戸であった。当時、平戸や五島に寓居した華人は二〇〇〇人ともいわれ、その多くは王直が率いていたものと見て間違いない。彼は、巨艦に乗って三〇〇人余の手下を率い、日ごろから緞子《どんす》の衣裳を身にまとっていたという。また、髷を結い上げて日本人と同じく装い、服地や旗指物は王侯を気取るかのようだったとも伝えられている。

その後、倭寇問題解決のためにふたたび王直を利用することを企図したのは、江南ならびに浙江の軍務総督の職にあった胡宗憲《こそうけん》[32]という人物である。当時、沿海地方の士大夫のあいだでは、沿海の治安状況を回復するためには日本の実力者と交渉するのが早道だとする考え方があった。しかし、明朝が公式に「日本国王」と認めていた室町将軍家にその能力がないこともまた明らかだった。そのため、九州の有力大名である大友氏などに接近する途が選ばれたのである。総督胡宗憲は、寧波

32 一五一二―一五六五年。中央政府で権力の中心にあった厳嵩と結び、江南および浙江の総督の地位に就いた。権謀術策にたけ、金銭がらみの疑惑が絶えな

出身で倭寇との通謀を疑われたこともある蔣洲[33]と陳可願を使者に選び、日本の九州に遣わした。彼らは一五五五年、王直に帰順を促す胡宗憲の説諭と王直の家族の手紙とを携えて渡海する。そして翌々年、蔣洲は現に王直をともない、寧波対岸の舟山島の岑《しん》港に帰航したのである。

「帰国をすれば罪を問わず、海禁を緩めて開市を許す」という甘言をささやき、武装解除・投降を求める胡宗憲に、王直は最終的に応じてしまう。一地方官としての胡宗憲は、当初、真剣に王直の免罪を考えていたようである。ところが、「胡宗憲は王直から賄賂を受け取って罪をもみ消そうとしている」という噂が朝野で飛び交うようになると、彼は慌てて王直の免罪と起用を求める上奏文を撤回し、これを厳罰に処することを求める上奏文を新たにつくって提出した。その結果、一五五九年末、王直は斬首の刑に処されたのである。

本章冒頭に掲げた王直の弁明は、そのまま事実とみなすには、やや一面的に過ぎる言い分といわざるをえない。しかし、「日本と貿易をおこなうことを許していただきたい。日本各地の領主たちには自分が十分言い含め、二度と勝手な真似はさせるまい」というくだりは、ただの妄言とも認めがたい。なぜなら、王直が明朝のために貢献できるとすれば、こうした「開市」の政策を前提にするほかないからである。しかも、胡宗憲の構想自体、もとより同じ方向に立つ発想であった。中国の政治的影響力が東シナ海を越えて展開するとすれば、当時においてこれ以外のシナリオはまず考えられない。中国がかつてのように日本との交渉を積極的に模索し、公式な通商を認めることで海域秩序を再建する、という選択肢は、王直というエイジェントを失ったことにより、ほぼ完全に放棄されてしまったのである。

かったが、幕下には実用的な技能をもったさまざまな人材が集まり、「倭寇」の平定に功績を残した。厳氏の失脚後、その関係を追及されて獄死した。

33　?—一五七二年。一五五五年に肥前五島に渡って倭寇の頭目であった王直の説得にあたった。さらに豊後大友氏のもとに至り、対馬宗氏や大内氏らにも倭寇禁圧への協力をもとめ、一五五七年に王直とともに帰国した。彼の日本見聞の知識は、鄭若曾の『日本図纂』や『籌海図編』の資料として採用され、中国人の日本認識に大きな影響を与えた。

東アジア海域の経済と日本銀

一六世紀の中国沿海部では、綿花・麻などの商品作物や、生糸・絹織物といった手工業製品の生産がめざましく成長し、都市を中心とする商業経済の顕著な発展が見られた。それ以前と比べて、農業を棄ててそれ以外の生業につく人びとの割合が格段に増大し、そのうち少なくない人びとが海上で商業や漁業などに従事するようになった。しかし、貧富の格差は開くばかりであった。都市や市場町が農村人口を吸収する一方で、農村では税役負担の問題をめぐって争いが絶えず、また土地を棄てて海上に出ていく人びとも絶えなかったのである。

海上に点在する島々には、さまざまな人間が逃げ込み隠れ住んでいた。租税や労役などの負担を逃れて内地から移り住んだ人びと、特定の季節だけ漁船に乗り組んで網を引く雇われ水夫、学問に志を得ずして出世を諦めた失意の文士、罪を犯して逃避行を続ける者、密航や密貿易をなりわいとする武装商人、通りかかる船を略奪して生計を立てる海賊、等々。これに、海を渡って流れてきたポルトガル人や日本人もくわわった。こうした無政府状態において、人びとは商売上のトラブルに実力行使をいとわず、また困窮すれば上陸して略奪行為をはたらいた。なかには、海上で出会った官軍の巡視船を拿捕し、身代金をせしめたというような話もある。

こうした武装勢力が成長し、やがて一五五〇年代にはピークを迎え、海を越えた商業ネットワークが形成されていくのであるが、その触媒の役割を果たしたのが日本銀である。日本銀を産出した地点こそ、二〇〇七年、世界文化遺産にも登録された石見銀山[34]であった。

石見銀山は、一五二六年、博多商人神屋《かみや》寿禎《じゅてい》[35]が発見したと伝えられる。一五三三年、寿禎が博多から朝鮮人技術者を連れてきて、灰吹法[36]とよばれる朝鮮伝来の銀精錬法が導入された。その結果、

34　島根県大田市大森にあった銀山。一六世紀前半に本格的に開発され、当時の世界の産銀の一五分の一を占めたといわれる。大内氏・尼子氏・毛利氏らの争奪戦の対象となり、最後は毛利氏が勝利したが、豊臣政権以後、統一権力の支配が及ぶようになり、一七世紀前半に最盛期をむかえた。

35　博多の有力商人神屋氏の一族。石見銀山や博多聖福寺との関わりが深い。従来、神屋主計運安が父親といわれてきたが、同時代史料により別家の人間であることが判明した。

爆発的な増産に成功し、東アジア海域の交易圏に大きな地歩を占めるようになったのである。国内の需要は当初わずかであり、多くは輸入の決済や輸出品として海外に流出していった。たとえば日朝貿易では、一五三八年以後、それまでの銅輸出に代わって銀が大量に朝鮮に持ち込まれるようになった。一五四二年には、対馬が仕立てた偽の日本国王使が八万両もの銀を朝鮮に持ち込み、朝鮮政府を慌てさせた。官貿易の対価となる木綿の国庫備蓄が払底しかねない分量だったからである。こうして大量の銀が朝鮮半島へ流入し、さらにそれは銀需要の高い中国、とくに遼東など東北辺境地域へと流れていった。

ところが、一五四一年になると、今度は日本人が朝鮮から銀を買い戻す動きが見られるようになった。中国江南地域へ、直接その銀を売りさばくためである。中国への輸出を担ったのは、日本人や華人海商たちであった。西日本に向かう華人海商の船が、風で流されて朝鮮半島に漂着することも、一六世紀の半ばには度々あった。

それでは、日本人や華人たちが日本銀と引き替えに、中国からもたらした貿易品は何であっただろうか。実は、それ以前や以後の時期の交易品とあまり変わりばえがなく、生糸や絹織物、銅銭、中国漆器、薬材などが主であった。ただし、浙江や福建などで作られた低廉な私鋳銭[37]が、大量に日本や東南アジアに持ち込まれたことは、この時期の特色といえよう。

すでに見てきたように、一六世紀に入ると、ポルトガル・スペイン勢力が率先してアジア海域での交易へと参入してきた。東方貿易の中心地であったコンスタンティノープルがオスマン帝国[38]により占領され、黒海周辺に拠点をもつジェノヴァなどイタリア都市国家の資本がイベリア半島に逃がれたことが、この背景には存在する。アジア海域へあらわれた彼らが重視したのは、ヨーロッパや

36 銀精錬の技法のひとつ。銀鉱石に鉛をくわえて溶解させ、含銀鉛を取り出し、その含銀鉛を加熱して、融点の低い鉛を灰吹床の灰に沁みこませて銀を分離する。

37 国家の許可なく民間で鋳造され、流通した銭のこと。私鋳は概して死刑にあたる重罪であった。日本で作られた私鋳銭のことを、とくに「模鋳銭」とよぶこともある。

38 一二九九—一九二三年。一三世紀末にアナトリアに興り、最盛期には西アジア・北アフリカ中東部・ヨーロッパ南東部を支配下に収めた多民族国家。王朝はテュルク系族長のオスマンの系譜を引く。一七世紀以降、西ヨーロッパの発展におされて徐々に衰退し、第一次世界大戦後に現在のトルコ共和国の領域を残して解体された。

中国で重用されたナツメグやクローブ、胡椒その他の香辛料であった。胡椒がヨーロッパにさかんに移出されたことはよく知られているが、中国での需要も大きかった。ジャワやスマトラで産出されるものが、とりわけ人気であった。たとえば、マラッカで仕入れた胡椒を中国に持っていけば、四倍の値段でさばけたといわれている。ナツメグやクローブその他のモルッカ産のスパイス類は中国でもヨーロッパでも需要があった。華人海商たちはマラッカから帰国するに際して、胡椒・丁香（クローブ）・カンバヤ織物・サフラン・珊瑚・綿布・鉛丹・水銀・アヘンその他の香薬、それに鉄・硝石・綿撚糸などを積み込んでいたという。こうした産品の交易にポルトガルは参入し、アジアにおける地域間交易の一角を占めることに成功したのである。

互市公認のこころみ

一六世紀初頭までは、明朝の朝貢制度が、その周辺地域における国際関係の共通の制度的枠組みとして、それなりに機能していた。そして、朝貢の直接の担い手は、海外に散在する華人である場合が少なくなかった。朝貢の意味や仕組みを熟知した彼らの働きによって、この独特の制度がある程度円滑に運用されたのである。明朝治下の中国では、原則として人びとが私的に海外に渡航することや外国人と接触することは禁じられていたが、海外に密航後、通訳として再入国した在外華人は、外国使節の一員として重宝がられた。

広東・福建・浙江など、沿海地方では、海外での成功を夢見て密出国する者が後を絶たなかった。また、当局もそれを黙認することが常態化していた。これらの密航者は、海外の商船を中国近海に呼び寄せる役割も果たした。一六世紀はじめの明朝政府が、海外諸国に対する排他性を強めるのと対照的に、民間の活動はむしろ積極的に海を越えて動きだすのである。

朝貢船以外の船で中国東南沿岸地域に来航した外国人たちは、官憲の干渉を避けるため、沿岸の島々に身を寄せた。彼らに水や食糧を提供したのは、もともと漁業や水運業で生計を立てるような住人たちであった。広東の蜑民《たんみん》[39]、江南の沙民などが水上生活者として広く知られている。商業経済が顕著な発展を遂げた一六世紀には、沿岸水域が流通の重要なルートとなり、近辺に住む人びとの多くが何らかの形でそれに関わっていたのである。

交易の活発化が進むにつれ、外国人との私的な通交の禁止をうたう中国でも、これに積極的に対応して富を吸い上げようという議論が各地でおこるようになってきた。正規の朝貢貿易の枠外に、沿海部における「互市」がしだいに拡大していったのである。前章で述べたように、朝貢／海禁体制のもとでは、朝貢使節に随行した商人だけが、中国商人との交易＝「互市」を許されていた。しかし明代中期から、古くから南シナ海貿易の窓口であった広東では、しだいに朝貢とは無関係な外国船による「互市」のルートが開けていった。

明代に南方から海路で中国に来航した諸国の船舶は、多くが広東に入港した。規定上、市舶司の接待を受けることができたのは朝貢使節のみだが、実際に広東に来航する外国船には明らかにそれとは認めがたいものが多かった。そこで当局は、それらの規定外の来航者を自らの裁量によって受け容れ、一定の貿易を許可することにしていた。その場合、貿易に際して、抽分《ちゅうぶん》[40]とよばれる課税がおこなわれ、その税収は地方の軍費に回された。ありていにいえば、互市の是認とは、財政上の理由から採られた当局者の便宜的な運用措置だったのである。

ともあれ、この互市貿易の公認によって、明朝の朝貢／海禁体制には〝蟻の一穴〟が開かれるこ

39　かつて広東沿岸において家族単位で船を住居として生活する人びとを指した呼称。多くは漁業・水運業にたずさわり、一般民戸とは通婚せず、別個の行政組織に属していたとされる。歴史的に漢人からは異民族とみなされたが、民国期以降、言語的・形態的に漢民族と差はないとされ、政策的にも定住化が進められて今日にいたっている。

40　中国でおこなわれた商税の一形態。各種団体および個人が特定の市場で取引する商品について、総量から一定の割合を控除し、現物ないし市価に換算した銅銭や銀両で徴収する方式。南宋以降、沿海部の貿易港や異民族との境界などに置かれた官営市場でおこなわれた。

とになった。そして、この〝一穴〟は、次章に見るように、一五七〇年代以降、大きく広がっていく。

三　海商たちの時代

一五九一年の対中貿易摩擦

一五九一年四月、スペイン領フィリピン[41]の総督ダスマリーニャス[42]は、先住民族が中国製衣料を着用することを禁じる政令を発した。これにともなっておこなわれた現状調査で、ルソン島中部のある村長は、次のように証言している。

スペイン人がフィリピン諸島を領有してから、いっそう多くの華人が来るようになりました。毎年少なくとも八隻、年によっては二〇—三〇隻もの中国船が来航し、いずれも綿布や絹の反物を満載しています。諸島や当地の先住民族は、華人が運んでくる綿布のため、みずから機織りをしなくなり、わずかな労働をさけて、中国製衣料を着るようになり、手織りの布を着なくなってしまいました。今では首領か自由民か、自由民か奴隷かをとわず、中国製衣料をまとっているのです。

翌一五九二年七月、ダスマリーニャスはスペイン国王フェリペ二世[43]に対して、この中国衣料着用禁止令をめぐって、次のように報告している。

遺憾ながら華人との貿易は有害であります。彼らはこの諸島から、大量の銀を海外に持ち去っ

41　スペインは一六世紀中期にフィリピン諸島の征服を進め、一五七一年にはマニラを首府とするスペイン領フィリピンが成立した。フィリピン総督は国王の代理として、行財政と軍事を統括した。

42　在任一五九〇—九三年。一五九一年の豊臣秀吉によるフィリピンへの服属要求に対処した。モルッカ遠征の途中、華人漕手の反乱によって殺害された。

43　在位一五五六—九八年。父王カルロス一世をついで即位し、一五八〇年にはポルトガルの王位も継承

てしまうため、それは禁じるべきです。主要な貿易品は綿布ですが、華人は当地から原料の綿花を輸入し、それを織りあげて輸出するのです。……そのほかに華人がもたらすのは、ごく粗末で安手の絹ですが、そのほかに生糸や紡ぎ糸も運んできます。憂慮すべきは、後者はスペイン本国からの輸入量を超えているため、グラナダ・ムルシア・バレンシア（の絹織物業者）からの王室の税収を損なうでありましょう。

（Blair and Robertson, *The Philippine Islands*, 1493-1803, vol. 8）

こうした禁令にもかかわらず、その後もフィリピンから中国には大量の銀が流出し続けており、中国商品の洪水の前に、ダスマリーニャスの努力も徒労に終わったようだ。安価な中国産品が大量に流入することにより、地場産業が衰退するという、現代の世界各地でおこっている現象が、四〇〇年以上も前のフィリピンでも生じていたのである。すでに一三―一四世紀の「ひらかれた海」の時代から、生糸・絹・陶磁器などの中国商品は、東・南シナ海はもとより、インド洋方面にもひろく出荷されていた。しかし一六世紀末になると、中国はさらに太平洋・大西洋も含む、世界規模の経済にリンクされていった。中国の農民が副業として生産した安価な生糸がフィリピンに流入し、それが地球の裏側のグラナダ[44]の絹織物業者の市場を奪うといったように、一六世紀末にはすでに地球規模の経済システムが出現しはじめ、東アジア海域もそれに組みこまれつつあったのである。

中国からフィリピンに輸出された綿布は、一部の特権階級が用いる奢侈品ではなく、一般農民から奴隷までもが着用するという日用品であった。「ひらかれた海」の時代には、船底の積荷（バラスト）として安価でかさばる商品も運ばれたものの、貿易商品の主役はあくまで高価な奢侈品であった。しかし一六世紀になると、綿布や食糧といった、より日用的な大量消費物資が、貿易品の中

して、アメリカ・アフリカ・アジアにわたる広大な植民地を統治した。

44　イベリア半島最後のイスラム王朝であったナスル朝の首都。アルハンブラ宮殿で名高い。ナスル朝の滅亡後もムスリムの織物業者が多く、スペインにおける絹生産の中心地であった。

でその重要性をましていたのである。

東アジア貿易システムの再編

東アジア海域における「大倭寇時代」は、一五四〇年代の双嶼密貿易によって幕を開け、一五五〇年代にピークに達したが、一五六〇年代にはしだいに鎮静化していく。いっぽうで一五五〇年代には、ポルトガルなどの外国船が、広東で当局の管理下で交易（互市）をおこなうことを認められ、さらに一五五七年には、ポルトガル人がマカオに貿易拠点を確保した。こうして広東で朝貢貿易以外の通商ルートが公然と開いてしまうと、もはやかつての朝貢／海禁システムに逆行することは不可能であった。

一六世紀における朝貢貿易の空洞化は、海域アジアだけではなく、内陸アジアにおいても進んでいた。一六世紀初頭から、モンゴルは貿易の拡大を要求して、しばしば華北に侵攻し、一五五〇年には北京を包囲するにいたった。北辺では多くの漢人がモンゴル側に逃亡し、農業や密貿易に従事するようになる。こうした破局的状況に対し、明朝政府もついに一五六〇年代末から一五七〇年代初頭にかけて、明初以来の朝貢／海禁政策を大幅に緩和し、海域と内陸の双方において、民間貿易を合法的におこなうルートを開き、対外貿易システムを再編することになったのである。

まず一五六〇年代末に、それまでの海禁政策が大きく緩和され、華人海商が福建南部の漳州府海澄港[45]から、東南アジア各地に渡航することが認められた。これによって華人海商は、福建当局から渡航許可証（文引）を受領し、所定の関税を納めれば、東南アジア各地に合法的に渡航することが可能になった。このように華人商船が東南アジアに渡航しておこなう貿易は、広東に来航する外国

45 福建南部、漳州湾南岸の港町。もともと月港と称された密貿易港であり、一六世紀中期には倭寇勢力の根拠地となった。

船との「互市」と対比して、「往市」とも称される。ただしこの緩和政策は対日貿易には適用されず、その後も日本への渡航は厳禁されていた。しかし実際には、日本銀を求めて、九州へ密航する華人海商も多かったようだ。また琉球の中継貿易は、すでに一五世紀末から南・東シナ海密貿易の拡大によって長期低落傾向にあったが、海禁緩和によって華人海商の南シナ海貿易が公認されたことは、それに決定的な打撃をあたえることになった。琉球と東南アジア諸国との国家貿易は、一五七〇年を最後に途絶し、琉球王国は日本貿易への依存を深めていく。

そして一五七一年にはマニラ市[46]が建設され、ついでメキシコとマニラを結ぶ太平洋航路が開かれた。ちょうどこのころ、スペイン領アメリカではポトシ銀山などの銀産量が急増していた。スペインのガレオン船は、メキシコからマニラに毎年大量の新大陸銀を運び、福建海商がもたらす中国商品を購入して、アメリカに持ち帰るようになる。さらにこの年には、ポルトガル船がはじめてマカオから長崎に入港している。その後は国王から航海権をあたえられたポルトガルの定航船が、ゴア—マラッカ—マカオ—長崎を往復するようになり、インド洋—南シナ海—東シナ海が直接的に結びつけられ、膨大な日本銀がマカオから中国市場に流入することになった。

さらに一五七一年は、明朝とモンゴルとの間に、「隆慶和議」が結ばれた年でもあった。この和議によって、明朝はモンゴルとの朝貢貿易を再開するとともに、万里の長城に沿って、いくつもの交易場（馬市）を開設し、モンゴル人が明朝政府や中国商人と交易（互市）をおこなうことを許したのである。またこの年には、東北部の遼東地域でも、ジュシェン（女真）人やモンゴル人との交易場が増設されている。一六世紀末になると、ヌルハチ[47]がジュシェン諸部族の統合を進め、朝鮮人参や貂の毛皮などの貿易を独占して、勢力を拡大していった。

46　ルソン島南部のムスリム首長の交易拠点であったが、一五七一年、初代フィリピン総督レガスピが植民地首府とした。その後はガレオン船が太平洋を横断して、スペイン領メキシコのアカプルコとマニラを往復した。

47　在位一六一六—二六年。明から建州女直と呼ばれた部族の出身で、一五八三年から全ジュシェンの統合を進め、一六一六年に清の前身の後金国を建てた。

こうして一五七〇年前後に、海域・内陸アジアの双方において、朝貢体制にかわる新たな貿易システムが構築され、明朝と貿易相手国との関係に応じて、多様な貿易ルートが併存することになった。この新たな貿易システムを、ここでは端的に「一五七〇年システム」とよぶことにしたい。「朝貢体制」が「貢市一体」の原則に基づいていたのに対し、「一五七〇年システム」は、状況に応じて「貢」（朝貢貿易）と「市」（互市や往市）が現実的に認められる、「貢市併存」を特徴としていた。表3は、このシステムの空間的構造の概略を示している。

この表からは、明朝の周辺諸国が、朝貢・互市・往市のいずれか一つまたは二つ、さらにはベトナムやシャムのように三つのすべてによって、明朝との貿易を認められていたことがわかる。ただし唯一の例外として、倭寇の根拠地として強く警戒されていた日本だけは、いかなる貿易ルートも公認されず、「貢市体制」から排除されていた。日本銀と中国商品の交易は、当時のアジア海域でももっとも利潤が

表3　「1570年システム」の空間的構造（〈　〉内は朝貢・互市・往市以外の貿易）

		国家・地域	朝貢貿易の窓口	貿易の場と形式
海域アジア	東アジア	朝鮮王朝	遼東：鳳凰城（山海関経由）	遼東における互市
		日本	〈1550年から朝貢貿易途絶〉	〈ポルトガル人のマカオ—長崎貿易〉 〈華人海商の密貿易〉
		琉球王国	福建：福州市舶司	〈華人海商の密貿易〉
	東南アジア	ベトナム	広西：鎮南関	〈華人商人の密貿易〉
		シャム	広東：広州市舶司	広東での互市（15世紀末—）
		他の東南アジア諸国	〈1543年以降，朝貢貿易の記録は途絶〉	海澄→東南アジアへの往市（1560年代末—）
	欧州勢力	ポルトガル	〈国家間貿易交渉は失敗〉	広州での互市（1557年—）
		スペイン		海澄—マニラ間の往市（1571年—）
内陸アジア	北アジア	モンゴル	山西：大同（居庸関経由）	長城線の互市場（1571年—）
		ウリャンハ	北直隷：喜峰口	遼東の馬市
		ジュシェン	遼東：開原（山海関経由）	遼東の馬市・木市・互市場
	中央アジア	西域諸国	ハミ（嘉峪関経由）	陝西の茶馬司 粛州での互市（15世紀—）
	西南高原	チベット	陝西・四川	陝西・四川の茶馬司
		西南土司	四川・雲南・貴州・広西など	華人商人との交易

出典：中島楽章「14-16世紀，東アジア貿易秩序の変容と再編」

大きいローカル＝トレードであったが、その利益はポルトガル人のマカオ―長崎貿易や、華人海商の密貿易に帰すことになったのである。

華人海商とその交易圏

一五七〇年代以降、中国と周辺諸国の間では、海域・内陸の双方において、民間商人による互市・往市（および密貿易）と、国家による朝貢貿易が併存することになった。しかしこと東・東南アジアの海上貿易についてみれば、朝貢使節やそれに随行する商人の重要性は低下し、海澄・広州・長崎・マカオ・マニラなどのハブ港を拠点として交易ネットワークを広げる海商たちが主役の座を占めるようになっていった。

こうした状況は、かつての「ひらかれた海」の状況の再現ともいえるが、一六世紀末には、海商たちの出身地はより多様であり、彼らの貿易圏は東アジア海域を越えて、世界規模の経済に結びついていた。そのなかでも当時の東アジア海域貿易を主導したのは、華人・ポルトガル人などの海商たち、特に航海・貿易の統率者である船主やカピタンであった。とりわけ福建南部の漳州・泉州出身の海商たちは、海澄をハブ港として東・南シナ海全域に貿易ネットワークをひろげ、「交易の時代」の一方の立役者となっていく。

華人商船の船長を、「船主」（舶主）と称する。船主は宋元時代における「綱首」に相当し、航海と貿易の総責任者である。船主は船舶の所有者であることもあれば、所有者の代理人である場合もあり、また何人かの共同経営者の代表が船主となる場合もあった。これに対し船主の統率下で船舶に同乗する商人たちを、「客商」（散商）とよぶ。客商は船主に対し、乗船料を払って船艙の一部分をあたえられ、各自の商品を積みこんだ。華人商船が帰航すると、「鋪商」とよばれる政府公認の仲買人が貨物を買いとった。「鋪商」は輸入商品の取引を独占するとともに、政府への関税納入をうけおい、「船主」や「散商」たちに投資する資本家であることも多かった。

華人商船の貿易ルートは、大きく「東洋」と「西洋」に分けられる。「東洋」とは、福建からフィリピン諸島を経て、ブルネイ・スールー[48]・モルッカ方面に南下する航路であるが、大部分の船はフィリピン諸島、特にマニラに渡航したようである。彼らは生糸・絹・綿布などの中国商品をマニラに輸出し、スペイン船がもたらす新大陸銀を福建に供給した。一方「西洋」とは、福建・広東からインドシナ半島・マレー半島の東岸を南下し、スマトラ・ジャワにいたる航路である。西洋航路では、華人海商は中国商品を輸出し、胡椒・香辛料・薬材・金属などの東南アジア産品を輸入した。

また日本への渡航は厳禁されていたものの、実際には福建から東シナ海を横断して九州に密航する華人海商もあとを絶たず、さらには「東洋」航路によりフィリピン諸島などに渡航し、そこから北上して九州に密航する海商も多かったようである。たとえば一五九六年、日本朱子学の開祖といわれる藤原惺窩《せいか》[49]は、大隅半島の内之浦港で、ルソンから来航した華人商船の船主と筆談している。この商船には六〇名の華人が乗っており、船主の子はルソンの華人コミュニティのリーダーであったという。

海商たちの群像

一六世紀末には、華人海商が東アジア海域全体に中国商品を供給し、新大陸銀・日本銀・東南ア

48　ミンダナオ島とボルネオ（カリマンタン）島のあいだの海域にちらばる群島。イスラーム王国が成立し、一七世紀以降、中国やマニラとの海上貿易で繁栄した。

49　一五六一―一六一九年。一五九六年に明朝に渡って儒学を学ぶため、大隅・薩摩に赴いたが、渡航を果たせず帰京した。その後は京都で朱子学を教え、林羅山などの門人を輩出した。

50　ポルトガル・スペインの植民地において、白人と現地住民との間に生まれた子孫の総称。ただしスペイン領フィリピンでは、華人の父親をもつ混血児もメスティーソとよばれた。

ジア産品を輸入したが、ポルトガル海商もまた日本銀や東南アジア産品を中国市場に供給し、中国商品を日本・東南アジア・インド洋方面に輸出していた。アジア海域におけるポルトガル船の貿易活動は、次の三つのカテゴリーに分けることができる。第一はポルトガル王室から、ある年に特定の航路において、独占的に貿易をおこなう特権を付与された、いわゆる「カピタン＝モール」の船による貿易であり、ゴア―マラッカ―マカオ―長崎を往復する定期船がその代表である。第二にはマラッカ長官による、かつてのマラッカ王国の交易ルートをカバーする特権貿易があり、この航海権もしばしば現地の海商に売却された。そして第三に完全な私貿易がある。各地の商館や要塞に勤務するポルトガル人は、退任後はしばしば現地に定住して、自由な貿易活動をおこなった。彼らは現地女性と結婚することも多く、そうした結びつきから生まれた混血児（メスティーソ）[50]も、海商や傭兵として活躍したのである。

ポルトガル人がインド洋・南シナ海・東シナ海を結ぶ貿易を展開したのに対し、スペイン人はもっぱらアメリカとアジアを結ぶ太平洋貿易を推進した。スペインのガレオン船は、毎年メキシコのアカプルコから、太平洋を渡ってマニラに来航し、新大陸銀を輸出し、中国商品を満載してアカプルコに帰航した。このマニラ・ガレオン貿易は、スペイン領フィリピンの経済的生命線であり、本来はフィリピン在住のスペイン人だけが、ガレオン船にアメリカ向けの商品を積載することを認められていた。ただし実際には、スペイン本国や、メキシコ・ペルーの商人も、マニラ・ガレオン貿易に多額の資本を投じていた。

このほかにも東南アジアの海では、各地の港市を縦横に結ぶ貿易ネットワークが形成され、多様な出自を持つ海商が交易に従事していた。東南アジア島嶼部では、こうした商人エリートを「オラ

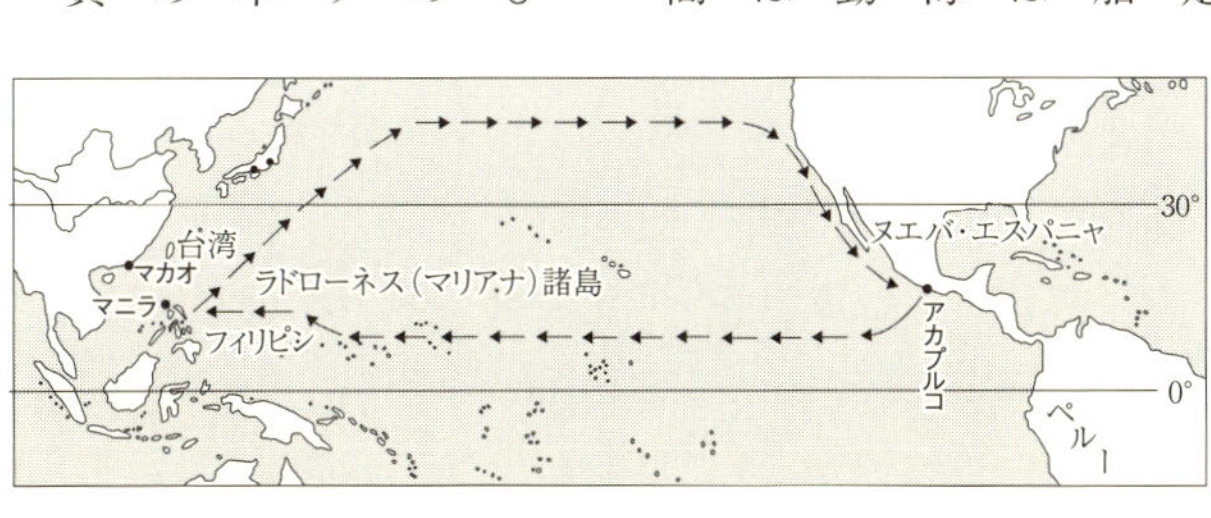

マニラ・アカプルコ間の航路（モルガ『フィリピン諸島誌』（岩波書店、一九六六）より）

ンカヤ」と称する。オランカヤには、交易の機会を求めて各地の港市に去来する外国商人、港市国家の宮廷と貿易商人を仲介する外国人やその子孫、および貿易に関与する現地有力者という三つのタイプがあった。第一の外国商人としては、一六世紀初頭には特に南インドのタミール人や、西北インドのグジャラート人が有力であったが、その後はタミール人にかわり、華人・ポルトガル人・ペルシア人・アラブ人などが勢力を拡大していった。第二のタイプは、港市の支配者から港務長官(シャーバンダル)[51]に任じられた外国商人である。主要な港市には、複数のシャーバンダルがおかれ、それぞれの出身地から来航した貿易船の管理・徴税や、支配者との仲介を担った。

なお一六世紀末になると、日本人が南シナ海域に渡航しはじめたことも注目される。一五世紀まで日本人の渡航地は、ほぼ寧波・三浦《さんぽ》・那覇の三ヶ所に限られていた。しかし一五七〇年代から、東・南シナ海の貿易圏が一体化し、九州がその北端に組みこまれるとともに、九州の戦国大名は、特に軍資金や軍需品を入手するために、外国船を領内に誘致して貿易をおこなうようになった。さらに日本人海商も、マニラをはじめとする東南アジアの諸港市に渡航しはじめ、華人海商がもたらす生糸などの商品や、金や香料など南方からの産品を輸入するようになる。一七世紀初頭における朱印船の東南アジア貿易は、すでにこの時期には胎動していたのである。

港町と居留地の景観

このように一六世紀末の東アジア海域では、華人・ポルトガル人・スペイン人・日本人などの海商が活発な航海をくり広げたが、彼らの貿易ネットワークの結節点となったのが、沿岸の主要港市であった。一六世紀の南シナ海では、多くの貿易航路が縦横にのび、それらの結節点に集散港が発

51 ペルシア語で港(バンダル)の支配者(シャー)を意味する。インド洋・ジャワ海方面の港市にひろく存在し、マラッカではグジャラート・インド洋・ジャワ海・南シナ海を管轄する四人のシャーバンダルが置かれた。

達して、さまざまな地域から海商が集まった。他方、東シナ海では、ポルトガル人によるマカオ―長崎航路と、華人密貿易者による福建―九州航路が基幹ルートとなり、サブルートとして九州―ルソン航路も成長していく。

港町とその後背地の関係は、東南アジアと東アジアではかなり異なっていた。東南アジア島嶼部では、主要河川の下流部にしばしば「港市国家」が成立した。こうした港市国家は、河川の中・上流域を後背地として、後背地で生産される香辛料・米・森林産品・金などの商品を外国商人に輸出し、外国商人がもたらす輸入品を後背地に供給した。このような港市国家では、港市を拠点とする王権が、後背地を政治・経済的に支配したのである。これに対し東アジアでは、農業生産からの収入に基盤を置く陸上の政治権力が港町を支配し、地方官や代官を派遣して、貿易がもたらす利益を獲得しようとした。一六世紀の堺のように自治性が強い港町もあったが、港町じたいが後背地を支配する政治権力の拠点となることはまれであった。

さまざまな地域から人びとが来航した港町では、しばしば外国人居留地が形成された。たとえば東南アジアの港市国家では、王宮のある港市中心部の周辺に、外国人居留地が出身地ごとに割りあてられることが多かった。それぞれの居留地には頭領が任命され、出身地の宗教や慣習に従って生活することが認められた。有力な外国人商人は、商人エリート（オランカヤ）として、あるいはシャーバンダルや宮廷の通訳に任じられることで、王室と結びついて港市の貿易を主導した。同様の現象は琉球王国でもみられる。ここでは、華人系住民が一五世紀から久米村に定住し、王国の外交・貿易業務を担っていた。ところが、一六世紀になって対日貿易の重要性が高まると、今度は多くの日

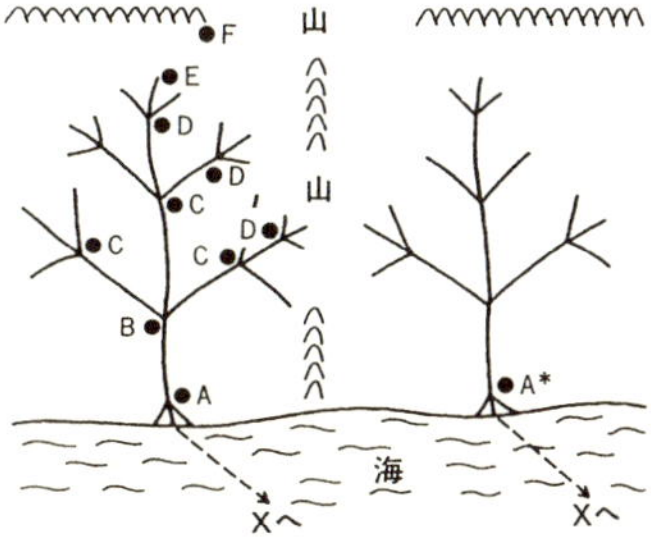

港市と後背地　A＝港市、B―D＝副次的交易拠点、E・F＝生産者、X＝海外市場（桃木至朗『歴史世界としての東南アジア』〈山川出版社、一九九六〉より）

本人が那覇に居留するようになり、久米村の華人系コミュニティはしだいに衰退していった。

明朝は一五六〇年代末に海禁を緩和してからも、マカオ以外の港町に外国人が定住することを認めなかった。海澄では華人海商の出入港だけが認められ、外国船の入港じたいが許されていない。また外国人との交易が許された広州でも、外国人の居住は認められなかった。広州では春に日本への、秋に南海方面への中国商品の市が開かれる。外国人商人はこの時期に広州を訪れたが、市内に居住することはできず、船内に滞在して、商品を買いつける時だけ上陸したようである。

現地支配者のもとで外国商人が貿易をおこなう一般の港町とは別に、一六世紀にはヨーロッパ人がアジア貿易の拠点として建設した港町があらたに出現する。その代表は、ポルトガルの中国貿易の拠点であるマカオと、スペイン領フィリピンの首都であったマニラであるが、両者の性格はかなり異なっていた。マニラの中心は、要塞・総督府・教会を中心に、スペイン人が集住する城壁都市（イントラムロス）であり、周辺の河川に沿った湿地帯に、華人居留地（パリアン）や日本人町が設けられていた。一方、マカオの場合は、一六世紀にはまだ要塞もなく、ポルトガル人は広東当局に対し、土地の租借料と停泊税を支払っており、広東当局はそれを条件に、ポルトガル人の居住を黙認していたのである。

一七世紀のアユタヤの外国人居留地（アンソニー・リード／平野秀秋・田中優子訳『大航海時代の東アジア』II〈法政大学出版局、二〇〇二〉より）

また、一五七一年からポルトガル船が来航しはじめた長崎は、一五八〇年に領主大村氏によってイエズス会に寄進された。これによって、この町は、マカオとならぶポルトガルの東アジア貿易の拠点、かつイエズス会による日本布教の中心地となった。七年後の一五八七年、豊臣秀吉は長崎を直轄領としたが、その後もイエズス会士はこの町に居住することを黙認され、ポルトガル船との貿易を主導した。一五九〇年代には長崎の人口は五〇〇〇人に達し、日本人・ポルトガル人のほか、華人・朝鮮人、および彼らの混血児が雑居する国際港となっていく。さらに一六世紀末から一七世紀初頭にかけて、九州各地の港町には「唐人町」が出現している。こうした唐人町は、船着場に沿っていることが多く、華人海商が商品を荷揚げし、出港まで居留して、領主の管理下で日本人商人との交易をおこなう場であった。

海域アジアをめぐる商品

一三―一四世紀の「ひらかれた海」の時代においても、インド洋貿易や内陸アジアのキャラバン貿易によって、ユーラシア・アフリカ大陸が結びつけられていた。さらに一五世紀末には、ヨーロッパ人のアメリカ到達によって、あらたに地球上の三分の一（アメリカ大陸と大西洋）が旧大陸と連結された。そして一五七一年にスペイン人がマニラ市を建設し、ついでメキシコとフィリピンを結ぶ太平洋航路が開かれたことにより、地球上の最後の三分の一（太平洋）が世界経済のネットワークに組み込まれていったのである。このため一五七一年こそが、グロー

一七世紀初のマカオ（Luis Filipe Barreto ed., *Macau during the Ming Dynasty*, Centro Gentífico e Cultural de Macau, 2009 より）

バリゼーションの出発点であったともいわれている。[52]

一六世紀になると、東アジア海域では大量消費物資が主要な貿易品となり、かつては奢侈品であった生糸・絹・陶磁器・胡椒なども、よりひろい階層が日常的に使用する商品となっていった。すでに第二章で述べたように、一六世紀前半から、東南アジア・インド産の胡椒・香辛料・薬材・鉱産物・織物などは、華人密貿易者やポルトガル人によって、さかんに東アジア海域各地に持ち込まれていたが、一六世紀後半になると、華人海商の東南アジア渡航が解禁され、ポルトガル・スペインが中国・日本との交易拠点を確保したこともあって、貿易品のバラエティやその総量もいっそう増大していく。このような貿易圏の拡大と、貿易品の日用商品化が、貿易をになう人びとの多様化とともに、東アジア海域における「交易の時代」の最盛期をもたらしたのである。

東アジア海域の貿易品のなかでも、最大の花形商品が、本章の冒頭でも紹介した中国産の生糸・絹・綿布であった。生糸・絹の主産地は、江南デルタ中心部の水田地帯であり、綿布の主産地はデルタ東部の海岸に沿った微高地である。特に湖州の生糸、蘇州や杭州の高級絹織物、松江《しょうこう》の高級綿織物などは、全世界に通用するブランド商品であった。たとえば一六世紀末には、マカオから長崎とインドに、それぞれ年間六〇トン程度の生糸が運ばれており、また海澄からマニラにも、生糸・絹・綿布などが大量に輸出されている。

一六世紀末、マカオのポルトガル人が取引した輸出入品のリストによれば、中国（マカオ）から日本（長崎）には、生糸・絹をはじめとして金・水銀・陶磁器などが輸出され、中国からインド（ゴア）には、生糸・絹・金・砂糖・生薬などが運ばれ、その代価として、日本やインドから大量の銀が流入していた。なおインド産の綿布も、東南アジアにおける最大の貿易商品であり、インド

52 商品・資本・サービス・労働力・情報・技術などが、国家や地域を超えて世界規模で動く状況。その起源については、世界全体を結ぶ交易ルートが出現した一六世紀後半とする見解や、産業革命以降の一九世紀前半とする見解がある。

53 火縄銃や大砲に用いる黒色火薬は、硫黄・硝石・木炭粉の混合で造られる。日本では天然硝石は産出せず、中国・東南アジア産の硝石を輸入していたが、一六世紀末からは人工硝石の製造が普及した。

やポルトガルの海商によって、東南アジア各地の港市に供給され、一部は東アジアにも運ばれている。

さらに東アジア海域における中国の重要な輸出品として、銅銭があげられる。特に、福建南部の漳州は、低質な模造銭生産の中心地となり、一六世紀中期には倭寇勢力によって日本に大量に密輸された。海禁が緩和された一六世紀末には、華人海商によって東南アジア各地にも輸出され、いずれの地でも貨幣経済の拡大に大きな役割を果たした。また一六世紀末には、火薬や弾丸の原料となる、硫黄・硝石・鉛などの軍需品貿易も急増している。日本産の硫黄が海外に輸出される一方、中国産の硝石[53]や鉛はマカオや福建から日本に密輸され、東南アジア産の硝石や鉛も、マカオやマニラを経由して日本に運ばれた。このほか穀物や加工食品も主要な貿易品であった。シャム・ビルマ・ジャワなどの穀倉地帯の米は、耕地が乏しい各地の港市に輸出され、また九州からマニラには、スペイン人の主食である小麦や、航海食であるビスケットが運ばれたのである。

東アジア海域における「銀の時代」

中国産の生糸・絹・綿布・陶磁器などは、東アジア海域はもとより、世界市場でもとりわけ需要が大きい花形商品であった。これらの商品の代価として、中国市場には海外から莫大な銀が流入しつづけた。一六世紀末において、ヨーロッパでは金と銀の比価が一対一二、日本では一対一〇前後だったのに対し、中国では一対七前後であり、膨大な外国銀の流入にもかかわらず、なお銀の価値がかなり高かった。このため銀の購買力が大きい中国に日本銀や新大陸銀を運び、その替わりに中国商品を海外市場に輸出すれば、その利益率はいっそう高くなったのである。

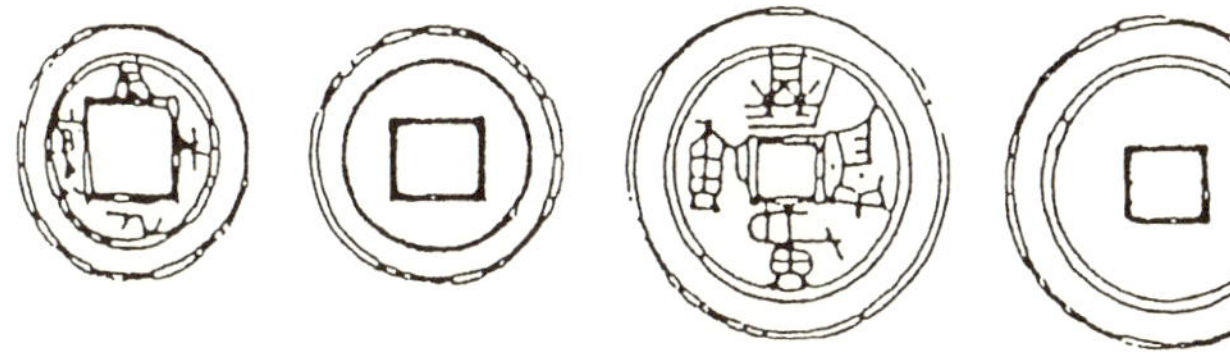

ジャワに輸出された中国銅銭（オランダ人のスケッチ）（黒田明伸『貨幣システムの世界史』〈岩波書店、二〇〇三〉より）

一六世紀を通じて、外国銀の中国への流入には、次の三つのルートがあった。第一に、石見銀山などの日本銀が、ポルトガル人の長崎—マカオ貿易や、華人海商の密貿易によって流入した。第二に、ポトシ銀山などの新大陸銀が、スペインのガレオン貿易によってメキシコからマニラに運ばれ、そこから福建海商によって中国市場に供給された。そして第三に、メキシコからヨーロッパに運ばれた新大陸銀の一部は、ポルトガルのアジア貿易に投資され、旧大陸産の銀とともに、インド洋経由でゴアからマカオにもたらされた。一六〇〇年前後には、一年間に五〇—八〇トンの日本銀が中国に流入し、二五—五〇トンの新大陸銀がマニラ経由で中国に流入したと推計されており、インド洋経由でマカオに運ばれた銀を含めれば、一年間に中国に流れ込んだ外国銀の総量は、一〇〇—一五〇トンにのぼったであろう。

ちょうど一五七〇年代には、明朝では一条鞭法《いちじょうべんぽう》が全国に普及し[54]、租税や労役負担の大部分が銀納化されていくが、それが外国銀の流入と連動していることはまちがいない。東南沿海部から流入した外国銀は、輸出商品の代価として、長江下流を中心とする国内市場に吸収されていった。こうして全国に拡散した銀のかなりの部分は、租税として明朝政府に徴収され、さらにその大部分が、北方の軍需費や、モンゴルやジュシェンとの国境貿易（互市）の代価として、万里の長城に沿った北方辺境に送られたのである。一六〇〇年前後には、明朝政府は北方辺境における軍事費や互市の経費として、一年間に一五〇トン程度の銀を支出していたが、これは海外からの銀の流入量にほぼ匹敵する。そして北方辺境に送られた銀の多くは、軍需品や中国商品の代価として、ふたたび中国内地に還流していった。

こうして一六世紀末には、外国銀の中国への流入と還流の結果、明朝の周辺部に、銀が集中する

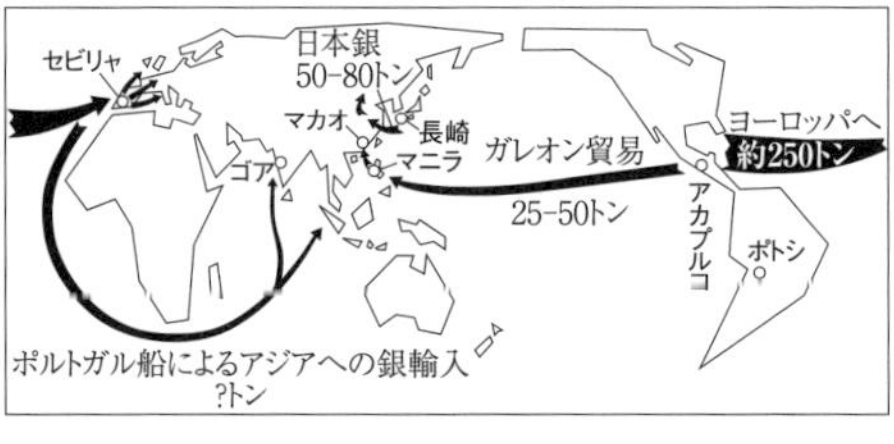

一六〇〇年前後における銀の移動（岸本美緒『東アジアの「近世」』〈山川出版社、一九九八年〉より）

54　租税や労役の課税や納付を、簡素化・合理化した税制改革。これによって大部分の租税や労役は、土地所有額を基準に銀で納付することになった。一五六〇年代に東南沿海部で始まり、しだいに全国に普及した。

三つの好況地帯が形成されていく。一つには銀の生産地である西日本であり、二つには日本銀や新大陸銀が流入する、福建や広東などの東南沿岸であり、三つには租税として徴収された銀が、軍事費や互市の経費として投入された北方辺境である。結果として明代後期には、輸出商品生産の中心地である江南デルタで、特に都市部の大商人がバブル的な好景気を享受するとともに、西日本・中国東南沿海・北方辺境も、銀の産出や流入による交易ブームに沸くことになったのである。

「せめぎあう海」と新興勢力の台頭

一六世紀の東アジアや東南アジアでは、多様な勢力が貿易のもたらす利潤を争奪して、さらに貿易の利潤によって軍事力を強化して競合したが、こうした諸勢力の「せめぎあい」のなかから、しだいに貿易による利益と軍事力を結合させた新興勢力が成長していく。そのひとつの典型が、ビルマのタウングー朝である。タウングー朝は一六世紀前半にイラワジ川の中部平原地帯に進出し、さらにベンガル湾の海上貿易拠点であったペグーを攻略してここに遷都し、ビルマ全域を統一した。さらにタウングー朝は、海上貿易によって大量の西洋式火器を入手し、ポルトガル人傭兵による火器部隊を編成して、周辺地域への軍事的拡大を進めていく。一五六四年には、ついにアユタヤを攻略してシャムを服属させ、インドシナ半島に強大な帝国を築いたのである。

タウングー朝がアユタヤを攻略した四年後、日本では織田信長が京都に進出し、列島の中心部を勢力下に収めた。タウングー朝がペグーを中心とする海上貿易を掌握し、強力な火器部隊を編成して勢力を拡大したように、信長は本州最大の交易港であり、九州を通じて東アジア海域にもつながる堺を掌握し、さらに関所の廃止・城下町の商業振興・貨幣価値の公定などを進めて流通経済の促

仏頭　双柱

スペイン銀貨（八レアル銀貨）メキシコからマニラ経由で、中国に大量に流入した。（岸本美緒『東アジアの「近世」』より）

進をはかった。そして大規模な火縄銃部隊を編成して、日本列島の統一を進めていくのである。

さらに織田政権を継承した豊臣政権は、九州を制圧して長崎や博多を直轄領とし、海外貿易の掌握をはかるとともに、全国的な土地調査（太閤検地）、農民の武装解除と兵農分離（刀狩り）、私的な武力発動や戦闘の禁止（惣無事）、国内外での海賊行為の禁圧（海賊停止）などの一連の政策を通じて、遠心的・多元的な諸勢力が「せめぎあう」状況を、より求心的・一元的な秩序のもとに統合しようとした。

一方で豊臣政権は、明朝との国家貿易を開こうとするが失敗に終わり、その対外政策は誇大妄想的な拡張主義に向かい、ついには二度にわたる朝鮮侵略となって暴発することになる。豊臣政権はその求心的権力を最大限に発動し、西日本の大名を総動員して、最新の火縄銃を装備した、のべ三〇万人もの軍隊を朝鮮に派遣した。この侵略戦争は、朝鮮側の抵抗と明朝の大規模な救援により完全な失敗に終わり、豊臣政権の自壊をもたらすことになる。しかしこの一六世紀世界でも最大規模の軍事行動によって、明朝を中心とする国際政治秩序は、きわめて大きな遠心的な作用を受けることになった。

一六世紀の交易ブームの中で、三つの好況地域のそれぞれにおいて、交易活動を掌握して利益を抽出し、火器や水軍などの軍事力を強化した、新興の商業／軍事勢力が成長し、相互に「せめぎあう」ようになる。彼らの動きは、それぞれの地域の中では、競合する諸勢力を統合して求心的な方

フィリピンに渡航した日本人兵士（モルガ『フィリピン諸島誌』より）

向へ向かったが、その一方、商業利潤と軍事的拡大の相乗作用により、明朝を中心とする東アジアの国際秩序の中では、遠心的な方向性を持った。その先駆となったのが、日本における豊臣政権であったといえよう。

一七世紀にはいると、明朝の東南沿海・東北辺境の好況地帯においても、さまざまな商業／軍事勢力の「せめぎあい」のなかから、特に有力な新興勢力が勝ちのこり、それぞれの地域で求心的な支配を確立していくとともに、明朝からの遠心性を強めていく。その代表が東北辺境におけるヌルハチ・ホンタイジ父子[55]であり、東南沿海における鄭芝龍《ていしりゅう》[56]・鄭成功[57]父子であった。

世界規模のモノと人の移動

東アジア海域の貿易秩序が新たなシステムへと再編され、「交易の時代」の最盛期をむかえた一六世紀末は、同時に世界規模の経済の出現期でもあった。東アジア海域も世界市場とリンクされ、これによって特に中国商品が、新旧両大陸の各地へと運ばれていった。インド洋海域では、一五世紀以前からおもにムスリム海商によって大量の中国商品が輸出されていたが、さらに一六世紀には、ポルトガル人などが直接にヨーロッパまで中国商品を供給するようになる。一六世紀末には、リスボンのひとつの通りだけで、少なくとも六軒の中国陶磁の専門店がならんでおり、ゴアの病院では、つねに中国製の皿で食事が出されていたという。一六〇三年にオランダ船が拿捕したリスボン行きのポルトガル商船には、一二〇〇箱の中国生糸と、二〇万個の中国陶磁が積まれていた。

またこの章の冒頭でも紹介したように、中国産の生糸・絹・綿布・陶磁器などは、福建海商によってフィリピンにも大量に輸出され、さらにスペインのガレオン貿易によって、マニラからメキシ

55 一五九二―一六四三年。ヌルハチの第八子で後金の第二代ハンに選出され、一六三六年に国号を大清と改め、皇帝となった。内モンゴル・朝鮮を服属させ、支配体制の整備を進めた。

56 一六〇四―六一年。福建泉州の出身。武装海商集団を統率して福建沿岸の海上貿易を掌握した。明朝の滅亡後、一六四六年に清朝に投降したが、子の鄭成功が抵抗をつづけたため処刑された。

57 一六二四―六二年。鄭芝龍を父、日本人女性を母として平戸で生まれる。鄭芝龍の投降後も、廈門を拠点に清朝に抵抗をつづけた。一六六一年には台湾からオランダ人を駆逐して本拠を移したが、翌年病没した。

コのアカプルコへと運ばれていった。安価で良質な中国産の絹は、スペイン本国の絹織物業者から、たちまちメキシコの市場を奪ってしまった。さらに中国生糸の流入によって、メキシコでは現地での生糸生産が衰退の一途をたどる一方、中国生糸を用いた絹織物業が発達していく。

さらに中国商品は、メキシコからポトシ銀山のお膝元であるペルーへと運ばれていった。一六世紀末のペルーでは、夫が妻の服を仕立てるのに、スペイン産の絹を使えば二〇〇ペソ以上かかったが、中国産の絹を使えば二五ペソですんだという。ペルーの首都リマの市民は、みな上質で高価な絹をまとい、リマの婦人が着る絹のドレスは、世界中のどこよりも豊富だといわれた。スペイン王フェリペ二世は、ポトシなどのペルー・メキシコ産の銀の流出を防ぐため、たびたび中国商品の輸入制限令を発したが、いっこうに効果はなかったようである。さらに中国商品は、被征服者であるインディオの有力者にまで受容されていった。一六〇二年にあるインディオの首長婦人が残した遺産目録には、「中国製のサテン地のタペストリー」が含まれ、そのころクスコのインカ族の人びとが、スペイン在住の同胞に送った歴代インカ王[58]の肖像画も、「中国製のタフタ織りの白布」に描かれていたという。

こうした世界規模でのモノの流通を担ったのはおもにヨーロッパ人であり、東アジア諸国の人びとが、自らの意志で太平洋やインド洋を越えて移動する機会は限られていた。それでも一六世紀末から一七世紀前半にかけては、天正・慶長遣欧使節のような著名なケースのほかにも、東アジアから外部世界に移住した人びとがいたことが確認できる。一六世紀末のマニラには一万人の華人と一〇〇〇人の日本人が居留しており、彼らのなかには、さらにガレオン船でアメリカ大陸に渡った者も稀ではなかったようだ。一六一三年にペルーのリマでおこなわれた人口調査によれば、市内には

58　一三世紀からペルーを中心にアンデス山脈一帯を支配したインカ帝国の帝王。クスコを首都として広大な領域を統治した。一五三三年、スペイン人コルテスによって征服されたが、その子孫は四〇年にわたってスペインに抵抗をつづけた。

三八名の華人、二〇名の日本人が居住していたという。彼らの多くは下層の職人やスペイン人の奴隷であり、おそらく人身売買や債務などによってアメリカに渡ったのであろう。さらに一六三〇年代には、メキシコ市の当局が、スペイン人理髪師を保護するため、華人理髪師の数を一二人に制限することを命じており、メキシコ市には華人コミュニティが出現していたようである。

一六世紀以降の世界の海上貿易において、奴隷はもっとも重要な商品のひとつだった。このことは、むろん東アジア海域においても例外ではなかった。とくに朝鮮侵略に動員された大名は、現地でおびただしい人びとを拉致して領内に連行し、長崎などで外国商人にも売却した。かのカルレッティも、その折に長崎で五人の朝鮮人奴隷を買いつけている。カルレッティは彼らをキリスト教に改宗させ、ゴアでそのうち四人を解放して、アントニオという朝鮮人一名と、日本人一名をともなってヨーロッパへの帰航の途についた。彼らは大西洋でオランダ船に襲撃され、日本人はその際に死亡し、カルレッティとアントニオはオランダに連行されたが、のちにフィレンツェに戻り、アントニオはさらにローマに移ったという。

史料にはほとんど残らないものの、実際にはより多くの人びとが、人身売買などによって東アジア各地からアメリカやヨーロッパに渡っていたのであろう。フランドル絵画の巨匠であったピーテル＝パウル＝ルーベンスは、一六一七年にアントワープで中国から帰ったイエズス会士ニコラ＝トリゴーと会見し、中国服を着たトリゴーの肖像を残しているが、それとともに朝鮮の冠服を着た東洋人男性の肖像も描いている。日本軍によって拉致され、ポルトガル人に売却された朝鮮人は、長崎やマ

ルーベンスが描いた朝鮮人男性像（中島楽章「ルーベンスの描いた朝鮮人」より）

カオなどで、キリスト教に改宗させられることが多かった。この男性もやはりキリスト教に改宗し、イエズス会士トリゴーが彼をヨーロッパに連れ帰ったのであろう。

一六世紀、とくにその後半には、世界規模でのモノや人の移動にともなって、さまざまな文化・信仰・工芸・技術などが伝播し、融合しあるいは競合した。第四章ではこうした文化交流の諸相を、とくに東アジア海域と外部世界との相互作用に注目して描きだしてみたい。

四　多様で混沌とした文化の展開

港町から東アジア海域を見る

一六世紀の東アジア海域の文化的様相を具体的にものがたる実例として、海域交流の交差点であった港町にうもれる遺物ほど雄弁なモノはない。ここでは、近年、発掘事例がコンパクトに充実し、豊富な文献史料とのつきあわせも進んでいる日本・九州の豊後府内(大分市)のケースをみよう。

府内は、大分川が別府湾(瀬戸内海)にそそぐ河口にできた港町で、古代以来、当該地域の政治的中心地として位置し、一六世紀には広範な貿易活動をおこなった領主権力大友氏の本拠地となっていた。五〇〇〇軒の町屋を擁する西日本有数の都市は、大友館(領主権力の政治的拠点)を中核に、御所小路町・上市町・工座町・唐人町(華人居留地)など四五の町があったという。まず、大友館の推定敷地とその周辺では、金箔土師器《はじき》皿や金製飾り金具などの金箔製品や、天目茶碗などの茶の湯道具のほかに、ガラス製品や鉛玉（鉄砲弾）、華南産やタイ（シャム）産の遺物が出土している。町屋遺構での特徴的な出土遺物は、中国の景徳鎮窯系と漳州窯系の青花磁器[59]が多くみられることだ。なかには流通商品ではなく、中国との貿易従事者か渡来華人が日常生活用品として使用していたと推測されるモノもある。朝鮮産、タイ産、ベトナム産の遺物にくわえて、日本国内では数点しか出土例をみないミャンマー（ビルマ）産のモノも確認できる。遺跡の一部では、じつに遺物の六割以上を貿易陶磁がしめる遺構もある。町屋遺構ではキリシタン遺物も発見された。一五五一年のフランシスコ＝ザビエルの布教活動以降、イエズス会宣教師の重要活動拠点として機能した府内には、キリスト教会やコレジオ[60]、西洋医療の病院などがひらかれ、教会墓地からは日本人キリシタンの埋葬人骨も出土している。

府内の出土遺物の多様さは、明朝の海禁体制の弛緩にともない活発な交易活動を再始動した華人海商にくわえて、ヨーロッパ勢力もあらたに登場してきた東アジア海域の特徴を端的にしめしている。「華人が外夷に入る」時代となった一六世紀は、東アジア各地に華人居留地が形成されて、彼らの文化が周辺地域に直接流入した。こうした華人海商の居留地における行動を府内の事例からみてみると、彼らは当地でマイノリティー集団に没することなく、日本人との雑居形態をとるゆるやかな華僑社会をつくっていた。そして、高度な専門的能力をいかして現地社会での役割をはたし、先進的技術伝導者として社会的地位も確立していた。日本の宗教施設に参詣し寄進行為をおこない宗教儀式にも参加する華人の姿は、異なる文化・宗教・信仰の混合をしめしている。

こうした華人海商のネットワークをたどり、東アジア海域へあらたに進出してきたヨーロッパ勢力も、貿易活動と連動してみずからの信仰文化や新技術をダイレクトにもちこんだ。府内で出土す

59　白磁の釉下に呉須（コバルトを主原料とした青色顔料）で絵付をして透明釉をかけて焼成した磁器。青と白の意匠を持つことから中国では「青花」とよばれる。

60　聖職者養成と日本人に対する西洋文化教授の目的で設けられたキリシタンの学校で、豊後府内には一五八〇年に創設された。

るキリシタン関係遺物の多様さはその象徴ともいえる。一方、異国人と接触した日本人側にも、異なるモノを受けいれようとする開放性があり、華人文化のみならず、ヨーロッパから渡来したキリスト教をも包容する寛容さがあった。このような府内の開放性は、異文化交流の窓口ともいえる港町という場の、文化を混淆し融合させる潜在的可能性をしめしている。一六世紀の東アジア海域では、多様な文化が併存、浸透するのみならず、あるいは反発したり、時には融合したりした。異文化接触の最前線である各地の港町では、多元的文化のせめぎあいというドラマがつねに繰り広げられていたのである。

このような一六世紀の多様な文化的諸相のなかから、本章では複合的な海域交流が文化面にもたらした象徴的なサンプルとして、信仰（航海神・キリスト教）・工芸（陶磁器・屏風・南蛮漆器）・技術（火器・出版）・情報に焦点をしぼって叙述する。

拡大する交易圏と航海神

一六世紀の東アジア海域の港町を往来した人びとは、船旅の安全をみずからの信仰する航海神につよく祈念していた。一六世紀になると、華人海商の活発な活動によって媽祖《まそ》（天妃）、龍王[61]、観音[62]といった航海神の信仰が広域化し、郷土の神々を信仰していた各地の沿岸民たちへしだいに強い影響をあたえた。とくに、華人海商の活動とともに、東アジア海域へ広範に伝播したのが媽祖信仰である。福建省の湄洲島を本山とする媽祖信仰は、福建船の海外進出ともあいまって中国大陸南部沿岸から琉球・南西日本・東南アジア各地に広まった。

媽祖信仰は、たとえば龍王信仰の強い浙江省沿岸では、媽祖が龍王の娘（龍女）という形で受容

61　龍族の王のこと。仏教では八大龍王をさしてい、航海神のひとつとされた。

62　観音菩薩を航海の守護神とする信仰で、インドにおいて発生し、観音信仰の伝播とともにアジア各地に広がった。

された。また、舟山群島から発信される航海守護仏としての普陀山観音は、すでに第Ⅰ部の時代に中国大陸中部沿岸から朝鮮半島沿岸、西日本にかけて広がっていたが、媽祖も観音菩薩の化身だという新たな意味づけがおこなわれ、菩薩（ボサ・プサ）という通称が琉球や九州では一般化する。龍王信仰は、山東沿岸や朝鮮沿岸でも盛んであった。山東の龍王信仰は、国家神（東海神）と結びついて東海龍王となったが、沿岸民のあいだでは女性化した龍女神（海神娘娘）のほうに人気があった。第Ⅰ部の時代に海運（漕運）の守護神として国家神に昇格した媽祖は、明代にも鄭和などの海外遠征や沿岸各地の海防所の守護神として国家神の威光を増した。ただし、洪武帝が平浪侯に封じた晏公など新興国家神も登場したため、地域によって浮き沈みが激しかった。山東と遼東のあいだに位置する廟島（沙門島）にもうけられた天妃宮は、一方で龍女廟ともよばれており、階層によって信仰する神格が変化していたのである。

日本列島では九州の華人居留地を中心に伝来した媽祖信仰であるが、一方で現地では古くから信仰される独自の航海神も確認できる。たとえば、瀬戸内海の海賊衆は厳島神[63]、南海（紀伊半島から四国）から九州南部は熊野系の十二所権現など、地域と密接な神々も信仰され続けた。その後、「動乱の時代」であった一六世紀の時代状況もあいまって、軍神でもある八幡神の人気が高まり、やがて八幡神は海上武装勢力（倭寇）の旗頭にもなった。ただし、地域によっては宗像三神[64]や厳島神の人気も高まっていた。

一方、このころ日本から明朝へおもむく外交使節（遣明使）は、一四世紀末以降、禅宗の僧侶が任命されていたが、彼らは志賀島の文殊菩薩や平戸島の七郎権現など日中航路上に位置する在地の神々を航海神として信仰していた。とくに七郎権現は、ほんらい龍神＝海神または寺院の伽藍神として国家的な祭祀神であった。

63　広島県宮島町にある厳島神社の祭神で、市杵島姫命・田心姫命・湍津姫命などのこと。平清盛はじめ平家一門に厚く崇敬されたほか、瀬戸内海をはじめとする海民に支持を得た。

64　海神である多紀理毘売（田霧姫、田心姫）命・多岐都毘売（湍津姫）命・市寸島毘売（市杵島姫）命の三女神をいう。福岡県の宗像神社の三宮（奥津宮・中津宮・辺津宮）にまつられている。宗像神は、海人集団のほか航海の守護神として国家的な祭祀神であった。

して宋から明にかけての中国で広くまつられた神（招宝七郎）で、活発な日宋交流によって日本にもたらされ定着したものであった。その後、一六世紀の大陸社会では韋駄天や関帝が伽藍神として勢力を拡大し、媽祖が航海神として浸透したために、招宝七郎は衰退し忘れ去られてしまった。しかし、日本では宋風仏教を導入した禅律寺院の伽藍神として存続し、また平戸の七郎権現のように航海神として帰依されつづけていたのである。まさに、神々もその存在をかけてせめぎあっていたことがわかる。

キリスト教の布教と相克

一六世紀は、東アジアの神々が信仰される空間に、キリスト教という西洋の異教がヨーロッパ勢力の貿易活動と一体化して入ってくる時代であった。インドのゴアを拠点に南アジアと東南アジアにおいてキリスト教の布教基盤整備に従事したイエズス会[65]のザビエルは、一五四七年にポルトガル人私貿易海商たちの船でマラッカへきていた鹿児島出身のアンジローと出会い、日本布教をこころざした。ザビエルはマラッカで日本へ渡航するポルトガル人海商の船をみいだすことができず、華人海商アヴァン[66]の船で鹿児島へ上陸した。ザビエルはアヴァンが船上に偶像をたてまつり、航海中、頻繁に賽を投げて占ったと報告するが、これは媽祖のような航海神をしめすものと思われる。

アンジローはキリスト教に改宗し、ザビエルの日本での布教活動を助けたが、ザビエル離日後にはイエズス会を離れ海上武装勢力に身を投じた。マラッカのイエズス会士ペレスによると、日本に到着まもないザビエル一行からの書簡数通が華人ジャンクでマラッカへ到着したが、その船には四人の日本人が乗りこんでおり、マラッカでキリスト教徒の華人宅に投宿しているあいだに、キリス

65　一六世紀にイグナティウス＝デ＝ロヨラを中心として、フランシスコ＝ザビエルら同志七人によって創立された司祭修道会。カトリック復興運動貫徹の第一線にたち、日本には一五四九年にフランシスコ＝ザビエルによって伝えられた。耶蘇会ともいう。

66　マラッカで妻帯して活躍する華人海商で、「ラドラオン（海賊）」というあだ名をもつ。ザビエルの書

ト教に改宗したという。日本でのキリスト教布教は九州、畿内を中心に一五九〇年代までイエズス会の独占でおこなわれたが、一六世紀末にはスペイン系托鉢修道会[67]が来日し、本州を中心に活動範囲を広げていった。

初期の布教手段は、ポルトガル人の貿易船誘致を条件に外国船との交易をのぞむ領主権力などの支配者層をまずキリスト教に改宗させ、それから家臣団・領民へと広めていく布教戦略をとっていた。ただし、受容側の領主権力も単純にキリスト教へのシフトをしていたわけではなかった。たとえば肥前大村氏の領地では、キリスト教の浸透によって、古くからの伊勢神宮の信者が減少し、御祓大麻（祈禱札）を受ける人間の数が減っていた。しかし、いっきに支配者層が改宗してしまうことは、在地勢力の「異教徒」との軋轢を招きかねない。そのため、大村氏当主は家中の人間から順番に四人とか六人ずつという少人数で改宗させ、支配者層のなかに徐々にキリスト教が広まるようにした。そして当主自身は、伊勢大麻を受けつづけ、事実上、キリスト教信仰と伊勢信仰（ただしもちろん神仏習合の状態）を併存させていた。「キリシタン大名[68]」の戦略的判断とはいえ、実際には信仰がせめぎあいながら重層的に存在していたことも、この時期の特徴といえる。

布教手段には、領主権力のもとに教会や病院、貧民救済施設や孤児院をつくり、草の根的に民衆を教化していく方法もあった。病院と孤児院は、日本でイエズス会に入会したポルトガル人の貿易海商ルイス＝デ＝アルメイダの喜捨により設立された。アルメイダはイエズス会入会後、みずからの財産を運用してイエズス会の布教資金を獲得する手段としての貿易を始めた。以後、日本・中国のイエズス会布教はもっぱら彼らのおこなう貿易収益に支えられることになり、財務を担当する司祭プロクラドールの職が重要化した。長崎がイエズス会に寄進され、マカオからの定期航船入港に

簡によると、中国の漳州で死去したとされる。

67　フランシスコ会、ドミニコ会、アウグスティノ会を指す。起源は十字軍運動に疲弊した一三世紀のヨーロッパで、清貧・無所有を原則とし、キリストにならった生活を志す修道者集団。イエズス会が日本への渡航拠点をマカオに置いたのに対し、スペイン領マニラをアジアでの活動拠点とした。

68　戦国時代から江戸時代初期にかけてカトリック系のキリスト教に帰依した大名のこと。

より国内でもっとも豊かな港町になると、全国から集まった町人たちはこぞってキリスト教に帰依した。一六世紀末には日本全国のキリシタン人口は三〇万人を計上している。

一方、一五五七年以後ポルトガル人たちが広州での互市のため常駐するようになった中国大陸のマカオでは、聖パウロ学院というイエズス会の司祭養成機関を中心に宣教師たちが活動し、明朝宮廷に西洋の科学技術伝授を名目に招聘されるものもいた。とくにマテオ＝リッチ[69]は一六世紀末には中国に入り、現地で士大夫層[70]と交流するなかで、西洋文明を紹介しつつ徐々に教化をはかろうとしていた。こうした活動によって、一七世紀になるとキリスト教は知識人社会や宮廷で一定の地歩を得るようになり、それを通じて西欧の科学や学芸が伝えられていった。

このように東アジア海域におけるキリスト教は、日本では一六世紀後半に列島西部を中心にかなりの信者を獲得したが、中国では一七世紀になって布教が軌道に乗りはじめたのであり、各国における布教の進展にはタイムラグがあった。しかし、日本社会に徐々に浸透しつつあったキリスト教は、一六世紀末に豊臣政権から禁教令が発布され、以後、禁教や弾圧が激化した。中国でも一七世紀後期には、清朝がキリスト教に対する禁令を強化していく。東アジア海域は、しだいにキリスト教の信仰が禁止される時代へと向かっていったのである。

海域アジアを結ぶ陶磁の道

豊後府内で大量に出土する陶磁器は、中国大陸を中心とする地域で生産され、アジア域内のみならず世界各地へもたらされる最重要な工芸品であった。一五・一六世紀の中国陶磁生産はそれまで主流を占めていた青磁・白磁にかわって、青花磁器（日本では「染付」とよばれる）が大量に生産さ

69　一五五二―一六一〇年。イタリアのイェズス会宣教師。中国名は利瑪竇。北京定住を許され、中国にカトリック布教の基礎を築き、西洋学術の紹介をおこなった。

70　中国における知識階級や科挙に合格して官職にある者のこと。

れた。明朝では景徳鎮に官窯がおかれ、元朝時代の力強く文様を強調する作風にたいして、優美で空間を強調した作風の青花が生み出された。明代には、良質のコバルト顔料は西アジアからの輸入に頼っていたため、それぞれの年代の発色は、その時代の貿易状況を反映している。たとえば、万暦年間には国産の浙青《せっせい》[71]の使用が主流となり色合いがやや黒ずむようになるのは、このころにコバルト顔料の輸入が困難になったからだと考えられている。

一方、おもに宮廷と一部の富裕民を対象としていた青花は、一五世紀以降民窯[72]による製品の生産が増加し始め、一六世紀にはいちじるしい発展をとげて、技術水準においても官窯に並ぶほどになり、官窯でも焼造を民窯に委託するようになった。また、民窯の製品は、景徳鎮以外に福建南部の漳州窯などでも生産がおこなわれ、景徳鎮のコピー商品など粗製の輸出陶器が生産されて、東南アジアからヨーロッパ諸国にかけて広く輸出された。後世、これら海外向けの輸出製品はヨーロッパでは「スワトゥ＝ウェア」とよばれ、日本では「呉州手」とよばれて親しまれた。その文様構成から「芙蓉手」とよばれる製品も一六世紀後半からつくられ始め、やがて日本や西アジア、ヨーロッパでその模倣品が生産されるようになるなど、世界中に一大ブームを巻き起こした。

中国で青花の官窯が主流であった時代、すなわち一四世紀半ばから一六世紀にかけて、ベトナム・タイ・ミャンマーでは中国の青磁・青花などを模倣した陶磁器が生産され、盛んに海外に輸出された。とくに西アジアのイスラーム圏では一四世紀半ば以降、タイ・ミャンマー産の陶磁器が中国陶磁器に匹敵する割合で出土している。とくに南シナ海の海上貿易が沈滞した一五世紀中期には、東南アジアでは中国陶磁器の流通量が減少し、これにかわってタイ・ベトナムの陶磁器生産が発展した。しかし一六世紀末には、東南アジア陶磁器の生産体制は、国内向けに転換し縮小してい

71　西方から輸入された回青、中国江西地方産の平等青、石子青に対して、浙江地方で産出された呉須のこと。

72　宮廷用や官衙用に陶磁器を焼成する「官窯」に対して、民間用に陶磁器を焼成する窯のこと。ただし、官用品の生産が民窯に委託されることもある。

く。その背景には、明朝による海禁政策の緩和によって、東南アジア方面に輸出される中国陶磁器が急増したという時代状況があった。海禁緩和は中国民窯の発展をうながし、中国民窯製品が東南アジア市場を席巻するとともに、東南アジア陶磁器は相対的に市場を奪われてしまった。海禁体制の弛緩は、東・南シナ海における陶磁器貿易の構造にも大きな変容をもたらしたのである。

時代を映す屏風

一五八二年、天正遣欧使節は、イエズス会日本巡察使アレシャンドロ＝ヴァリニャーノ[73]とともにポルトガル船で長崎から出発した。このとき、ヴァリニャーノは織田信長から贈られた「安土城図屏風」をたずさえていた。この屏風は、信長が狩野永徳に命じて七層の天守をいただく安土城と安土の町を描かせたものであった。永徳は、一六世紀初頭に確立した明快で端正な狩野派の画風を一変させ、力強く豪華でかつスケール感のあるあらたな様式を開拓した桃山美術を代表する絵師で、信長・秀吉といった時の権力者たちの嗜好に次々とこたえていた時代の寵児である。彼の制作した「安土城図屏風」は、ローマ法王に献じられてのち、ヴァチカン宮殿の地誌廊におかれた。残念ながら、現在、その屏風の存在は確認できないため幻の屏風ともいわれている。

日本製の屏風は、永徳の屏風が贈られる以前から日本と東アジア諸国との外交の場で、贈答品として伝統的に用いられてきた美術工芸品である。とくに「金屏風」とよばれる、金碧が多用され、富貴さと吉祥的な特徴をそなえた花鳥画が描かれた豪華な屏風が多く海をわたった。屏風は、調度品であり、そして絵画作品でもあり、その豊かな装飾性は生活美術としてきわだっていた。一六世紀中葉以降、イエズス会の宣教師として来日した人びとはこうした日本の屏風と出会い、それに大

73　一五三九―一六〇六年。イタリアのイエズス会宣教師で、巡察師として三度の来日を果たし、『日本巡察記』を著した。日本人聖職者養成の学校の設立、天正遣欧少年使節の派遣、キリシタン版の出版などにも従事した。

74　一五三二―九七年。ポルトガルのイエズス会宣教師。一五六三年に来日し、駐日本布教長として織田信長の知遇を獲得した。『日本史』『日欧文化比較』を著すなど日本事情に精通し、ヴァリニャーノらの通訳をつとめた。

75　一六世紀後半―一七世紀前半に来航した南蛮人との交流を描写する屏風絵のことで、狭義では渡来した南蛮人の上陸する姿や交易するさまを描く屏風を示している。

きな好奇心と興味を寄せたのである。その結果、ルイス＝フロイス[74]が「屏風の幾つかは既にポルトガルとローマへ送られており、毎年インドへ多量に船で積み出される」（『日本史』）と語るように、屏風は陸続とヨーロッパへ輸出され、屏風の語はそのままポルトガル、スペイン語化し*biombo*（ビオンボ）となった。狩野永徳の「安土城図屏風」がヴァチカンに飾られた事実は、日本の屏風がヨーロッパにたどり着いた時代をまさに象徴するメモリアルなできごとであったともいえる。

このころの日本では、南蛮屏風[75]とよばれる屏風が大量に登場する。これは、一六世紀後半に来航した南蛮人や南蛮船など、いわゆる「南蛮なるモノ」をモチーフとした屏風である。南蛮とは、ほんらい漢民族が華夷意識にもとづき中国南方の異民族を蔑称する用語であったが、一六世紀以降の日本ではむしろ東南アジア方面から来航するポルトガル・スペイン勢力を指すことが多く、蔑称というよりは異国風な物珍しさというニュアンスで用いられた。南蛮屏風には、六曲一双の左右隻に日本や異国で活動する南蛮人や南蛮船、南蛮貿易でもたらされる文物などが描かれている。世界といえば扶桑（日本）・震旦（中国）・天竺（インド）という三国世界観をいだいていた当時の日本人は、あらたに登場した南蛮世界の人・モノ・風俗文化などにつよい好奇心をいだき、その様子を詳細に屏風に描きこんだのである。ただし、描く対象は斬新であったが、依然として伝統的に獲得されてきた形式や画材が用いられて制作され、様式はこの時代に描かれた人物画と共通するものであった。また、描かれる図様も南蛮人や南蛮船の描写は比較的正確なものもあるが、実際に眼にすることができなかった異国

南蛮屏風（狩野内膳、神戸市立博物館蔵。辻惟雄ほか監『日本絵画名作一〇一選』〈二〇〇五〉より）

の建物などは想像にまかせて描いており、ほんらいはヨーロッパ的な建造物であるべきはずのものが東洋的な建造物でもって代用されているのがおもしろい。南蛮屏風は、屏風という日本の伝統的な美術工芸品の形態や技法、表現によって西洋的なモノを描くという点で東西の要素が混交しているといえる。その意味で一六世紀の東アジア海域交流の様相をまざまざとものがたっている。

海域交流のひろがりと南蛮漆器の誕生

ポルトガル人は、形は欧風だが彼らが訪れたアジア現地の技術や装飾の手法を用いたさまざまな器物を作らせた。このような器物の様式的特徴は、ポルトガルのインドにおける一大拠点・ゴアあたりで成立したと考えられており、インド＝ポルトガル様式（インド様式とポルトガル様式の混交様式）などとよばれている。ポルトガル人がアジアの多様な工芸品や工芸文化に目をつけた結果、インド＝ポルトガル様式のような折衷スタイルの工芸品がアジア各地で生産され、ヨーロッパ向けに輸出されたのである。

南蛮漆器[76]も、形はおおむねヨーロッパの器物をモデルとしているが、日本で発達した技法である蒔絵が用いられている。ただし、文様表現は日本の伝統とはかけ離れている。南蛮漆器は、空間を埋めつくすような装飾文様や螺鈿[77]の多用という特徴が注目される。螺鈿に関しては朝鮮王朝の螺鈿との関わりが指摘されているが、朝鮮、中国といった伝統的に日本美術のなかで緊密な関係があった国だけでなく、南蛮漆器にはインド北西部のグジャラート地方の工芸品と共通点が認められる。全面貝貼りの南蛮漆器はグジャラート地方の貝細工をベースにしており、インドで南蛮漆器と同様の規格の箪笥などが作られていることも、両者の関連性を裏付ける。こうした類似品が日本で作ら

76　ポルトガル商人たちによって輸出されていった漆器類のこと。

77　漆工芸の一技法で、夜光貝・アワビ貝のような真珠光を放つ貝殻を文様に切って、木地や漆塗りの面にはめこんだり貼りつけたりしたもの。

れたのは、ヨーロッパ人が日本の漆器にも「インド的」な要素を求めたからであった。日本という国には馴染みがなかったのに比べ、東方としてのインドのイメージは馴染み深く、アジアからもたらされる品にその要素が求められたのだろう。日本的な要素とインド的な要素を併せ持つ南蛮漆器の多様で雑種的な特徴からは、当時のヨーロッパ人が求める日本のイメージ（じつはインド的な「東洋」イメージ）と実態のズレを読みとることができる。そこではヨーロッパ人のもたらしたモノやイメージと日本の伝統的な技法などが必ずしも調和・融合されず、異質な要素がそのままぶつかりあっていたのである。

また南蛮漆器のなかには、まれに作品自体日本製ではない部分が組みあわせられているものもあり、さまざまな様式の融合や混交というよりも、むしろ異質な要素がひとつの作品のなかで「せめぎあう」ことによって、思いがけない効果が生まれている。南蛮漆器とは、日本的要素、インド的要素、それ以外の色々な要素を、さまざまな形で混ぜ合わせ、うみだされたものであった。ここで重要なのは、ヨーロッパ人はアジア各地の工芸品を比較したうえで、各地域の特徴的な技法を活かした調度品を求めたことである。強度・品質がすぐれ、さらに蒔絵などの技法を駆使し、絵画的、装飾的な表現をほこる日本の漆器がほかの地域の漆芸品にくらべてすぐれていることが注目され、南蛮漆器が作られたのだろう。南蛮漆器はヨーロッパへの日本の輸出漆器の先駆けとなり、アジア各地の中継港へも輸出される国際商品となった。

一七世紀以降、日本漆器の影響を受けたモノがさまざまな地域で多数作られるが、メキシコでは南蛮漆器の影響を受け、油絵に螺鈿を組みあわせた作例も紹介されてい

南蛮漆器（「花樹蒔絵螺鈿洋櫃」、リスボン国立古美術博物館蔵。『海を渡った日本漆器Ⅰ』〈二〇〇一〉より）

る。このような、東西の諸要素が混交してできあがった南蛮漆器の影響を受けて、あらたな混合種が世界の他地域で生成されるという現象からは、洋の東西の交流という側面だけではとらえきれない、この時代の海域交流のダイナミズムを感じ取ることができるのである。

火器技術の新展開

海上貿易によってアジアからヨーロッパへもたらされたのが陶磁器・屏風・南蛮漆器であるならば、逆にそのルートでヨーロッパからアジアへもたらされたのがあらたな火器技術である。一五世紀のヨーロッパにおける火器の急速な発展がもたらした「軍事革命」は、まもなく西アジアにも拡大し、一六世紀には東アジア海域にも波及して、その後の歴史展開に大きな影響をおよぼしたのである。

金属製火器が最初に実用化されたのは一三世紀の中国であった。一四世紀後半からは、明朝では携帯用の「銃筒」や大型の火砲など、膨大な火器が製造されていた。ただし一五世紀中期以降、大規模な対外戦争がなくなると、火器技術の革新はおこなわれず、その技術は停滞し、一六世紀初頭まで明初型式の火器が依然として製造されつづけた。一方で火器は、明朝との通交を通じて朝鮮や琉球にも伝播し、さらに明朝との交戦を通じて、東南アジアにも広がっていった。ただし日本列島だけは、東・東南アジアにおける火器の普及から取りのこされていた。戦術上の理由のほかに、日本では火薬の主要原料である硝石を調達できなかったことが大きいだろう。

一六世紀前半、ポルトガル勢力の東方進出にともない、彼らが帯来したヨーロッパ式火器が東アジア諸地域に流入する。その代表が仏郎機《フランキ》砲と鉄砲（火縄銃）である。仏郎機砲はシリンダー式の子砲を砲身の後部に順番に装着して発射する後装砲で、ポルトガル船の艦載砲として用いられ、一五二二年、広東での明朝とポルトガル人との軍事衝突をへて中国に伝播した。仏郎機砲は中国の伝統的火砲とくらべて、連発耐久性・射程距離・破壊力がすぐれ、明朝では長年蓄積された火器製造技術を活用し、守城・野戦などでも使用できるよう改良がくわえられ、大小さまざまな仏郎機砲が明代を通じて量産された。

さらに一五四三年には、ポルトガル人によって鉄砲が種子島に伝えられた。その製造技術は、戦国時代の日本列島へ急速に普及し、統一政権樹立の原動力ともなっていった。また中国にもポルトガル人を通じて鉄砲が伝わったようだが、当初は十分に模造することができず、一五四八年に明軍が双嶼の密貿易拠点を攻撃した際に、日本式の鉄砲技術が伝わったといわれる。また福建などの東南沿岸地域からはヨーロッパ式の火縄銃も伝来し、一五五八年には明朝政府で一万挺以上の鳥銃（火縄銃）が製造されたという。ただし当初明朝で製造された鳥銃は、従来の火器技術を用いた銅製の鋳造品だったようだ。鋳銅製鳥銃は、短期間に大量の模造が可能であったが、鍛鉄製とくらべて銃身がもろく、数発撃てば暴発のおそれがあり、高い命中精度は期待できなかった。

それまで火器技術の空白地帯であった日本では、一六世紀中期に伝来した鉄砲をゼロからほぼ忠実に模造し、それが列島全域へ急速に普及した。ポルトガル人や華人密貿易者を通じて、東南アジア・中国産の硝石が供給されるようになったことも大きいだろう。これに対し、固有の火器技術の伝統をもつ中国では、その技術を活用してヨーロッパ式の仏郎機砲を独自に改良し、さまざまな大型火砲を大量に配備した。一六

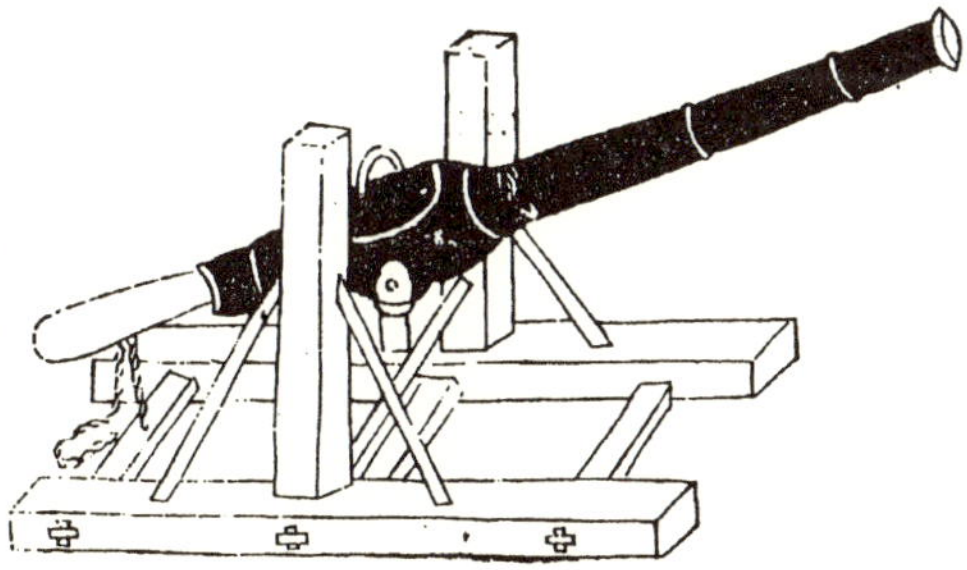

仏郎機砲（『籌海図編』〈中華書局、二〇〇七〉より）

世紀末の豊臣政権による朝鮮侵略では、日本の鉄砲と明朝の火砲とが正面からぶつかることになった。

豊富で多様な火砲を装備する明軍と、精鋭な鉄砲を大量に装備した日本軍との大規模な戦争は、相互の火器技術交流を活発化させ、技術水準を飛躍的に向上させる契機となった。明軍の大型火砲は、とくに攻城戦において威力を発揮した。このため徳川家康は、堺や近江の国友で大砲を鋳造させるとともに、オランダ商館からも大砲を輸入し、一六一四・一五年の大坂城包囲戦では、一〇〇門以上の大砲ではげしい砲撃をくわえている。一方、すぐれた性能を持つ日本式鉄砲は、明軍にとって甚大な脅威となり、明朝政府は、日本兵捕虜をかいして日本式鍛鉄製鉄砲を入手しその導入を進めようとした。明朝は日本人捕虜を鉄砲部隊として編成し、西南少数民族の反乱や、東北のジュシェンとの戦役に活用したのである。

こうしたなかで、明朝では日本式鉄砲をはじめとする火器技術に対する関心が急速に高まりをみせた。一六世紀末には鉄砲研究書である『神器譜』が著され、オスマン帝国出自の大型鉄砲である「嚕蜜《ルーミー》銃」など、日本式鉄砲を凌駕するとされる多様な火器が紹介された。さらに、戦場となった朝鮮でも日本兵捕虜をかいして日本式鉄砲が、また、明朝の朝鮮救援軍をかいして仏郎機砲が伝えられた。それまで弓矢が主要兵器であった朝鮮に、最先端の火器技術が移転され、一七世紀の朝鮮は東アジア有数の鉄砲製造・保有国となる。

火器を主要兵器とする大規模戦争が頻発し捕虜も含め人の往来が盛んとなるとともに、火器技術の流動化・拡散化が進み、陸域を基盤とする明朝政府の求心力の低下や、諸勢力の台頭という趨勢を招いた。一七世紀前半の明朝では、徐光啓などのイエズス会士と親しい官僚が中心になって、最新のヨーロッパ式火砲の導入を図り、後金[78]との攻防でヌルハチを撃退するなど、一定の成果をあげた。しかしその後は、明朝による最新火器の導入は順調には進展せず、それとは対照的に、後金側では明朝から獲得した火砲や、火器技術に長じたカトリック宣教師などの人材を通じて、最新鋭のヨーロッパ式火砲であった紅夷砲（紅衣砲）の導入に成功し、明朝に対してしだいに優勢に立つようになる。一六世紀以降の東アジア海域では、あらたな火器技術の導入と活用の成否が、諸勢力の興亡の分岐点となった。新技術を順調に受容した勢力が、一七世紀の東アジア国際秩序の変動のなかで主導権を握ることになるのである。

大量出版時代と出版技術の融合

人びとが情報や知識を共有する手段として、出版文化の存在は重要である。一六世紀の東アジア海域では出版文化が活況を呈し、書籍が大量に出版された。漢字を主として用いる地域では、それまで基本的に木版印刷が主流だった。例外は、朝鮮半島における活字印刷出版の展開だけである。一六世紀は、漢字文化圏以外からもあらたな出版技術が導入され、旧来の技術と融合を見せた時代であった。

書物の出版と販売をおこなった書肆《しょし》（書籍商）の活動は、一六世紀の中国大陸において画期的な展開をとげる。漢字を用いる地域には木版印刷が広く普及していたが、それは中央政府、地方政府、有力な個人のもとでの出版活動が中心だった。一六世紀以前に出版と販売をおこなう書肆の存在がみとめられるのは、中国大陸の大都市部と福建山間部においてのみだった。その書肆の活動は数的にはきわめて限られており、長い歴史を有する写本文化を凌駕することはできなかった。とこ

78　ヌルハチがジュシェン人を統合して建てた国家で、マンジュ語ではマンジュ国・アイシン国といった。明と開戦して遼東地方に進出し、一六三六年に大清と改称した。

ろが、一六世紀になると写本に対する刊本の優勢が決定的になり、中国大陸沿岸部を中心に図書が大量に出版されて、営利出版が大きく展開するようになったのである。

一五世紀半ばにグーテンベルク[79]が活版印刷の技術を開発し、一六世紀になるとそれがヨーロッパ各地に広く普及したことはよく知られている。イエズス会は、この技術を一六世紀半ばのアジアへの布教に際して持ちこんだ。印刷機は、リスボンから帰国の途についた日本の天正遣欧使節一行によってアジアにもたらされ、一五八七年にはゴアにおいて、イエズス会巡察使ヴァリニャーノのもとで、原マルティノのラテン語演説が日本人によって活版印刷された。日本では、一五八七年にキリシタン追放令が発布されるなか、ヴァリニャーノの主導により、ローマ字や日本仮名文字によるキリシタン版とよばれる書物が一〇〇種を超えて出版された。一方、一五八二年にマカオへと到達したイエズス会士マテオ＝リッチは、一六〇一年には明皇帝の宮廷に入り、キリスト教関係書や西洋の学術書を多数中国語に翻訳し出版をおこなったが、彼が採用したのは中国伝統の木版印刷であった。

一六世紀末の豊臣政権による朝鮮侵略は、朝鮮半島の多くの文化財を暴力的に日本へもたらす契機となった。そのひとつが朝鮮で盛んに出版された朝鮮活字本であり、銅活字も同時にもたらされた。日本では、一五九三年に後陽成天皇の勅命により活字出版がおこなわれてから、天皇や有力武将、有力社寺によって盛んに活字本が出版され、「古活字版の時代」が約六〇年間つづく。これらの出版事業では、朝鮮活字文化の直接の影響を大きく受けつつも、ヨーロッパの活版印刷技術を利用したキリシタン版の組版技法をそのままとりいれていた。つまり、ヨーロッパの活版印刷における鉛活字を木活字とし、プレス印刷を伝統的摺版印刷に変更して古活字版は成立していたのであ

79 ドイツの技術者。活字印刷術の発明者とされる。鋳型によって活字を作り、印刷機を発明し、『四二行聖書』や免罪符などを印刷した。

80 中国古代の帝王の治績中、治乱興亡の勧戒とすべ

る。
豊臣秀頼によって一六〇六年に出版された古活字版『帝鑑図説』[80]は、当時の東アジア海域の出版文化の特徴を集中的に表現するきわめてハイブリッドな書物である。それは、一六世紀末に刊行されたその底本が、明代後期の木版画技術の水準をしめすものである一方、組版の面では古活字版という、ヨーロッパの活版印刷と朝鮮活字技術、伝統木版印刷の融合技術によっていたからである。日本に将来され、翻刻された『帝鑑図説』は、為政者たちの嗜好にかない、後世に至るまで障壁画に描きつがれる規範的な画題となった。全国的な建築ラッシュのもと、名古屋城本丸の狩野探幽筆「帝鑑図」襖絵に代表されるような、障壁画や屏風が盛んに描かれた。万暦元（一五七三）年に刊行された中国の版本の最新の情報は、それまでにないスピードで列島各地に広まった。この時代の東アジア海域における出版文化の隆盛とそれによる情報の普及を端的にしめす事例といえるだろう。

海を駆ける日本情報

一六世紀の東アジア海域では、人・モノの往来のみならず情報の流通も活発化した。とくに、世界有数の銀の産地で、かつ大倭寇時代や朝鮮侵略の震源地でもあり、一方でキリスト教布教の最前線でもあった日本をめぐる情報は、海外の人びとの関心をつよく集め、種々の研究書や報告書を生みだした。

もともと明朝では、日本情報への関心はさほど高くなかった。しかし、一五二三年の寧波の乱は、日本の現状に対する関心を喚起し、これを契機に編纂された

き事柄を図説した明時代の書。内容は、古聖王の堯帝より北宋の神宗に至る帝王の任賢・孝徳・仁慈・倹約・好学など、亀鑑とすべき善行八一項と、夏の太康より北宋の徽宗までの帝王の戒慎すべき悪行三六項、計一一七項からなる。

帝鑑図説（前、第二冊、国会図書館蔵）

薛俊《せつしゅん》[81]『日本考略』（一五二三年）は、後世の日本研究の基礎となった。一六世紀中葉になると、いわゆる嘉靖大倭寇が中国大陸沿岸を荒らしまわる状態となり、明朝は倭寇禁圧を求める使節を日本へ派遣した。一五五五年の蔣洲の来日と、一五五六年の鄭舜功[82]の来日がそれであり、彼らは西日本各地を踏査して、最新の日本情報を明朝にもたらした。

その成果が、鄭若曾『日本図纂』（一五六一年）であり、とくに「日本国図」「日本入寇図」などの詳細な地図や、中国から琉球経由で日本へ向かう航路をしるした「使倭針経図説」などが注目される。「日本国図」では、倭寇の本拠地である五島列島が、九州本土とおなじほどに巨大化して描かれており、倭寇の根拠地としての日本像を端的にしめしている。やはり鄭若曾が編纂した『琉球図説』に収録された「琉球国図」は、一六世紀の首里と那覇港を描いた唯一の絵図として貴重である。さらに彼は『日本図纂』の内容を拡張し、一三六種もの地図・典籍を参照して、『籌海図編』一三巻（一五六二年）を著した。『籌海図編』には中国沿海部などの豊富な地図類と、倭寇被害の総合年表、さまざまな種類の船舶や武器などの絵図も収録されており、まさに倭寇研究の集大成ともいうべき著作であった。

これに対し鄭舜功の『日本一鑑』（一五六五年）は、自身が使節として日本に滞在した際に収集した情報にもとづいた著作である。そこでは自身の渡航経緯や倭寇の動静、日本の地理風俗などが鮮明に記され、収録された地図類にも他所にはない情報が多い。なお当時の明朝で日用類書（挿絵入りの日用的な百科事典）が刊行されたが、初期の刊本の挿絵では、日本人は禅僧のかっこうで描かれているのに対し、その後の刊本では半裸で刀を担いだ典型的な倭寇スタイルで描かれている。宋元以来の禅僧交流のイメージにかわって、半裸の倭寇像が日本人のステロタイプとなっていたのであ

81　生没年不詳。中国定海県の人で、学問に精通し、常州の教諭として諸生を導いたという。彼が編纂した『日本考略』は、明朝初めの日本研究書であり、その完成度は高くないものの、のちの日本研究書に多くの影響を与えた。

82　生没年不詳。一五五六年、浙江総督の命で倭寇禁圧の交渉をするために来日した。豊後の大友宗麟のもとに滞在し、翌年に大友氏の使僧清授とともに帰国した。この時の渡航体験や在日中の見聞、収集史料などにもとづいて『日本一鑑』を撰述し、中国人の日本認識に大きな影響を与えた。

る。

一方で前期倭寇に悩まされていた朝鮮王朝では、早くから日本情報の収集につとめ、その集大成が申叔舟『海東諸国紀』[83]（一四七一年）であった。しかし、前期倭寇が鎮静化した一五世紀後半には、日本情報への関心も低下していく。一六世紀になると、朝鮮政府は対馬宗氏が通商目的で仕立てた偽装使節がもたらす恣意的な情報に依存し、生の情報をえることができなくなっていた。一六世紀なかばには、後期倭寇が朝鮮沿岸にも姿をあらわすようになり、対日海防政策の必要性が再認識され、朝鮮の朝貢使節が北京で入手した『日本考略』（一五三〇年）が、朝鮮で重刊されている。しかし、その後も朝鮮政府は最新の正確な日本情報を入手する術を持たず、それが豊臣政権の朝鮮侵略を無防備なまま迎える原因ともなった。

これに対し、一六世紀の日本にもっとも関心を傾け、情報収集につとめ、精緻な研究をおこなった集団はイエズス会である。その関心の動機は中国人・朝鮮人のそれとは大きく異なっていた。彼らには、獲得した情報をキリスト教の布教拡大に役立てるのみならず、ヨーロッパの人びとに対して異国での布教活動をアピールするためのプロパガンダ的要素としようという思惑があった。そして、その情報はヨーロッパの知識階級がつよく求める未知の世界にたいする知的欲求をも満たす効果があった。イエズス会の情報収集の特徴は、会員の書簡を通じた情報の収集と共有という点にある。ザビエル来日以降、布教の実情や成果についてまとめた報告書が、ローマのイエズス会総長などにあてて送信された後、イエズス会の検閲と認可をへたうえで、印刷されて広く頒布された。そのような公開文書とはべつに、非公開を前提とした文書も会員によって作成された。布教を鼓舞するために作成された教化書簡よりも、局外極秘の報告書のほうが情報の信憑性が高い。イエズス会

83　朝鮮国王成宗の命により申叔舟が編纂し、一四七一年に成立した書物。日本、対馬、壱岐、琉球の国情や、国交の歴史を記し、使者の応接を規定している。朝鮮外交官の座右の書となった。

による日本研究は、語学・歴史学・文学・地理学に関しても精緻をきわめており、『日葡辞書』[84]やルイス＝フロイス『日本史』のような書籍も誕生した。

明朝・朝鮮・イエズス会の三者における日本情報のあり方を比較すれば、情報収集と情報分析に関していえばイエズス会がもっとも優秀であった。その理由のひとつは情報源の良質性に求められる。たとえばフロイスは、豊臣秀吉の右筆[85]を有力な情報源としており、秀吉が発給した朱印状の写しなどを『日本史』[86]に収録している。またイエズス会士は、雑多な基礎データを体系化して、精製された情報に高める総合分析能力という点でも、はるかに高い水準にあったのである。

ふたたび豊後府内から

一五世紀の日本列島では、海外への人・モノ・情報の移動は、東シナ海周辺地域との間に、いくつかの限定的なルートでおこなわれるにすぎなかった。しかし一六世紀の東アジア海域では、人・モノ・情報の移動が一気に活発化し、その移動範囲も飛躍的に拡大した。本章の冒頭で紹介した豊後府内は、こうした一六世紀の東アジア海域を集約的にしめす場所であった。そこでは都市空間のなかに、禅宗寺院とキリスト教会と華人居留地（唐人町）が併存し、キリスト教の十字架やメダルも、仏具や仏像も出土している。さらに大量の日本製・中国製・朝鮮製・東南アジア製の陶磁器をはじめ、火縄銃の弾丸や部品も出土し、多数の中国銭にくわえ、日本銀の流通に関わる分銅も見つかっている。

この国際都市の支配者であった大友宗麟[87]は、遣明船の派遣をこころみ、明朝との密貿易や琉球王国との交易も推進するとともに、イエズス会士を通じてマカオとも通商を開き、さらにカンボジア

84　イエズス会宣教師が、日本語習得の便を図るために編纂した辞書。本篇は一六〇三年、補遺は翌年に成立した。約三万二八〇〇の日本語を和漢・雅俗などの別なく採集し、ポルトガル語で語釈を施し、出典・用法・関連語・位相その他を示した。

85　主人の文書を代筆する人。

86　フランシスコ＝ザビエルの来日から一五九二年ごろまでの約四〇年の日本イエズス会布教の歴史をルイス＝フロイスが叙述したもの。宣教師としてある程度の偏見はともかく、観察と情報収集の的確さと詳述という点では抜群の価値が認められる。

87　一五三〇—八七年。大友義鎮のこと。戦国時代の

などの東南アジア諸国とも独自の通交をおこなっていた。彼はまた少年時代に種子島に渡来したばかりの火縄銃にいち早く接し、のちにはマカオから大型の仏郎機砲を輸入している。蔣洲や鄭舜功も、豊後に滞在して大友宗麟のもとで日本情報を収集している。そして府内に滞在した宣教師が記した書簡は、イエズス会の情報網を通じて世界各地に発信され、ルイス＝フロイスは、その豊後王国の栄光と、島津氏の侵攻によるその崩壊を、彼の『日本史』において万感をこめて記録した。海域アジア東端の日本列島の一隅にある府内は、海を越えて移動する人・モノ・情報が集約する空間だったのである。

　しかし一六世紀末に九州を制圧した豊臣政権は、大友氏などの九州の諸大名を朝鮮侵略に動員したあげく、戦場での不手際を口実として大友氏を豊後から放逐してしまった。一七世紀以降の府内は、もはや国際都市としての性格を失い、全国に数百とある小藩の城下町のひとつとなっていった。東アジア海域の各地で、多様な勢力が通商の利益と武力を結びつけて競いあった時代はしだいに終幕に向かい、諸勢力の「せめぎあい」を勝ちぬいた統一権力が、一定のルートで人・モノ・情報の移動を管理する時代が幕を開けつつあったのである。

（中島楽章［主編］、伊藤幸司、岡美穂子、橋本　雄、山崎　岳）

武将で豊後・筑後・肥後・筑前・豊前・肥前六ヶ国守護。大友義鑑の子で、大内義長とは兄弟関係にあった。北部九州に版図を築くが、島津氏と対立し豊臣政権に接近した。熱心に南蛮貿易をおこない、キリスト教の影響も強く受けた。

第III部　すみわける海　一七〇〇―一八〇〇年

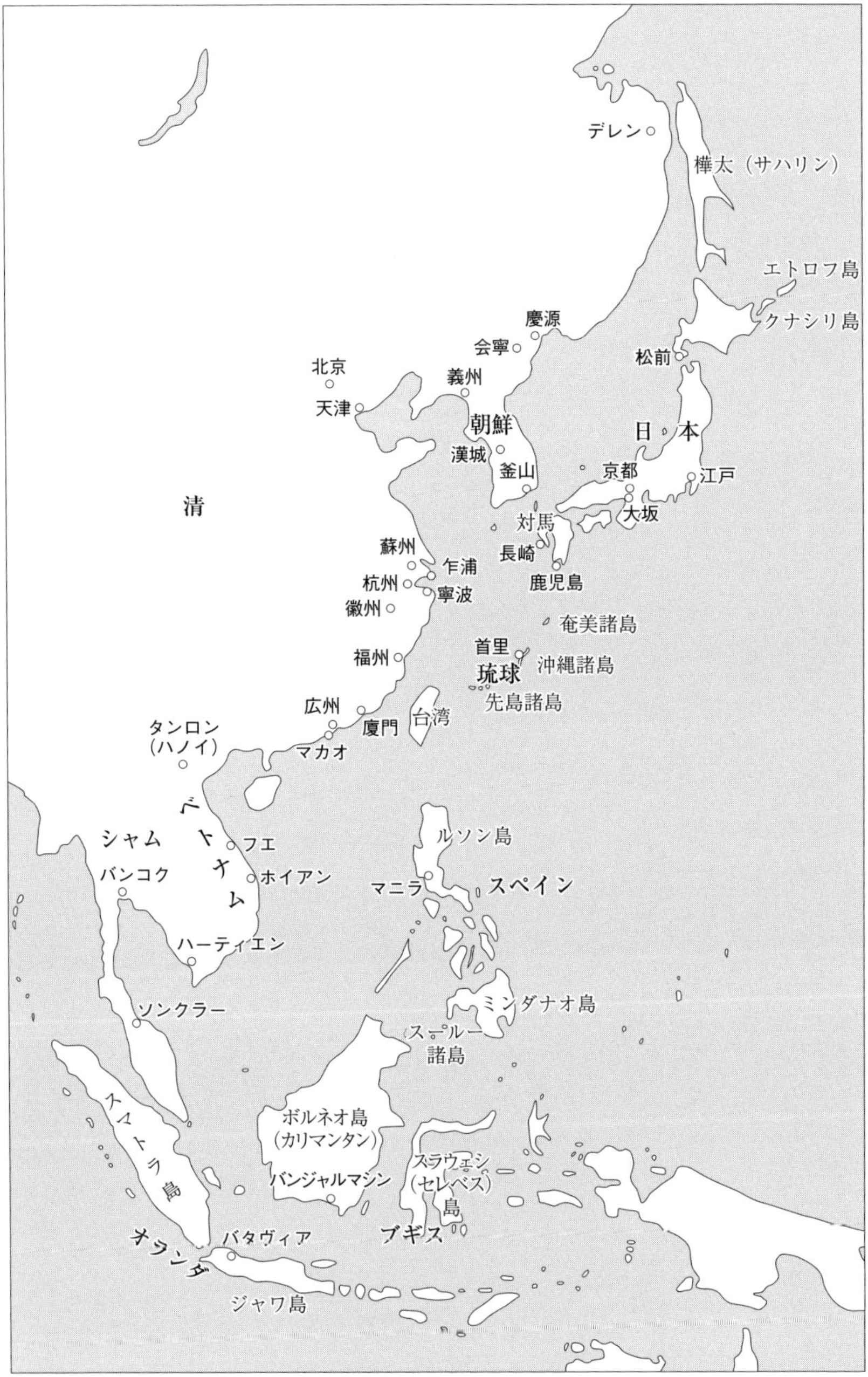

1700–1800 年の東アジア海域

一　時代の構図

二つの漂流事件

時は将軍徳川吉宗《よしむね》[1]の治世の寛保《かんぽう》二（一七四二）年七月、琉球から鹿児島へむかう一隻の薩摩《さつま》船が海上で遭難した。乗組員は二一名、うち二名は琉球で雇った琉球人の水主《かこ》であった。一行は髪を切って海中に投げいれて願《がん》を立て、積荷を捨てて船体を軽くするなど必死の努力をしたが、強い風波の前についに船は沈没してしまい、乗組員は小舟に乗りうつって脱出した。このとき一名が移動に失敗して死亡したが、のこる二〇名は運を天にまかせて漂流し、幸いにして、とある島に漂着した。

（『通航一覧』巻二二五／『薩州船清国漂着談』／『旧記雑録』追録巻八七）

明和元（一七六四）年一〇月、今度は筑前《ちくぜん》の廻船《かいせん》・伊勢丸が、津軽《つがる》の材木を積んで江戸へむかう途中、鹿島灘《かしまなだ》で暴風雨に見舞われた。嵐のなか、二〇名の乗員は、船に入る水をかき出し、積荷の材木を捨てて船体を軽くし、髪を切って海中に投げいれ、神仏に祈りながら悪戦苦闘をつづけた。かろうじて危地を脱したものの、帆も舵も碇もうしなった船は、もはやあてどなく漂流するほかなく、およそ一〇一日後に見知らぬ大きな島に漂着した。

（『南海紀聞』／『漂流天竺物語』）

――ここまでは、船種や信仰による違いはあれども、海上ではいつの時代のどの地域でもおこりうる話であろう。しかし、ここから先の彼らの運命は、この第III部で扱う一七〇〇―一八〇〇年の

1　一六八四―一七五一年。江戸幕府第八代将軍（在職一七一六―四五年）。御三家のひとつ・紀州徳川家の第五代当主であったが、徳川宗家を嗣いで将軍となった。享保の改革とよばれる財政再建と機構改編をすすめ、体制を中興した。

東アジア海域の特徴をくっきりとあらわすものであった。まず、薩摩船のその後を見てみよう。

帰ってくる漂流者

島に漂着した彼らは「ここは唐の国だろう」と推量したが、はたしてその通りであった。そこは現在の中国浙江《せっこう》省東北の海域に点在する舟山《しゅうざん》群島の一小島だったのである。島の人間に日本語はまったく通じなかったが、手まねで漂流者だと説明すると理解され、食事をとらせて介抱してくれた。その後、舟山という大きな島につれていかれ、そこで地方官から筆談でくわしい事情聴取をうけた。このとき、船頭の伝兵衛は「日本国之内薩摩国松平大隅守《まつだいらおおすみのかみ》領内之者」と書いたという。「松平大隅守」とは、ときの薩摩の領主・島津継豊《しまづつぐとよ》のことで、松平姓は、有力外様《とざま》大名に許された賜姓による名のりである。この舟山でも、一行には日々の食事や茶・煙草が支給され、たいへん鄭重な扱いをうけた。

やがて伝兵衛一行は大陸側に渡り、鎮海《ちんかい》・寧波・杭州《こうしゅう》・紹興《しょうこう》・嘉興《かこう》と移動して乍浦《さほ》という港町へたどりついた。乍浦は中国大陸から日本の長崎にむかう商船のおもな出港地で、彼らは長崎行きの船の持ち主である三官《さんかん》という唐人の屋敷に滞在することとなった。一行はそこで食事だけでなく衣類・布団なども支給され、ねんごろな世話をうけた。三官は、乍浦の地方官から伝兵衛らの世話と送還を命じられており、彼らへの生活費や支給品は公費から支出されていた。

春になると、一行は三官の船で乍浦を出航し、一〇日ほどで長崎に入港して、長崎奉行所《ぶぎょうしょ》にひきわたされた。奉行所は彼らを取り調べ、氏名・本籍地・宗旨のチェックや踏み絵、漂流の次第や逗留《とうりゅう》中の様子のくわしい尋問などをおこなった。その結果、一行はとくに問題なしと判断され、薩摩の役人にひきわたされて、それぞれの地元へともどったのであった。

このように、中国大陸沿岸に漂着した一行は、日本とは国交がなかったはずの清《しん》朝の官民双方の手をへてぶじ送り返され、帰国後も「鎖国」破りとして罪に問われることなく、日常に復帰したのである。彼らが漂着した舟山群島は、第II部で扱った時代にあっては〝倭寇〟の一大根拠地そのものであり、世が世なら、身ぐるみはがれて売りとばされるか、彼ら自身も倭寇になるしかなかったであろう。

しかし、一八世紀の東シナ海ではこれはなにも特別な事例ではなく、清領内に漂着した日本人は、ほぼ例外なく同様の保護をうけ、長崎行きの商船にのせられて日本へと送還されていたのである。途中たびたび地方官が関与し、また諸経費が公費から支出されていることからうかがえるように、こうした救助・保護は、清朝の国家制度として定められており、地方官たちは職務の一環として漂着民の対応にあたっていた。逆の場合も同様で、日本に漂着した外国人も幕府や諸大名家の法《はっ》度《と》に従って救助・保護され、おなじルートで帰国していた。こうした国家制度にもとづく外国人漂着民の保護・送還は、清朝―日本の間だけでなく、清朝・日本・琉球・朝鮮の四ヶ国のあいだで相互におこなわれており、直接的な通交ルートをもたない琉球―朝鮮間、さらにはベトナムとのあいだでさえも、それぞれと関係をもつ清朝の仲介によって、漂着民の相互送還が実施されていたのである。

現代人には常識のようにおもわれるこのようなしくみだが、清朝・日本・琉球・朝鮮のあいだで漂着民がほぼ確実に救助・送還されるようになったのは、じつに一八世紀はじめのことだった。もちろん、それ以前から海難の救助・送還はおこなわれていたが、一方からのみのことが多く、相互の送還までは保障されていなかった。そればかりか、現地へ帰化したり、奴隷にされたり、売却されたりすることも多分にあり、中世日本の寄船《よりふね》の慣行（第I部）のように、それが漂着先の慣行や権利となっていることさえあった。すなわち、このような保護・送還が偶然ではなく制度的かつ相互に保障されている状況こそ、一八世紀の東シナ海の特徴にほかならないのである。

同時に注目されるのは、このような相互送還が、かならずしも国家間の外交関係の存在を前提としていたわけではなかったという点である。一八世紀の日本が清朝と国交をもたなかったことはよく知られているが、両者はけっして交渉を絶ったのではなく、民間貿易を主とするさまざまな関係が、旺盛かつ安定的に展開されていた。このことは、幕藩制下の日本だけでなく、清朝の側でも「建前上の断絶と現実面での交流」というあり方をみとめていたことを意味している。

日本の「鎖国」や、清朝が貿易港を広州《こうしゅう》一港に制限した、といった閉鎖的・消極的な一八世紀像は近年大きくぬりかえられているが、前後の時代との対比において、一般にはなお「閉じられた」時代という印象が強いかもしれない。しかし、たしかに制約は多いけれども各国の門戸は閉じられてはおらず、むしろ、明確な法規であれ暗黙の了解であれ、一定の約束事のもとで盛んな交流がおこなわれていたのである。政権による外国人漂着民の救助・保護、および相互送還という「常識」の確立も、そのひとこまにほかならない。

この時代の海には、人目をひくような戦争や動乱はみられなかったが、それは交流の停滞・低調を意味するのではなく、むしろ安定と隆盛というべきであろう。そして、その下で静かに、しかし着実に地殻変動が進行していたのである。そこでこの時期の特徴を、その前の時代にさかのぼって

2　徳川秀忠（一五七九―一六三二年）は江戸幕府の第二代将軍（在職一六〇五―二三年）として、その子・家光（一六〇四―五一年）は第三代将軍（在職一

具体的にみてみよう。

東シナ海をとりまく権力と〝海の平和〟

一八世紀の開始から一〇〇年をさかのぼる一七世紀はじめの東シナ海とその周辺は、第II部で描かれたように、生糸《きいと》をはじめとする中国大陸の物産と日本銀・アメリカ銀との交易でわきかえり、各地域において政治秩序と社会構造の地殻変動が最高潮に達していた。その渦中で形成された新たな政治権力が、織田信長・豊臣秀吉から徳川家康へとひきつがれていった日本列島の統一政権であり、またヌルハチがマンチュリア（満洲）のジュシェン（女直・女真）人を統合してうちたてた後金《こうきん》であった。前者は二代将軍秀忠《ひでただ》・三代家光《いえみつ》[2]の代に江戸の幕府が全国に強力な支配権を行使する幕藩体制をきずきあげ、後者は二代ホンタイジのときに民族名をマンジュ（満洲）[3]、国名を大清《だいしん》と改め、ともに一六三〇―四〇年代にその姿をととのえた。

当初、対明《みん》国交交渉や朱印船による海外貿易に熱心だった徳川政権は、この時期に対外関係の再編成をすすめ、のちに「鎖国」とよばれることになる厳格な対外関係管理体制を整備してゆく。それは海外通交規制・キリスト教禁教・貿易管理を骨子とし、対外関係を長崎口《ながさきぐち》・薩摩口《さつまぐち》・対馬口《つしまぐち》・松前口《まつまえぐち》の「四つの口」[4]に集約して管理するというものであった。また、おなじ時期に台頭してきた後金＝清政権は、兵民一致組織の八旗《はっき》[5]制を国制とし、その強力な求心力と軍事力を武器に、モンゴル諸勢力をつぎつぎと降して吸収してゆくとともに、朝鮮を屈服させて明朝の朝貢国陣営からきりはなし、独自の国際秩序の構築をすすめていった。他方、秀吉とホンタイジの軍勢にあいついで蹂躙《じゅうりん》された李氏の朝鮮王朝と、薩摩の島津氏の侵攻をうけてその統制下におかれた第二尚《しょう》氏の琉球

六二三―五一年）として徳川政権の確立に尽力し、家康が武力で手にした覇権を安定軌道に乗せた。

3　マンジュとは部族名で、明側のいう建州女直をさし、ヌルハチが王朝名にももちいた（マンジュ国）。満洲とは、漢字でその発音を写したものである。ホンタイジが王朝名を大清と改めるにあたって、一六三五年にジュシェンにかえて民族名とされた。

4　江戸時代の対外関係の四つのルートをいう。長崎口には中国船・オランダ船が入港し、また薩摩口は琉球と、対馬口は朝鮮と、松前口は蝦夷地（北海道）との窓口となった。

5　後金＝清朝の軍事・行政組織で、色分けした旗印で区別される八つの集団からなるため、八旗とよばれる。当初すべての臣民はいずれかの旗に所属して兵役・労役・納税などの義務を負い、中国征服後は、農工商業に従事せず官員・兵士を出す特権階級となった。

王国は、不本意ながらも新しい環境下で体制を再編する（近世朝鮮・近世琉球）。

これらの変動のなか、中国大陸を支配し国際秩序の中心にあった明朝が、一六四四年に内乱で崩壊した。以後四〇年にわたって、北京にのりこんできたマンジュ人の清朝、李自成《りじせい》[6]ら明をたおした武装勢力、明の残存勢力たる南明《なんみん》諸政権、明から降って清の藩王となった呉三桂《ごさんけい》らの三藩《さんぱん》[7]、そして鄭成功《ていせいこう》一族の海上勢力が、離合集散をくりかえしながら覇権争いを展開することとなる。対抗勢力をつぎつぎとたおしていった清朝は、その過程で沿海部住民に船舶の出航禁止（海禁令《かいきんれい》）と内陸への強制移住（遷界令《せんかいれい》）を下令して海上の鄭氏勢力に対抗し、一六八三年にようやく鄭氏の拠る台湾を占領して、一六世紀以来の海上の自立的勢力を一掃することに成功した。

清の康熙《こうき》帝[8]は、これをうけて翌一六八四年に民間商船の海外出航を許可し、沿海部の要所に四つの海関《かいかん》[9]を設けて海外貿易の管理にあたらせた。商船の渡航先には日本の長崎もふくまれており、かくて中央政府間の公的接触はないままに、日本と清朝のあいだに安定的な通商がひらかれたのである。清朝はすでに朝鮮・琉球を朝貢国として外交関係をむすんでいたので、ここに強力な陸上の諸政権の統制下で海上の通交がおこなわれる状態ができあがった。

第III部であつかう時期は、これら国家レベルの政治権力が強大化し、それ以下の地域レベルの諸権力を統制下において、交通・交易を主導した時代であった。一六世紀の動乱と秩序変動をへて一七世紀に形成（清朝・徳川政権）ないし再編（朝鮮・琉球）された、自領内を強力に把握するこれらの政治権力を、ここでは「近世国家」とよぶことにしたい。これら強力な「近世国家」は、にえたぎる坩堝《るつぼ》のようであった一六世紀の海陸の諸勢力の混淆《こんこう》状況に終止符を打ち、自他の線引きをおこなって各自の領域・構成員を再定義し、たがいにならびたって海にのぞんだのである。

6　一六〇六―四五年。明末の反乱の指導者。西安を本拠として一六四四年に北京を攻略し、明朝を滅ぼしたが、呉三桂と連合した清軍に敗れ、湖北で敗死した。

7　華南に進駐した呉三桂ら清朝の漢人武将の勢力をいう。任地からの撤収を命じられると雲南の呉三桂が反旗をひるがえし、近隣の勢力も呼応して、三藩の乱（一六七三―八一年）とよばれる内乱となった。

8　一六五四―一七二二年。清朝の第四代皇帝、アイシンギョロ（愛新覚羅）玄燁（げんよう、在位一六六一―一七二二年）。南方で三藩・鄭氏台湾を平定し、北方ではロシアを黒龍江方面から駆逐し北モンゴルを臣属させて、帝国を安定軌道にのせることに成功した。

9　主要な対外貿易港におかれた税関で、江蘇の江海同時に、これら「近世国家」、とりわけ強大であったマンジュ人の清朝と日本の徳川政権は、しかし海上貿易に無縁でも、これを敵視していたわけでもない。むしろその本来の性格は、一六―一七世紀の国際貿易の活況のなかで形成された新興軍事勢力であり、それらが覇権の進展とともに軸足を対外貿易から領土統治にうつして、新たな秩序を主宰したのである。そして、それら各政権の対外関係管理体制がならびたつことで、武力衝突や外交トラブルがおおむね姿を消し、諸勢力が貿易活動に専念する〝海の平和〟が現出したのがこの時代であった。その強力な統制力は、東シナ海の外側の勢力に対してもおよび、ヨーロッパ船などの来航者も、この時代にあっては東シナ海のルールに従わねばならなかった。

ただし、この状態は現在のような「国際協議」の産物というわけではなく、それぞれの政権が自らの都合にあわせて構築した「自国にもっとも合理的な管理体制」が、たがいにおぎないあった結果としてできあがったものであった。それを可能にしたのは、政権どうしの摩擦・衝突を極力回避し、それぞれの政権が「国内統治の論理」と「国際秩序・対外関係にかかわる論理」を両立しうるような、暗黙の合意と工夫であった。領域内に対しては強力な政権がならびたちながら、正面から衝突するわけでも正式に和親するわけでもなく、おたがいに目をつぶることで面倒を回避してともに利益を享受する――これをある種の〝すみわけ〟ということができよう。それぞれが自己を中心とする秩序を描く清朝と徳川政権とが、たがいの世界観・秩序像がぶつからないように直接の外交関係はさけながら、民間の貿易を公認・奨励したのは、そのいちじるしい例である。あの薩摩船の伝兵衛たち一行は、まさにそのような環境のもとで帰還をはたしたのであった。

このように一八世紀の東シナ海においては、それまで自律的かつ多重的だった海にかかわる集

関、浙江の浙海関、福建の閩海（びんかい）関、広東の粤海（えつかい）関の四つがある。中央特派の海関監督が管理し、入港した商船から入港税と貨物税を徴収した。

団・組織のうち、国家レベルの政治権力が極度に強大化し、それ以外の諸勢力を管理・統制下におくにいたった。そしてそれぞれが政権主導による海の通交管理を実施したことにより、各政権がまさに「すみわける」状態が現出したのであった。これが第一の特徴である。

東シナ海の外側——南シナ海の漂流民

このような、いわば「かっちりした」東シナ海に対し、その外側の海はどうなっていたのだろうか。それを検証するために、冒頭にあげた二つ目の漂流事件のつづきをみてみよう。

約三ヶ月の過酷な漂流生活をのりきった二〇名は、生き返る心地で陸地に上がった。後でわかったことであるが、そこはフィリピン諸島のミンダナオ島[10]であった。人影はみえなかったが、島内を数日移動すると人家があり、一行は大喜びで接近した。ところが、鉄砲・吹矢・槍・楯などをもった異形《いぎょう》の現地民一〇〇人あまりに囲まれ、砂地に「日本」と書いたが通じず、所持品など一切をうばわれてしまったのである。彼らは首長のもとに引き立てられ、そこで奴隷にされてしまい、農事に使役されるはめになる。ここで九名があいついで死亡し、四名はどこかへつれていかれてしまった。奴隷として転売されたのだろう。のこる七名は近隣のスールー[11]に売られ、約一年間商船の水夫として使役された。

一七六六年、孫太郎と幸五郎の二名だけがボルネオ島南部の都市バンジャルマシンにつれていかれたが、途中で幸五郎は病死してしまう。とうとう一人になった孫太郎は、バンジャルマシンでタイコン官という華人に買いとられた。彼は絹織物や陶磁器を売買する豪商で、福建の漳州《しょうしゅう》の人であり、バンジャルマシンに居住しながらも、戸籍改めと商品の仕入れのため定期

10　フィリピン諸島南部の大島で、一六世紀にイスラーム教がひろまった。中部のイスラーム王国は海上貿易でさかえ、北部のルソン島マニラのスペイン勢力と対峙した。

11　ミンダナオ島とボルネオ（カリマンタン）島のあいだの海域にちらばる群島。イスラーム王国が成立し、一七世紀以降、中国やマニラとの海上貿易で繁栄した。

的に帰国していたという。彼は多くの奴隷を使っていたが、孫太郎は気にいられたのか、ほかの奴隷とは区別され家族に準じて扱われた。

バンジャルマシンは大きな港町で、タイコン官ら華人商人（唐山客商）の家が建ちならぶほか、オランダ商館もあった。また港から少しさかのぼったところには現地人の首長がおり、交易をおこなうタイコン官につれられ、孫太郎もときどきそこにおもむいた。また孫太郎は、タイコン官の商用で現地のオランダ商館に行くこともあった。そのさいにオランダ人は、夜、ひそかに川を泳いで脱出してくればバタヴィア[12]から三ヶ月以内に日本へ送還してやろうとすすめてくれたりもした。

やがて七年がすぎ、孫太郎はしだいに望郷の念をつのらせるようになった。そこである日、思いきってタイコン官に帰国を願い出たところ、孫太郎の必死の訴えが功を奏し、タイコン官はその願いをききいれて、来港した福州《ふくしゅう》船の船主に相談してくれた。船主は別の船主と相談し、辮髪《べんぱつ》[13]にして「唐人」のふりをして同行するのなら長崎までつれていくと答えたが、孫太郎は髪を剃りたくなかったため、この機会を見送った。しかしそれからまもなく、孫太郎はオランダ船に乗る機会をえてバタヴィアへ移動し、そこで別のオランダ船にのりかえて長崎にむかうことになった。一七七一年の夏、ついに孫太郎は出島に上陸し、役人衆にひきわたされ、奉行所で尋問をうけた後、ようやく念願の帰郷をはたした。

東シナ海での漂流とは対照的に、東南アジアに漂着した一行をまちうけていた運命は悲惨であった。二〇人の乗員全員が陸地にたどりつけたにもかかわらず、その地で略奪・奴隷化・売買の対象とされ、わずかなあいだに孫太郎一人をのこして消息を絶つこととなってしまったのである。彼が

12　ジャワ島西部の都市で、現在のインドネシアの首都ジャカルタ。一七世紀はじめにオランダが商館をおき、以後交易・統治の拠点とした。

13　頭髪の一部をのばして他の部分を剃る髪型で、北アジアの遊牧・狩猟民の男性に古来ひろくみられる風習。マンジュ人の辮髪は、後頭部一ヶ所だけをのこし、そこを長くのばして編んで垂らすというもので、清朝の中国征服にともない、服従の証として漢人に強制した。

生還できたのも、主人である華人商人の好意とオランダ船のはからいという、偶然の幸運によるものにすぎなかった。

このように、南シナ海では漂着民はかならずしも救助・送還されるとはかぎらず、漂着者・漂着物はしばしば沿岸民や領主の取得物とみなされ、奪取・占有の対象とされた。しかし、それでは南シナ海が東シナ海とは別個の世界をなし、たまさかの漂着をのぞいて関係をもたなかったかというと、そうではなかった。孫太郎は、華人商人に買いとられたうえに、福州船との接触をへて、オランダ船で帰国をはたした。すなわち、東シナ海と同様に南シナ海でも華人海商やオランダ商船が恒常的に活動しており、海上交通・貿易活動は、海域や政治権力によって分かたれることなくおこなわれていたのである。

ところが政治面では、バンジャルマシンの「現地人の首長」が孫太郎にとくに関心も示さなかったように、彼らが漂着・遍歴した各地の政治権力は漂着民保護・送還のしくみのカウンターパートとしての役割をはたしていなかった。つまり漂着民を見舞った悲劇は、そこが未知・没交渉の異世界であったからではなく、経済活動上はつながった海域でありながら、政治面・制度面で東シナ海沿海諸国のような漂着民保護・送還体制の受け皿が存在していなかったことに起因していたのである。

東シナ海と南シナ海の「ずれ」

二つの漂流事件にみられる漂着民の運命の差異は、そのままこの時代の東シナ海と南シナ海とのちがいに重なっている。この二つの海のちがいこそ、この時代の第二の特徴とよぶべきものである。それは簡単にいえば、政治レベルと経済レベルの「ずれ」であった。

前述したように、政治の面からみると、東シナ海では沿海の各政権が暗黙の合意のもとに「すみわけ」ており、ひとつのまとまりをなした世界であったということができる。これに対し南シナ海では、おなじく清朝がのぞんでいたものの、東シナ海とちがってそのカウンターパートの役割をはたす政治権力が存在しない、政治的に非対称の世界であった。しかし経済面・貿易面では、華人海商やヨーロッパ商船が中国大陸や日本列島と海をまたいで往来しているように、東シナ海と南シナ海は連動してひとつづきの世界をなしていた。すなわち、政治面では東シナ海と南シナ海は分離しているといえるのに対し、経済面・貿易面からみると、両海域は一体として動いていたのである。そして、経済・貿易活動上の中心は南シナ海の方にあり、この一世紀のあいだに、重心はますますそちらへとかたむいてゆく。

このような「ずれ」が生じた背景には、東シナ海にくらべ、南シナ海においては政権側のコントロールが相対的に手薄で、ほぼ放任であったことが遠因のひとつとしてあげられる。清朝の政策が東と南とで異なっていたわけではないが、東シナ海沿海では諸政権の政策志向が一致していたのに対し、南シナ海では対応する政権・規制がほとんど存在しなかったため、結果的に放任の形となったのである。このため、たとえば漢人の海外移住についていえば、清側の出国規制はおなじであっても、東シナ海方面では出国しても日本をはじめうけいれてもらえる土地がなかったのに対し、南シナ海方面では出国さえすれば移住が可能であり、それゆえ在外漢人すなわち華人社会が簇生《そうせい》してゆくことになるのである。

このような状況にささえられて、一八世紀に急増した中国大陸の人口が、南シナ海方面に拡大・

流出していった。バンジャルマシンに華人の家が軒をつらね、孫太郎を買ったのも華人商人だったこと、またその帰国の相談が現地に出入りする福州船の船主にもちかけられたことは、南シナ海における地域間交易の活況と漢人の海外移住という当時の状況をするどく反映しているといえるだろう。同時にまた、最終的に彼を送りとどけてくれたのがオランダ船であり、それがバタヴィア経由でなされたことは、オランダの東南アジア島嶼部進出と安定したアジア貿易を背景としていることはいうまでもない。

「境界」としての海

このように諸政権が「すみわける」状態が形成・維持されていくなかで、この時代、それぞれの領域において「内」と「外」の区別が徐々に明確になっていった。海は地域をつなぐ面と、地域をへだてる面の両面をもっているが、この時期はそのうちのへだてる面が前面に出て、海が「内」と「外」とを分かつ「境界」としての性格をつよめた時代であるということができよう。そして空間と人の帰属が固定化していくなかで、海という「境界」によって「外」と区別される「内」、すなわち「国」がしだいに輪郭をあらわしてきた。これがこの時代の第三の特徴である。

〝すみわけ〟ができあがったこの時代、東シナ海においては、海をこえた人と人との接触がピンポイント化していく一方、モノの移動は盛んにおこなわれ、書物と現物を通じた知識・技術の交流・移転・伝播が盛行した。生身の人の接触・交流が制限されたために、モノと情報のもつ意味が相対的に高くなったのである。そのなかで各地において在来・外来の文物・風習の咀嚼《そしやく》と消化がすすみ、のちにその「国」の「伝統」とよばれるようなかたちにまで成熟していく。同時に、そのもとで各国において海を「境界」とみなすゆるやかな共通認識が形成され、たがいの領域認識とそれにもとづく相互不可侵、またそれと表裏して漂着民の相互送還などの慣行・制度が形づくられていった。

一方、この時期を通して、海を「境界」とする領域意識・領域化がしだいに進展したことは、これら東シナ海周縁諸国の〝すみわけ〟をささえただけでなく、国境とそれによって区画された国土を基幹とするヨーロッパ主導の「近代」をむかえるにあたり、はからずもそれへの対応を準備していくことになったといえよう。その幕開けは、やはり一八世紀であった。この世紀は、東シナ海をこえて世界の海をみわたすと、北太平洋が姿をあらわした時代ということができるが、それをきりひらいた欧米船が[14]、領土・境界という概念・作法をもちこんできたのである。

一八世紀前半、陸路東進してきたロシアがベーリング海峡をこえて北米アラスカとアリューシャン列島に到達するとともに、千島列島を南下して日本とも接触した。さらに世紀後半にはイギリスのクック隊[15]――かの有名な「キャプテン＝クック」である――、フランスのラペルーズ隊[16]が北太平洋を探査し、なかでも後者は東シナ海を北上して日本海を縦断した。これら欧米船は、上陸する先々で領有儀式をおこない地名を命名し、領域拡張をきそった。強力な陸上の権力が並立する東シナ海方面ではそのようなやりかたはただちには通用しないとはいえ、暗黙の〝すみわけ〟とは次元を異にする明示的な領土分割の発想と作法がもちこまれたことは、次の時代の前ぶれであるとともに、東シナ海の「ルール」とも一定の親和性をもつものでもあった。

こうして鳥瞰《ちょうかん》してみれば、時代の転換点は、清朝が開放政策に転じた一六八四年にあったといえる。この第III部で対象とする時期は、いずれも強い個性を発揮した康熙帝と徳川綱吉《つなよし》[17]の治世が安定

14　当時独立直後のアメリカ合衆国の領域は東海岸にとどまっていたが、その商船は喜望峰経由・南米ホーン岬経由で太平洋にも進出していた。

15　一七二八―一七九年。イギリスの海軍軍人、探検家。一七六八年以降、三回にわたって太平洋の探検航海をおこなったが、ハワイ島で島民との紛争によって殺された。

16　一七四一―一八八年。フランスの海洋探検家。一七八五年、フランス王ルイ一六世の命で太平洋探検の航海に出、日本海まで到達して宗谷海峡を通過した。

17　一六四六―一七〇九年。家光の子で、兄・家綱の養嗣子となって第五代将軍（在職一六八〇―一七〇九年）に就いた。学問文化の重視など文治政治をすすめ、治世は元禄時代とよばれる。

期をむかえていた一七〇〇年から、ともに長きにわたって君臨したことで知られる乾隆《けんりゅう》帝[18]が前年に没し徳川家斉《いえなり》[19]がなお将軍在職中であった一八〇〇年までを基本とするが、その起点はややさかのぼった一六八四年とし、幅をもって時代をながめることとしたい。

二　海商たちと「近世国家」の〝すみわけ〟

一八世紀における海上世界の担い手たち

薩摩の伝兵衛らが清朝の官憲に保護され、また彼ら一行も東南アジアで辛酸をなめた孫太郎も、ともに長崎へのルートで帰国をはたしたように、漂流者はいずれも、最終的には陸上の政治権力の庇護《ひご》と統制のもとで帰りつくことができた。このことが示すように、この時代の東シナ海は、強力な政治権力すなわち「近世国家」によってとりまかれ、海をゆく人びとは、それらがしいたルールのもとで活動せねばならなかったのである。

しかし一方で、それら「近世国家」が民間の活動を圧殺し直営事業をおこなったわけではない。伝兵衛一行が華人海商の船で帰国の途につき、かたや孫太郎がオランダ船で送りとどけられたことが端的に示しているように、この時期はまた、陸上の権力の傘のもと、華人海商とヨーロッパ商人に代表される貿易商・航海者たちが主たる担い手となった時代でもあった。四つの「近世国家」のうち、日本・朝鮮・琉球までが自国民の海外渡航を厳禁したために、東シナ海・南シナ海は、おのずからそれ以外のプレーヤーの独擅場《どくせんじょう》となったのである。一八世紀前半においては、前世紀末の海

18　一七一一—九九年。清朝第六代皇帝（在位一七三五—九五年）、アイシンギョロ弘暦。ジューンガルを滅ぼし東トルキスタンを併合して、最大領域を達成した。祖父康熙帝と並ぶ在位六〇年を機に嘉慶帝に譲位したが、なお太上皇として実権をにぎった。

19　一七七三—一八四一年。江戸幕府第一一代将軍（在職一七八七—一八三七年）。江戸時代でもっとも長く、五〇年にわたって将軍職にあり、その後も大御所としてなお実権をにぎった。

禁の解除でいっせいに海にのりだした華人海商のジャンク船が交通・交易の主役となり、東・南シナ海を〝華人の海〟と化した。他方、「近世国家」の海禁によって一七世紀にいったん下火となっていたヨーロッパ商船の来航も右肩上がりに増加し、一八世紀後半にはもう一方の主役におどりでた。

これら華人海商とヨーロッパ商人が主役となったということは、第I部・第II部で描かれた状況との対比でいえば、ムスリム海商の不在と日本船の撤退ということもできよう。これは見方をかえれば、それらの役割を両者が代替したということであった。さらにヨーロッパ船についていえば、一六世紀に主役であったポルトガル船はその座を下り、オランダ・イギリスがこれにかわっていた。

一六世紀との違いは、彼らが政治権力と「せめぎあう」のではなく、手を組んで「すみわけ」ようとしたことにあるといえよう。すなわちそこでは、かつての倭寇や有力郷紳《きょうしん》・戦国大名のように地域レベルの自立的勢力が乱立・抗争するの

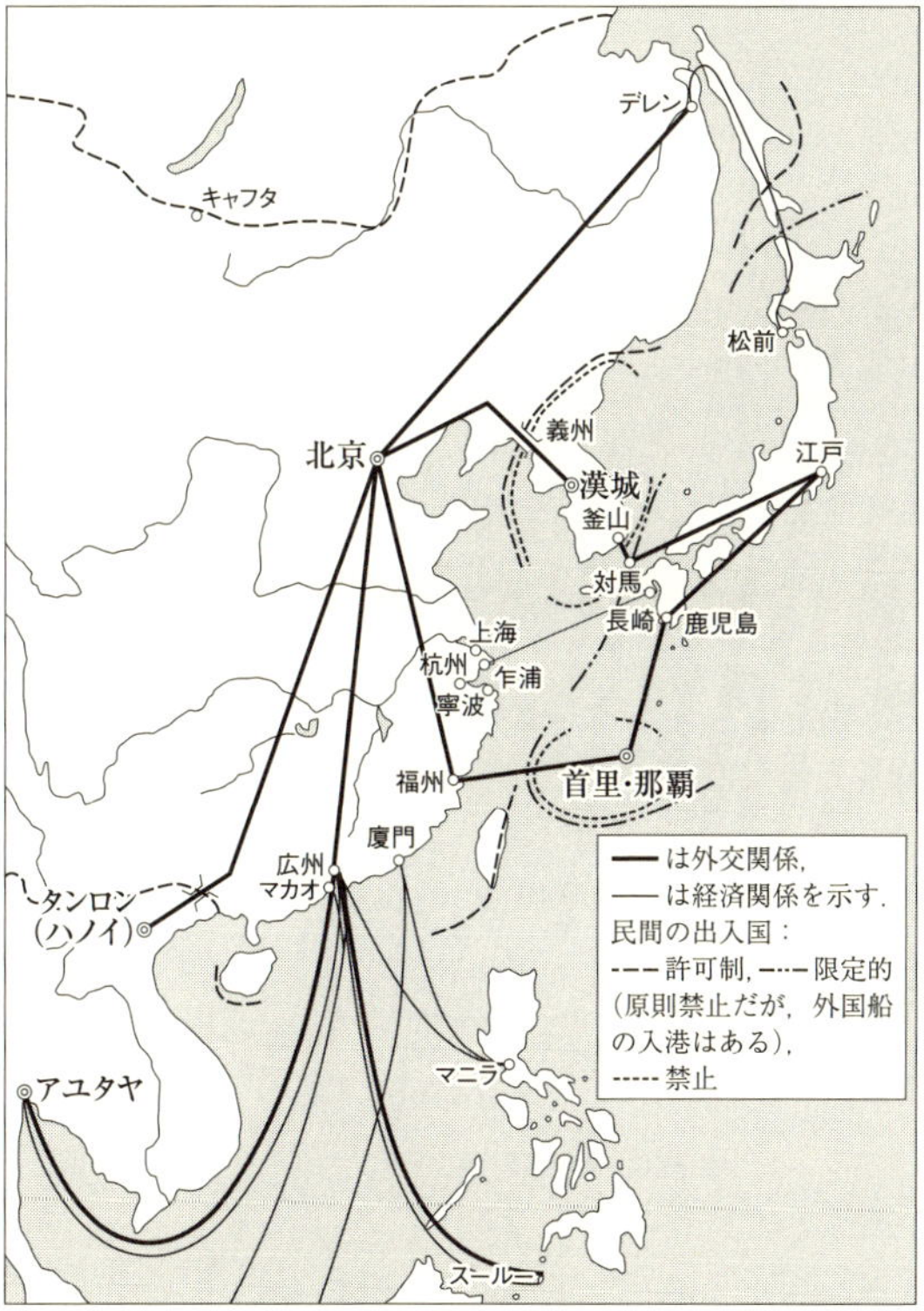

「近世国家」の対外関係と通交管理

ではなく、各国それぞれの領内管理が確立し、貿易は、公権力の管理下での認可や請け負いという形で隆盛をみたのである。同時に、それは政権が一方的に人びとの活動を抑圧していったというものではなく、一定の秩序を望む民間もまたそれをうけいれ、公権力の管理下で利益を享受し、いわば共存・利用していったということができよう。一八世紀においては、海外貿易や対外交渉を請け負う貿易商・航海者こそが、政治権力と手を組んで共同で「すみわけ」を実行する担い手であった。その下には、港での諸手続きや取引の仲介などをひきうけるエージェント・通訳がつらなっていた。

海をゆく華人海商のジャンク

では、この時代の海上の主役であった貿易商・航海者たちの姿を具体的にみてみよう。この時代もっとも活躍したのが、ジャンク船で海をいきかった華人海商たちである。ジャンク船の船型は海域にあわせていくつにも分化していたが、東シナ海を航行するのにもちいられたのは、おもに鳥船《ちようせん》とよばれる尖底《せんてい》型の外洋船であった。鳥船は大型のものになると全長四〇―五〇メートルにも達し、その建造・維持には巨額の資金が必要であったため、共同出資や委託契約、企業的組織などが発達した。

その経営構造は、具体的には資本の提供者、商取引の責任者・代理人、船舶の所有者、実際の航海にあたる船舶の運用者、その運用者が徴募する乗組員などにこまかく分かれた。主要なものとしてあげられるのは、船舶を建造・所有する船戸《せんこ》、貿易商である荷主、荷主と契約して渡航・取引を請け負う船主《せんしゅ》である。海外貿易にさいしては、荷主自身が渡航して自ら商取引する場合もあれば、船主に委託する場合もあった。後者の場合、自らは渡航しない貿易商を財東《ざいとう》・在唐荷主、それと契約して渡航・取引を代行する船主を行商《こうしょう》・出海《しゅつかい》といい、一八世紀なかばには在唐荷主と行商船主がほぼ分離した。航海の収益は、共同出資者と乗組員とで配分され、それぞれが出資比率や役職に応じて取り分をうけとった。また、行商船主以下の乗組員には、一定の自己貨物を積みこんで寄港先で個人的に売りさばくことがみとめられていた。

船主は商船の責任者であるが、運航だけでなく、それをふくむ商取引全体の責任者であった。航海を指揮する上級乗組員としては、副長・出納長にあたる財副《ざいふく》、航海長の夥長《かちょう》（火長）、事務長の総管、操舵手である舵工《だこう》があって主要な業務を分担し、その下に目侶《もくりょ》・水主《すいしゅ》などとよばれる多数の下級船員[20]がのりくんでいた。下級船員は小ぶりな船で三〇―四〇人、大型船では一〇〇人以上になり、これに貿易商などの船客ものりこんだので、総員は五〇―六〇人程度から、多い場合には二〇〇―三〇〇人にも達した。南シナ海へむかう船には、船客として貿易商のほか、多くの労働者や移民の姿があった。

対日貿易のおもな出港地となったのは浙江の寧波・乍浦、江蘇の上海など江南地方の諸港である。一六八四年の海禁解除直後は、江南だけでなく福建・広東の諸港からの船も長崎に大挙おしよせたが、日本側で貿易制限策がとられ、清側でも商人団体を通じた統制がすすめられた結果、一八世紀なかばには江南諸港、なかでも浙江商人の本拠地たる乍浦が対日貿易基地としての地位を確立した。日本側では、これら中国大陸の港から来航する人びとを唐人、その商船を唐船と総称した。よりくわしくは、日本からみた出港地の遠近を基準として、江蘇・浙江方面からの「口船《くちぶね》」、福建・広東方面からの「中奥船《なかおくぶね》」、東南アジア方面からの「奥船《おくぶね》」として把握した。

20　下級船員の役職としては亜班（見張役）・大繚（帆・帆柱担当）・頭碇（碇担当）・値庫（択庫、積荷管理係）・総鋪（炊事係）など多数があり、これらは航海ごとにやとわれた。

これに対し、南シナ海を通じた東南アジアや欧米との南洋貿易では、福建の廈門《アモイ》と広東の広州《こうしゅう》（ヨーロッパではカントンとよばれた）が二大中心であった。廈門は華人商船の最大の出港地に成長し、またこれと双璧をなす広州は、とくに欧米船の入港地に指定された一八世紀後半にめざましい伸びをみせ、南洋貿易のハブ港となった。またジャワ海やフィリピン群島方面では、スールー王国やブギス人[21]などの交易勢力の活動も活発で、華人とときに競合しときに協働した。南シナ海の海上交通の特徴は、中国から日本への一方通行であった東シナ海とちがって双方向的・複線的であったことであり、バンジャルマシンで孫太郎がめぐりあったのも、そのようにして海を往来する華人海商たちであった。

貿易港の商人団体

中国の大商人は、直接海外貿易を展開するだけでなく、来航外国船と取引し、その世話役をつとめた。古来、中国社会では商取引において牙行《がこう》とよばれる請負人《うけおいにん》兼仲介業者が活躍したが、清代、国際貿易は制度上国内商業と区別されていなかったため、海外貿易においても国内とおなじように牙行が介在したのである。

牙行は取引を仲介するとともにそれに関する納税（政権からみれば、徴税）と諸手続きを代行し、倉庫や宿舎の手配・運営もおこなった。官庁も、取引に対する徴税や商工業者の管理は牙行（官《かん》牙《が》）を通しておこない、官用物資の調達にもあたらせた。海上貿易を扱う牙行は船行《せんこう》とよばれ、荷主と船戸のあいだに立って運送・補償などの契約を仲介し、乗組員の雇傭・身元保証や出入港・輸出入の手続きと納税、積荷の管理、宿舎の提供などをおこなった。とくに海外貿易をとりあつかう

21 東南アジア東部多島海のスラウェシ島南部のムスリム住民。造船と航海術に長け、海商や兵士として東南アジアの海域で活躍した。

22 洋貨行・外洋行の略称で、洋貨行は海禁解除後に設けられた海外貿易をとりあつかう官許商人グループ、これに対し外洋行は西洋商船のみをとりあつかうグループで、一七六〇年に洋貨行のうちから新たに設定された。

23 政府の銅調達を請け負った商人で、官商は政府の

ものを洋行[22]といい、その行商を洋商といった。もっとも有名なものが、広州で対欧米貿易を独占した広東十三行（公行《コホン》）であり、独占的に貿易実務にあたるとともに、滞在する欧米人の世話と管理の一切もひきうけた。

対日貿易においては、一七二六年に江蘇・浙江の民間商人八名が総商（商総）に任命されて貿易商と商船の管理・監督にあたり、さらに一七四〇年代には官商・額《がく》商《しょう》[23]とよばれる特権商人が指定され、政府から銅貿易を請け負った。清側が対日貿易で求めたのは銅銭の原材料の銅であったが、日本側の貿易制限策のために安定供給がむずかしく、それに江蘇・浙江系と福建系・広東系の商人グループの縄張り争いもくわわったため、総商による一元的管理と官商・額商への独占的な調達委託にふみきったのである。

また、琉球の朝貢船の指定入港地である福建の福州には、十家球商《じっかきゅうしょう》と通称される特権商人（琉球館客商《きゃくしょう》）が指定されており、琉球側から委託されて購入希望物品を買いつけてくるという方式で貿易がいとなまれた。南洋貿易でも、一七二〇年に厦門洋行が設立されており、これらはいずれも牙行の一種であった。

ただし、特権商人というと利益を独占したような印象をあたえるが、じっさいには行商どうしの過当競争や請け負った役務の負担、官員の搾取などのために業績不振・破綻にいたるケースも多く、個々の商家が安定的に利益をあげて組織として成長していくことは至難であった。有名な広東十三行も、構成する商家の顔ぶれはいれかわっており、行数も時期によって変化した。

資金を借りて、額商は官許をうけて自己資本で貿易をおこない、あまった銅の自由販売がみとめられた。

広州のヨーロッパ商館（*The Colourful World of the VOC: National Anniversary Book VOC 1602/2002*より）

東インド会社とカントリー＝トレーダー

これら華人海商の船とならんで東アジア海域で貿易に従事したヨーロッパ商船は、各国の東インド会社船と、カントリー＝トレーダーとよばれる民間貿易商のものであった。代表的な東インド会社船は、いうまでもなくオランダ東インド会社[24]とイギリス東インド会社[25]である。後発組のフランス＝インド会社やデンマーク・スウェーデン・オーステンデなどの東インド会社[26]も、右肩上がりにのびる茶貿易の利益を目当てに中国に派船し、きそいあった。一方、日本に派船を許されたのはオランダ東インド会社のみで、その立場を利用して、ヨーロッパ商品よりもむしろアジア産品を大量に日本に運びこんで利益をあげた。これらに対し、朝鮮・琉球はヨーロッパ船にいっさい門戸を閉ざしていた。

東インド会社船はヨーロッパの本国から喜望峰《きぼうほう》をこえ、インド洋を渡らねばならないため、一般に大型だった。船のタイプはキールをそなえた帆船で、大きな特徴は大砲を搭載して武装していることであった。乗員は、船長・高級船員・水夫・見習いの船乗りと、会社や植民地の業務にあたる商館員・兵士・職人その他の乗客からなる。乗組員には一定の私貿易の枠がみとめられており、彼らは会社の業務に従事するとともに、それらの枠をいかして——しばしば、それをこえて——貿易活動にいそしんだ。船客のなかには北京の清朝宮廷に仕えた宣教師たちもいたが、日本へむかう船では、宣教師どころか、キリスト教に関係するものが目にふれることはいっさい許されず、すべて入港前に封印されることになっていた。

これら独占会社に対し、カントリー＝トレーダーは、本国とのあいだではなく、インド洋・南シ

24　VOC。正式には連合東インド会社といい、一六〇二年にオランダ各地の六つの貿易会社を統合して設立された。東アジア海域ではバタヴィアを根拠地とし、インド洋から東シナ海にいたるほぼ全域で活動を展開した。

25　EIC。一六〇〇年に女王エリザベス一世の勅許状を得て発足した貿易会社。インド・ペルシアに拠点をきずき、ポルトガルを逐いオランダと競合した。

26　フランスは後発だったが政府の強力な後援で急速に事業を拡大し、一八世紀はじめには西洋会社と合併してフランス＝インド会社となった。オーステンデ（オステント）は一八世紀前半にオーストリアが出資公認して設立した会社だが、短命に終わった。

ナ海・東シナ海をつないでアジア域内貿易をおこなう商人である。船舶の保有・賃借・運用には巨額の費用がかかるため、東インド会社以外の貿易活動は、当初は会社船を利用して私貿易枠を使っておこなわれたが、一八世紀後半になると、共同出資などによって独自の船舶を運用するカントリー＝トレーダーの活動がいちじるしい伸びをみせた。とくに東・南シナ海に拠点のなかったイギリスの場合、彼らがインド―中国貿易で大きな役割をはたし、インド在住のアルメニア人商人やパールシー商人[27]なども、イギリス本国出身の商人ときそって活躍した。一七八〇年代以降、広州には茶貿易の隆盛を原動力とした彼らの商船が輻輳《ふくそう》し、これが「近世国家」と独占会社による〝すみわけ〟の時代を掘りくずしてゆくこととなるのである。

このように、華人海商とヨーロッパ商人はこの時代の人・モノ・情報の流通をになった主役であったが、同時に、それがあくまで「公認」されたものであったことが示すように、陸上の政治権力の統制が強力にいきわたっていた。華人海商とヨーロッパ商人はあくまで権力の認可のもとでのみ活発な商業活動が許されたのであり、オランダ東インド会社は日本貿易の継続のためにひたすら恭順にふるまいつづけたし、互市の恩恵を享受していたイギリスは、清朝に外交交渉[28]をもちかけたとたんに冷たく拒絶された。おなじシナ海でも、南シナ海ではオランダ東インド会社は陸上の政治権力でもあったが、東シナ海においては各国の政治権力の承認下で貿易に徹する一プレーヤーにすぎず、ここにおいても東シナ海と南シナ海の「ずれ」を看取することができる。

国と国とをむすぶ船と人びと

国家間あるいはそれに類する外交関係のなかで定期的に二国間を航海した人びとも、一八世紀の

27 イランからインドに移住したゾロアスター教徒の集団で、インド西海岸を拠点として商業に活躍した。現代のターター（タタ）財閥で知られる。

28 貿易制度の変更を交渉する目的で派遣されたマカートニー使節団は、一七九三年に広州をさけて北京に直行し、熱河の離宮で乾隆帝に拝謁した。しかし、平伏を九回くりかえす三跪九叩頭という臣従の礼は免除されたものの、外交交渉はまったくうけつけられなかった。

海上交通の重要な担い手であった。外交関係にもとづく公式使船としては、まず朝貢船をあげなければならない。

「近世国家」のうちで、定期的に朝貢船を送りだしていたのは琉球王国である。建国以来明朝に朝貢していた琉球は、一六〇九年に薩摩の島津氏の侵攻をうけて屈服し、以後明朝と日本の双方に対する二重の君臣関係をもつことになった。この関係は明朝にかわった清朝とのあいだでもうけつがれ、清皇帝から琉球国中山王《ちゅうざんおう》として冊封《さくほう》されて、定期的に朝貢使節を派遣しつづけた。

近世琉球の朝貢は「二年一貢」すなわち隔年と規定されており、進貢船《しんこうせん》とよばれる朝貢船を二年ごとに二隻（約二〇〇名）派遣したが、そのあいだの年にも帰路の出迎えの船として接貢船《せっこうせん》一隻（約一〇〇名）を送っていたため、実質的には公式使船を毎年派遣していたことになる。この役目を旅《たび》役《やく》といい、旅役を命じられた官員は渡《と》唐《とう》役人とよばれる。渡唐役人は、正使・副使・通訳・留学生といった外交要員と貿易関係者、それに上級乗組員からなり、船にはさらに多数の下級船員がのりくんでいた。

船はいずれも指定入港地である福建の福州に入り、これら渡唐役人は公貿易をふくむ朝貢の公務をこなすかたわら、各人に一定の範囲で許されていた個人貿易をおこない、琉球や日本の産品を中国へ、中国で調達した商品を琉球へ――さらに琉球を経由して日本へ――と供給していた。これら朝貢船のほかに、さまざまな特使[29]が琉球から頻繁に派遣された。逆に清朝からは、国王の代替わりのさいに、新国王を冊封する使節が派遣されていた。冊封使船[30]が入港すると、使節一行がもちこむ大量の中国産品を琉球側が買い上げる冠船貿易が付随しておこなわれ、これを評価《ハンガー》貿易といった。

一方で徳川政権・薩摩島津氏の統制下におかれてもいた琉球は、鹿児島にも年三隻の官船（楷《かい》

29　冊封使をむかえる接封使、冊封に対する謝恩使、皇帝即位を祝う慶賀使、皇帝崩御を弔問する進香使、琉球国王逝去を報じる報喪使などがあり、首里王府は

船《せん》）を派遣し、薩摩への貢納品や使者を運んだ。逆に薩摩からは、許可をえた大和船（薩摩の民間船舶）が、那覇《なは》ばかりか宮古島《みやこじま》・石垣島《いしがきじま》にまで渡航していた。彼らは、琉球から薩摩への貢納品を運ぶかわりに琉球での商売を許された特権海商であった。また徳川政権に対しては、清朝に対すると同様、将軍の代替わりを祝う慶賀使と、琉球国王の代替わりを謝す謝恩使を江戸へ派遣することが慣例となっていた。これを江戸立《えどだち》（江戸上り）といい、一六四四年から一八五〇年までの期間に一七回（うち一八世紀は八回）おこなわれた。

日本と朝鮮のあいだにも、両国の外交関係のなかで海を往来する人びとの姿があった。朝鮮王朝は清朝とは陸路で通交していたため、国外に対してひらかれた港は、日本むけの釜山《プサン》一港のみであった。日朝間には、朝鮮出兵後の外交交渉をへて、一七世紀はじめに対馬島主の宗《そう》氏を窓口として徳川将軍と朝鮮国王とのあいだの外交関係がひらかれており、一六三五年以降、外交・貿易の方式がほぼかたまった。朝鮮からは、将軍代替わりや嗣子の誕生といった慶事のさいに外交使節が派遣された。当初は「回答兼刷還《さつかん》使《し》」、すなわち日本側国書への回答と朝鮮出兵時の捕虜送還を使命としたものであったが、一六三六年以降「通信使」とよばれるようになり、一九世紀はじめまでのあいだに全一二回

あらゆる機会をとらえて派船をはかった。

30　冊封使の乗船は封舟・封船といい、琉球側では「冊封使船」（さっぽうしせん）、また国王の王冠をもたらしたことから冠船・御冠船ともいった。一八世紀には、民間からチャーターした鳥船二隻というのが定例であった。

琉球の進貢船（「進貢船図」沖縄県立博物館蔵。『復帰二〇周年記念特別展　琉球王国　図録』〈一九九二〉より）

（うち一八世紀は四回）来日した。

これに対し、徳川将軍から直接遣使することはなかったが、朝鮮と対馬のあいだで頻繁に使節がかわされていた。対馬は、朝鮮との協定にもとづいて歳遣船《さいけんせん》[31]とよばれる使送船を年二〇隻派遣しており、別に用件が生じた場合は、徳川政権の命令で、通常より格上の参判使《さんばんし》という使節が送られた。これに対し朝鮮から対馬へは訳官使《やくかんし》（問慰使《もんいし》）という使節が送られ、有名な通信使よりはるかに多く、江戸時代を通じて五〇回以上が派遣された。

朝鮮側の窓口の釜山に設けられた日本人居留区（倭館《わかん》・和館）には対馬の官民が常時滞在しており、釜山と対馬のあいだには、それら外交使船をはじめ、さまざまな船舶が頻繁に往来していた。対馬側は、さらにさまざまな名目[32]で渡航数をふやして貿易量の増加をはかり、一八世紀には貿易船が渡航船数の八割を占めた。参判使も御米漕《おこめこぎ》船などに便乗して朝鮮に渡り、帰国時はそのとき入港している対馬船に乗船して帰っていたほどである。これらの船のほとんどは町人の持ち船をチャーターしたもので、船の保有者は異船頭《いせんどう》（居船頭）とよばれた。

なお、清朝との公的な外交関係という点では朝鮮のほかベトナム[33]も朝貢していたが、陸上で清朝と接している両国は陸路での入貢が指定されており、琉球の朝貢や対馬の朝鮮外交とは様相が異なる。また南シナ海からは、シャム[34]の朝貢船が広州に入港することになっていた。

貿易都市・長崎

これら華人商船・ヨーロッパ商船、あるいは琉球船に対し、徳川政権の海外渡航の禁制のために、東・南シナ海には日本の貿易船——日朝間の対馬船と日琉間の薩摩船をのぞく——の姿はなか

31　歳遣船は、この時期には受け入れ業務の簡素化と経費節減をはかって年八回にまとめて派船（兼帯という）することになっていたため、八送使とよばれた。

32　使送船のほか、水木船・御米漕船（薪水・米を運搬する船）など各種の名目の貿易船や、飛船とよばれる緊急連絡用の小船があった。

33　ベトナムでは一六世紀に黎朝がおとろえ、莫氏が政権を簒奪した。一七世紀以降は、黎朝皇帝を擁する北部の鄭氏政権と、中部の阮氏政権、それに中越国境による莫氏政権がならびたち、黎氏が清朝から安南国王に封じられた。

34　シャム（タイ）のアユタヤ朝は、一七世紀には清

った。そのため日本列島では、自ら海外にのりだす貿易商が存在しないかわりに、来航する外国商船、すなわち唐船とオランダ船を接遇し取引をおこなう国内貿易商や通訳、エージェントが重要な役割をはたした。その舞台となったのが、唐船・オランダ船に対して唯一ひらかれていた港・長崎である。

長崎は「四つの口」のうちでただひとつ政権直轄の貿易港であったが、貿易実務や市政がすべて武士の手で運営されていたというわけではない。幕藩領主制・身分制のもとに編成されていた日本では、公権力は原則として武士身分の専有物であったが、その行使にあたっては、さまざまな形で有力町人・農民などを支配の組織に組み入れており、海上貿易にかかわる部分でも、そのような特質が共通してみられる。

都市長崎の長官は長崎奉行であったが、奉行を頂点とする武士身分の役人は五〇人にも満たず、実際の貿易事務や市政庶務は、町人身分の地役人《じやくにん》たちがになっていた。長崎の地役人組織は、一八世紀はじめですでに総数一〇〇〇人をこえる巨大なもので、長崎代官[35]を筆頭として六名の町年寄《まちどしより》と八五名の町乙名《まちおとな》が中核となって市政を運営した。貿易品の売買は、一七世紀末に設けられた長崎会《かい》所《しょ》[36]を通じておこなわれることとなっていた。来航者に対しては、町の責任者である乙名のうち、「蘭方」すなわちオランダ商館担当の出島乙名《でじまおとな》二名と「唐方」すなわち華商担当の唐人屋敷乙名《とうじんやしきおとな》四名がおかれ、組頭《くみがしら》以下の諸役を統括して管理にあたった。オランダ商館のおかれた出島も制度上は町であり、そのため管理上は乙名・組頭をおく町の体裁をとったのである。出島乙名・唐人屋敷乙名は、貿易実務をおこなうとともに、出島在留のオランダ商館員と唐人屋敷在住の華商をそれぞれ監督し、施設および出入りする日本人を管理した。

朝に朝貢する一方、長崎貿易にも進出して繁栄した。しかし、ビルマ（ミャンマー）のコンバウン朝の攻勢で一七六七年に滅亡し、短命のトンブリー朝をへて、一七八二年に現王朝のラタナコーシン朝（チャクリ朝）が成立した。

35　長崎の筆頭地役人で、長崎奉行の補佐役にして住民の筆頭格として長崎市政に大きな影響力をもち、周辺の天領などの支配をもになった。村山等安、末次平蔵家をへて、一七三九年以降は高木作右衛門家が世襲した。

36　長崎貿易全般の会計と利益配分を統轄する貿易統制機関で、中央への上納と長崎の財政運営をとりしきった。

「唐人」とよばれた来日華商への対応にあたっては、宿町《やどまち》・附町《つきまち》の制がとられた。宿町とは、来日華商を宿泊させるとともに、取引の仲介や手数料の徴収などの関連実務の面倒をみる宿泊兼仲介業務を請け負った町のことで、一六六六年以降、宿町とその補助にあたる附町とを、各町が輪番でつとめることとなった。一六八九年に唐人屋敷が設けられてからは、来日華商が市中で寄宿・滞在することは原則としてなくなり、また長崎会所の設立後は取引仲介の役割も会所に吸収されたが、その後も担当する船のメンテナンスや荷役は、ひきつづき彼らがになった。

また、取引・滞在において不可欠な通訳として、オランダ（阿蘭陀）通詞《つうじ》と唐通事がおかれていた。通訳は町人であるとともに奉行所管下の地役人でもあり、文字通りの通訳・翻訳はもちろんのこと、出入港・商取引に関する諸業務や滞在中の外国商人の管理・とりしまり、さらには専門知識をいかした行政・貿易・学術面での当局への助言・補佐など、多様な職務をこなす存在であった。オランダ人が直接通訳を雇うことは許されず、そのため、オランダ商館員は通詞を一種の見張り・監視役とみなしていた。

身分制のもとでは、これらの役職は「家職」としてになわれるものであり、唐通事は中国大陸から来日して定住した「住宅唐人」とその子孫の七十数家から選任された。またオランダ通詞は、一六世紀以来のポルトガル貿易のなごりで、ポルトガル語通訳[37]の家系が多かった。職制は、一八世紀はじめごろの段階で、本通事と称される大通事《おおつうじ》・小通事《こつうじ》とその補助にあたる稽古通事《けいこつうじ》の三役を基幹とし、その上に通事目付《つうじめつけ》など、また各通事の下に補助役・見習などがおかれていた（オランダ通詞の場合は、通「事」ではなく「詞」の字がもちいられた）。

ただし、彼らは地役人とはいえあくまで町人身分であり、建前上は政府間の「外交」ではなく民

37　オランダ人と日本人との会話は、一七世紀にはまだポルトガル語でおこなわれていた。オランダ語での会話・翻訳が定着するのは、一八世紀である。

間レベルの「通商」の関係者と位置づけられていた。このように、長崎は政権直轄の貿易都市でありながら、そこでの貿易や諸業務は政府直営の形はとらず、長崎の町を媒介とした民間レベルの商行為という形式でおこなわれたのである。

沿岸航海と国内海運

東シナ海をとりまく諸地域では、外洋航海・沿岸航海・河川交通それぞれにおいて、造船・運航・輸送・契約・商取引などの方法・技術が発達した。海上交通と河川交通で違いがあるのは当然であるが、外洋航海と沿岸航海においても、季節風と黒潮のあるこの海域では、船舶の形態・規模や乗員の職掌・技能はおのずから異なるものとなった。交通ルートやその担い手の面でも、この時期においては各政権が外洋航海に対し実効力ある制限をくわえたため、外洋と沿岸、また運航主体・運送内容などによる〝すみわけ〟が各地ですすんだのである。

中国大陸と朝鮮半島のあいだに広がる黄海《こうかい》はジャンク船がいきかう海と化し、一八世紀には海運業が隆盛をきわめた。遠浅の海岸線がつづくこの海の主役は、沙船《させん》とよばれる喫水が浅い平底のタイプであった。沿海・内河水運の最大のターミナルとなったのは、最大の消費地にして産業集積地であった江南地方の港・瀏河港《りゅうがこう》(瀏家港)である。瀏河港は上海の西北方、蘇州《そしゅう》の外港にあたり、ここを基点として江南から黄海・渤海《ぼっかい》が沙船によってむすばれ、また内陸ルートでは、大運河を通じて北京へと物流網がつながっていた。

北は遼東から南は広東にいたる各地の港町では、方言も商習慣も、度量衡さえも異なるさまざまな地域の商人・船乗りが入りまじって取引をおこなったため、牙行が仲立ちに入って取引・決済・

納税などの諸業務を請け負った。また港町では、荷揚げなどにあたる港湾労働者や航海ごとに雇われる下級船員の徴募がつねにおこなわれ、余剰労働力を吸収した。しかし一方で、熟練した技能をもつわけでなく、流動的かつ不安定な状況にあったこれらの人びとは、沿海部の官庁・地域社会にとっては治安・雇傭上の懸念材料でもあった。

国土を太白《たいはく》山脈がつらぬく朝鮮半島でも、海運と漢江《かんこう》・洛東江《らくとうこう》など内陸河川の水運が発達した。建国初期から、朝鮮では全国各地の田税穀や貢物、進上品などを王都漢城《かんじょう》に運搬する政府直営の漕運ネットワークが整備された。当初は官船が主体であったが、一七世紀以降、民間の水運の発達にともなって漢城の京江《けいこう》商人所有の京江私船が漕運を請け負うようになり、一〇〇〇石積《せきづみ》規模の帆船で税穀輸送をになうものもあらわれた。これに対し地方住民所有の船は地土船《ちどせん》とよばれ、民間の水運の隆盛のなかから、各地の市場をむすんで物資を輸送する船商が発生し、さらにそこから水運業者が分化していった。これら私船の構成員はおおむね船主（船のオーナー）・物主（荷主）・沙工（船長）・格軍（船員）からなり、船主自身は船にのりくまない場合や船主・物主・沙工が同一人である場合など、経営形態はさまざまであった。

琉球でも那覇港・泊《とまり》港を拠点とする国内の海運ネットワークが整備され、沖縄本島の中北部や周辺離島のみならず、宮古・八重山地域までカバーした。こうしたネットワークの主役は、那覇を拠点とする民間海運業者——船主（オーナー）・船頭（船長）・水主（船員）からなる——で、彼らは馬艦船《マーランせん》[38]とよばれる中・小型のジャンク船舶を運航し、商品を各地に運んで売買する一方で、運賃・手数料をえて地方からの租税・文書・役人などを那覇に運んだ。このネットワークは朝貢を通じて中国大陸に、また大和船の往来を通じて日本列島ともつながっていた。

38　一八世紀に王府の指導で導入されていったジャンク型の船。和船型であった従来の地船とくらべて堅牢で帆走能力にすぐれており、急速に普及した。

39　菱垣廻船は複数の荷主からひきうけた多種類の積荷を混載する貨物船で、菱垣の名は、両舷に菱組みの格子を組んだことに由来する。一七三〇年に酒運搬専用の樽廻船が独立し、やがて酒以外の積荷も運ぶようになって両者競合した。

日本列島では、海外渡航の禁制のために、すべての船舶・海事関係者が沿岸航海のみに制限されたが、日本船は直接海外にのりださなかったかわりに国内の海上輸送で活躍し、貿易・海運業が大いに発展した。長崎口をはじめとする海外への接続口を通して、外洋を行く華人商船・オランダ船と「すみわけ」ていたともいえよう。

近世日本の運送の主役は、なんといっても大量輸送が可能な海運と水運であった。物流の大動脈である大坂―江戸間には定期貨物船である菱垣廻船《ひがきかいせん》と樽廻船《たるかいせん》[39]が就航して盛んに往来した。一八世紀後半には迅速で低運賃の後者が優勢になっていき、また北方との物産流通の緊密化を背景に、蝦夷地（北海道）と大坂をむすぶ北前船《きたまえぶね》[40]が台頭した。

廻船の経営形態は、荷主が船主（船舶保有者）に運送を委託する場合を賃積船《ちんづみせん》、これに対し船主自身が直接商取引・経営にあたるものを買積船《かいづみせん》といい、さらに船主が自ら乗船して指揮するものを直乗《じきのり》船頭、船主からやとわれて航海・取引を委託されたものを沖船頭（雇《やとい》船頭）といった。沖船頭の場合も一定量の個人貨物の積載・売買がみとめられており、また水主《かこ》らにも船主の利益から所定の配分があった。

このような海上輸送のためには、牙行や商社と同

40　蝦夷地・北陸方面の物産を西廻り海運で大坂へ運んだ廻船の総称で、北方では弁才船（べざいせん）などとよばれた。船主の多くは日本海沿岸を本拠とし、荷主をかねて自ら商取引をおこなう者が多かった。

松前（北海道）に輻輳する北前船（北海道開拓記念館蔵。『山丹交易と蝦夷錦』〈一九九六〉より）

様、荷主と船主のあいだで契約・取引を仲介し、海難や盗難・不正行為などへの対処・補償をとりあつかう業務が必要である。日本では廻船問屋がこれをうけもち、また江戸・大坂では問屋仲間が結成されて、共同海損法をとりきめ運用にあたった。国内活動にとどまるとはいえ、これらの経営構造は、東・南シナ海をまたにかけた華人商船やヨーロッパ商船のそれと照応するものといえよう。

海とむきあう権力

これら貿易商・航海者たちと直接むきあった地域的な政治権力は、この時代、最上位の国家レベルの権力の強い統制下にあった。それぞれの国家の下部に連なる地域レベルの政治権力は、第II部の時代とは異なって、より強力な上位権力の統制に服しており、一六世紀のような国家的統合の弛緩・解体、地方自立の動きにむすびつくことはなかったのである。各国の対外関係および沿海地域にかかわる諸権力をみてみよう。

経済・貿易の中心であった中国大陸は、明朝にかわった清朝に統治されていた。一七五〇年代までにパミール高原以東の地域の大半を治下におさめるにいたった清朝にとっては、旧明領は版図の半分以下にすぎず、その広大・多様な領域を支配するために、地域ごとにさまざまな統治方式をとった。

旧明領においては、明制をひきついで総督・巡撫《じゅんぶ》[41]から知府・知県にいたる各級地方官をおいて地方統治をおこなうとともに、四海関に海関監督をおき、海外貿易の管理・徴税にあたらせた。さらに、これら地方行政と海外貿易関係の二系統のほか、軍事・警察系統として、主要海港ないしその

41　旧明領におかれた最上位の地方長官で、督撫と総称される。総督はふつう複数省、巡撫は一省を管轄

近隣の要地には国軍主力たる駐防《ちゅうぼう》八旗[42]が駐屯し、緑営《りょくえい》とよばれる漢人主体の治安維持部隊とともに陸海ににらみをきかせていた。くわえて、要港におかれた海関と同様に、産業の要地には物品調達担当の特派官が送りこまれ、本来の職務にとどまらず、情報収集など任地の支配にも関与した。江南地方の江寧《こうねい》（南京）・蘇州・杭州におかれた官用絹織物調達担当の織造《しょくぞう》は、その代表的なものである。

一方、中央政府で対外関係を扱ったのは、伝統的には朝貢関連事務を職掌とする礼部《れいぶ》であった。しかし、儀礼的な朝貢業務はともかく、朝貢の形式をとらない日本貿易・欧米貿易が盛んにおこなわれているこの時期には、国家財政をつかさどる戸部《こぶ》と帝室財政担当の内務府《ないむふ》がむしろ重要であった。内務府は、八旗のうちの皇帝直属軍団で構成した家政機関であり、海関監督や織造には、この内務府の官員（包衣《ボーイ》）[43]が送りこまれた。

清朝の政治・制度の特徴は、八旗に属する人びと、すなわち旗人が支配層の中核をなしていたことである。中央・地方の高官の半数以上、またモンゴル・チベットなど旧明領以外の地域の統治要員のほとんどが、これらマンジュ人を主体とする旗人であった。したがって右の諸官のうち、現地においては駐防八旗は必ず旗人で、海関監督も内務府から送りこまれており、総督・巡撫クラスも多くは旗人であった。中央でも、大官の多くは王族・旗人で、しかも彼らが皇帝のまわりをかためていた。このため、海に対する意思決定のかなりの部分は、一見海と縁遠いマンジュ人の手ににぎられていたといえよう。他方、漢人官僚には中央の高官ポストの半分が保証されており、また中央政府・旧明領とも中・下級官員はほとんど漢人であったため、現場で朝貢使・貿易船に対応する担当者は漢人であることが多かった。

し、官位上も総督が格上であるが、いずれも皇帝に直結していて統属関係にはなく、協同して統治にあたった。

42　清領各地の要所に派遣された八旗の駐屯部隊。沿海部では杭州・福州・広州などに駐留し、乍浦・福州・広州には水師（海軍）もおかれた。

43　包衣は家政部門所属の旗人をさし、八旗に編入された漢人も多く所属した。長編小説『紅楼夢』の著者として有名な曹雪芹は、康熙年間に織造の長官職を長きにわたって占めた曹璽・曹寅の子孫である。

関係官庁が複数系統にまたがり、かつ系統間でも一系統内でも権限や職掌が重複し、単独決裁ができないようになっていたことも特徴であった。現地においては、総督・巡撫以下各級の地方官、中央特派の貿易担当である海関監督、駐防将軍以下の駐屯軍司令官が、なんらかの形で関与した。これは、伝統的な中華王朝官制の特徴であると同時に、八旗に組織されたマンジュ人がモンゴル人とともに漢人を支配しているという、清朝独特の性格のゆえでもあった。

また、中央の対外政策を決定する要因となったのが、海上ではなく内陸の情勢であったことにも注意しなければならない。一六八〇年代以来、清朝は西北方でモンゴル系のジューンガル帝国[44]と対立を続けており、海上の静謐《せいひつ》は背後の安全のために必要だったのであって、経済的利害だけをかんがえていたのではなかった。

朝鮮王朝の統治機構も、官僚制のもとに組織されていた。中央政府では、一七世紀以降、元来国防をつかさどった備辺司《びへんし》がそれまでの議政府にかわって最高機関となっており、また全国は八道に分けられて観察使（監司）が長官として派遣され、その下の府・牧・郡・県など（邑、コウルと総称される）には、守令とよばれる地方官がおかれて統治にあたった。外交は中国の礼部に相当する礼曹が担当したが、地方レベルでは専門の組織はおかれず、対日外交については、倭館のある釜山を所管する東萊《とうらい》府使（東萊府の守令）が日常的な関係業務や紛争処理にあたった。また、警備や燃料の支給、建物の補修、荷物の運搬などは、武官の釜山僉使《せんし》を長とする釜山鎮が担当した。東萊府使・釜山僉使のもとには、日常的に倭館と折衝する官員として、倭学訳官《わがくやくかん》（日本語通訳）の一員である訓導《くんどう》・別差《べっさ》が配置されていた。

琉球の政府である首里王府の中枢は、国王と摂政《せっせい》・三司官（三人の宰相）、物奉行《ものぶぎょう》（財政・用度・産

44　ジューンガルは、チンギス＝ハーンの子孫ではない王家がひきいる西モンゴルのオイラト系遊牧部族で、一七世紀半ばに強大化した。以後、一七五〇年代に清朝に征服されるまで、ユーラシア中央部に遊牧帝国をきずき、清朝・ロシアとならびたった。

業担当）、申口方《もうしくちほう》（外交・戸籍・警察・司法担当）からなる合議制の評定所であり、ここで国家案件から未決の裁判案件までが審議された。外務・内務をつかさどる申口方は鎖之側《さすのそば》・双紙庫裏《そうしくり》・泊地頭・平等之側《ひらのそば》の四部局からなり、このうち鎖之側が外交を管轄した。しかし、清朝・日本と二重の君臣関係を有する琉球では、国政に占める外交の重要性が大きく、その意味では王府機構のほぼすべてがなんらかの形で対外活動にかかわっていたといえよう。

日本列島の諸権力と海域交通

これら清朝・朝鮮・琉球の三国に対し、日本の徳川政権は主従関係にもとづく幕藩領主制の形態をとっていたため、原理・組織は大きく異なっていた。すなわち、海外にひらかれた「四つの口」のうち、薩摩口・対馬口・松前口はそれぞれ島津氏・宗氏・松前氏という幕藩領主にゆだねられており、政権直轄の長崎口も、将軍の家臣である旗本が支配にあたった。

長崎の最高責任者である長崎奉行は、当初は大名が任じられたが、寛永《かんえい》年間（一六二四—四四年）以降は老中管下の遠国《おんごく》奉行のひとつとして旗本から任用された。定員も時期により変化があったが、基本的に二名が一年交替で江戸（在府）と長崎（在番）で勤務した。長崎奉行は、外国貿易の管理と将軍・政府の需要品購買といった貿易関連業務だけでなく、海外情報の収集や西国大名の動静監視、長崎および西国の沿岸警備の統括、キリシタン禁制など、都市長崎のみにとどまらない広汎な治安・国防の任をもになっていた。

これに対し、特定の幕藩領主に管理運営をゆだねるという形をとった薩摩口・対馬口・松前口では、それぞれ独自の管理形態が展開した。徳川政権は、薩摩の島津氏に琉球の仕置《しおき》（支配）と年貢の徴収をみとめ、また琉球の進貢貿易を、長崎を補完する中国物産入手ルートと位置づけて、薩摩の監督下で朝貢をつづけさせた。一方で島津氏自身もまた、琉球の対清貿易を自らの財政を補塡する収入源とみなしており、家老のなかに琉球専任の琉球掛をおき、那覇には監視役として在番奉行を派遣して、御仮屋《おかりや》とよばれる公館に駐在させていた。ただし、内政・外政における首里王府の自律性は保障されていた。

また対馬の宗氏は、通信使招聘《しょうへい》を軸とする朝鮮王朝との関係の維持や中国大陸の情勢にかかわる情報の入手、および中国・朝鮮産品の調達ルートとしての役割をになった。このため宗氏は、二万石ていどの実収しかないにもかかわらず一〇万石格の家格として待遇され、財政難に対して補助金をうけるなど、諸大名のなかで特殊な地位にあった。松前氏にいたっては、稲作ができない地域であるがゆえに「無高」すなわち石高《こくだか》のない唯一の大名であり、家格として万石格以上に列せられるという特異な存在であった。その相手もまた、他の口とは違って、国家を形成していない各地のアイヌ集団であり、交易・貢納・服属儀礼を通じて個別の集団・首長と関係をとりむすぶという、独特の形態をとることとなった。

なお、これらの業務を遂行するためには、長崎口と同様、通訳の存在が不可欠である。対馬にはもともと商人出身の朝鮮通詞が存在したが、一七二七年に雨森芳洲《あめのもりほうしゅう》[45]の建議で府中（厳原《いずはら》）に通訳養成所を開設して育成につとめた。また薩摩にも、琉球を管轄していることにくわえ、華人商船の漂着も頻発するため唐通事がおかれていたが、さらに朝鮮船の漂着にもそなえると称して、朝鮮通事まで養成されていた。これらはじっさいの漂着・送還時に活躍したが、それだけでなく、薩摩独自の通交ネットワークの存在をうかがわせるものといえよう。これらに対し、正式に清朝に渡航・朝

45　一六六八―一七五五年。木下順庵門下で学んだ朱子学派の儒者で、対馬宗家に仕えて対朝鮮外交に尽力した。著書に、朝鮮外交の心得を説いた『文隣提醒』などがある。

貢する琉球は、進貢船で官費留学生（官生《かんしょう》）と非公式留学生（勧学）を現地に送りこんで語学などを学ばせた。そのため、中国各地から民間商人が来航する長崎では唐通事は南京・福州・漳州など各地の方言を身につけていたのに対し、琉球の通事は公用語の官話を学んだ。

海と権力のかかわりかた

これらのうち、海に直接相対した権力が、清朝における海関監督や沿海地域の総督・巡撫、日本の長崎奉行や対馬宗氏、朝鮮の東萊府使などであった。とくに海関監督と長崎奉行は、官僚制・主従制の相違をこえて、中央特派の公権力として海にのぞんだものということができるだろう。特派官ゆえ、貿易・出入国管理に強力な権限を付与されながら直属の手勢をもたない点も、両者は共通していた。清朝の海港警備は、海関ではなく駐防将軍の指揮する駐防八旗と、総督・巡撫や提督麾下の緑営といった近隣の部隊がになっており、長崎でも警備は周辺諸大名が分担し、主力は隔年交替で警固番役をつとめる福岡黒田氏と佐賀鍋島《なべしま》氏の軍勢であった。有事のさいには長崎奉行がこれらを動員・指揮することになっていたが、即応することはむずかしい。このため、イギリス船がオランダ船拿捕《だほ》をねらって湾内に侵入した一八〇八年のフェートン号事件[46]では、なすすべなく要求をのんで退去してもらうしかなく、在番奉行の松平康英《まつだいらやすひで》は責任をとって自害した。

通交・貿易の形態も、日本と清朝の方策は意外と共通していた。長崎でも広州でも、公権力自身は直接外国商人とかかわることをさけ、あくまで乙名・通事（通詞）や洋行・公行を介した民間の商取引の形をとって外国貿易をおこなったのである。海外貿易をめぐっては、基本的にオープンであった清朝と、渡航を全面禁止し来航にもきびしい制限を課した日本とでは政権の方針はきわめて

46　一八〇八年、ナポレオン戦争下でオランダと敵対するイギリスの軍艦フェートン号が長崎に侵入、オランダ商館員をとらえ、日本側から薪水・食糧などを得て退去した事件。

対照的であったが、このようにみるならば、貿易港における特許商人集団・エージェント・通訳の役割や性格は、類似したものだったといえよう。

これに対し朝鮮では、管内に倭館をもつ東萊府使が対日外交の窓口をになったが、東萊府使はあくまで一地方官であり、日本の長崎奉行のような特任・特派の官というわけではなかった。ただし東萊府使は、官位が比較的高く、また国王に直接上奏することができるなど、一般の守令より高い位置づけがあたえられていた。これは、済州牧使《さいしゅうぼくし》や義州府尹《ぎしゅうふいん》などと共通した、辺境の要地の長官の特徴であった。

なお、これら海にむきあった政治権力でも、国家レベルと地域レベルでは利害や主体が異なるために、これほど中央の管理統制が強いこの時期にあっても、総督・巡撫など清朝の地方長官や日本の大名家など、沿海部の地域的権力自身が密貿易に手を染めることもあった。なかでも薩摩の島津氏は、領内の島々で密貿易をおこなうとともに、自らが管轄する琉球の進貢貿易を利用して、許可された数量・範囲をこえて交易を展開し、一九世紀には長崎貿易を圧迫するほどにいたった。

総じてこの時期の海は、開放性と閉鎖性、放任と統制の両面をあわせもっていたといえる。めだった戦乱や緊張もないなか、海上を華人海商やヨーロッパ商船が盛んに往来し、その点では開放的であったといえるが、一方でその手綱は陸上の政治権力の意思にゆだねられ、その下で動く個々の担い手には、保障された権利・権限があるわけではなかった。第II部で描かれた時代が乱入と過当競争であったことと対比していうならば、この時期は政府と来航者の間のパイプがしぼりこまれ、しかもそれが政府直営となるのでもなく、請負人に丸投げされる構造だったということができよう。

しぼりこまれたパイプを通ることができるのはかぎられた海商や使節だけであり、その窓口となった貿易港では、半官半民的な存在である牙行や町年寄、通事らが、徴税代行や出入港・滞在関連業務とひきかえに政権から貿易上の特権を付与されて、官民が手を組んで貿易と管理を一体的におこなっていた。――そのような往来と交流のしぼりこみを、圧縮と集中とよぶことができるであろう。では、その具体的なしくみややりとりは、どのようなものだっただろうか。

三　交流と居留の圧縮と集中

正徳新例と信牌騒動

一七一五（正徳五）年三月、日本の長崎奉行所において、正徳新例《しょうとくしんれい》、また海舶互市《かいはくごし》新例《しんれい》ともよばれる貿易改革の新法が、時の長崎奉行・大岡備前守清相《おおおかびぜんのかみきよすけ》（清雄）から、帰帆前の華人海商たちに申し渡された。多岐にわたる趣旨のうち、彼らに直結するもののひとつは、華人商船の来航数を、それまでの年間八〇隻から三〇隻にしぼり、出帆地別に年ごとの隻数を定めるという点であった。主導したのは新井《あらい》白石《はくせき》。[47]これより三〇年をさかのぼる一六八四年に清朝の海禁が解除されて以降、東シナ海に大挙のりだした華人海商の貿易船が連年長崎におしよせて来航船数が激増し、貿易額と隻数に制限を設けたものの、銀・銅の流出やあぶれた商船による密貿易が、このころにいたるまでなお問題となっていたのである。このたびの新機軸は、華商に対して長崎唐通事の名義で「信牌《しんぱい》」すなわち入港許可書を発給し、これをもたない船には翌年以降の入港・貿易をみとめないことにした

47　一六五七―一七二五年。徳川家宣・家継政権で幕政中枢に参与した政治家・儒者。雨森芳洲と同門で、朱子学を修め、正徳の治とよばれる革新政治を推進した。

というところにある。

この信牌が清側に渡ると、ひと騒動がもちあがった。信牌をもらいそこねて長崎で貿易をみとめられずに追い返された海商たちが、信牌をうけとった商売敵《がたき》たちを「清朝にそむいて日本に従い、外国の年号をもちいた文書をうけとった」として訴えたというのである。告発をうけた清当局では意見が割れた。対日貿易の出港地を管掌する浙江の浙海関監督ボーツァイ（保在）は、べつだん事をかまえずに新方式で通商を継続しようと考え、おなじく江蘇の江海関監督オキ（鄂起）も貿易不振によって関税収入が減ることを懸念したが、これに対し布政使《ふせいし》（省財務長官）段志熙《だんしき》と按察使《あんさつし》（省司法長官）楊宗仁《ようそうじん》は、海商たちが外国の「信牌」をうけとったことを問題視した。そこで地方長官である浙江福建総督のマンボー（満保）と浙江巡撫の徐元夢《じょげんぼう》（漢語名だが、マンジュ旗人）が、ひとまず日本の出方をさぐるために、翌一七一六年、広東仕出し船の海商李韜士《りとうし》らに信牌をもたずに従来通り長崎へ行かせたところ、新例に従ってすげなく追い返されてしまった。かくて議論は、信牌現物とともに北京の朝廷にもちこまれることとなる。

北京でも議論は紛糾、清側で自国商人に発給している証明書をもって貿易許可書に代えるよう日本に文書を送って交渉することや、信牌をうけとった海商の処罰などが提案された。しかし、自ら信牌をあらためた康熙帝はいずれの意見も却下し、「この文書は民間で取引のさいにかわされる証文にすぎず、外国の公文書ではない」として、自国海商がうけとって行使することをまったく問題視せず、したがって日本に外交交渉をもちかけることも不要とする判断を示した。

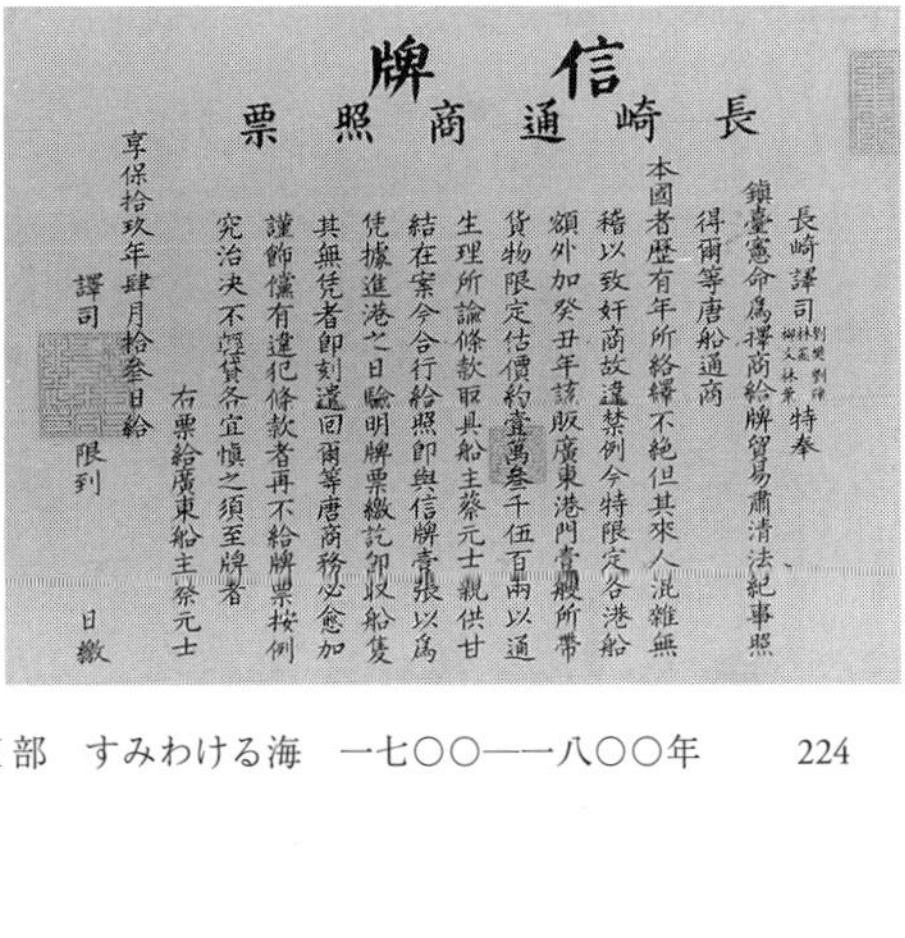
信牌
長崎通商照票
長崎譯司 特奉
鎮臺憲命爲擇商給牌貿易肅清法紀事照
得爾等唐船通商
本國者歷有年所絡繹不絶但其來人混雜無
稽以致奸商故違禁例今特限定各港船
額外加癸丑年該販廣東港門壹艘所帶
貨物限定估價約壹萬叁千伍百兩以通
生理所論條款取具船主蔡元士親供甘
結在案今合行給照即與信牌壹張以爲
凭據進港之日驗明牌票繳訖即収船隻
其無凭者即刻遣回爾等唐商務必愈加
謹飭儻有違犯條款者再不給牌票按例
究治決不輕貸各宜愼之須至牌者
右票給廣東船主蔡元士
享保拾玖年肆月拾叁日給
譯司 限到 日繳

華人海商に与えた信牌（享保一九＝一七三四年四月一三日）（東京大学史料編纂所蔵）

おなじ年、日本でも、信牌なしで渡航してきた唐船への対処について、白石が老中の諮問に対し「信牌は奉行所から渡したものではなく、通事と商人のあいだでとりかわされたものであるので、それが清側で問題になるというのは承服しがたい」と回答すべきことを答申していた。この回答は、帰帆前の李韜士らに漢訳して示され、清側にも伝わったが、それは康熙帝の判断と、みごと阿《あ》吽《うん》の呼吸で合致していたのである。

しかし、これは詭弁といえば詭弁である。新例は日本の政権が指示した法令であって、奉行所に華商をあつめて長崎奉行が申し渡したものであるし、通事とのあいだでとりかわしただけだといっても、先に述べたように、通事は奉行の指揮に服する地役人なのである。しかし白石も康熙帝も、自政権の方針・建前を守りつつ、目をつぶるところは目をつぶって、実利を取る判断をしたのであった。

かくて信牌の一件は外交問題化することも国内問題化することもなく解決し、いったん浙海関が預かっていた信牌は海商たちに返却され、新しい規定のもとで華人商船が晴れて長崎に来航してきた。一七一七年にさっそく入港した一隻には、当局から返却された信牌を李韜士から託された、甥の李亦賢《りえきけん》の姿もあった。以後、日本側が華商に交付する信牌にもとづく管理貿易が、日清貿易の基本型となったのである。

〝政治の海〟の非政治化

このように一八世紀の東シナ海をとりまく地域では、それまでになく強い求心力をもつ政治権力がならびたっていながら、たがいに他者を自らの政治秩序のもとに組みこもうとする動きをとることなく、それぞれが建前と実利とをにらみつつ、相手にあわせた現実的かつ多様な対応をとっていたのである。それも、一般には「朝貢体制」から離脱して「鎖国」していたとおもわれている日本だけでなく、「朝貢体制」を主宰する「中華王朝」であるとおもわれている清朝自身が、自らの秩序をおしつけようとはしないばかりか、公的な「外交」をさけて柔軟に対外関係を展開していた。

このように、対外関係の朝貢への一元化をおしすすめて破綻した明朝にかわった清朝がすすめたのは、朝貢制度の再建・拡大ではなく、それとはまったく逆に、そのような政治的関係の縮小・稀薄化であった。第II部で描かれたように、この趨勢は朝貢／海禁体制が破綻した一六世紀にはじまっており、明清交替の動乱期に一時的に海禁が復活したものの、海上勢力のおさえこみに成功した一六八四年以降、華商の出海貿易と来航外国船の互市貿易が、急速に拡大していった。この時期の海上貿易は、「近世国家」がとりまく東シナ海だけでなく、東南アジア・ヨーロッパから貿易船がつぎつぎと来航する南シナ海においても、ほとんどが互市の形式でおこなわれており、朝貢のウエイトはきわめて低いものであった。すなわち、この時代の海を律していたのは、「朝貢」でも「外交」でもなかったのである。それらは、多様な関係のあり方のひとつにすぎなかった。

もちろん、ひとたび清朝と公式に交渉しようとするならば、外部からの接触を「朝貢」とみなし、しばしば交渉者を「冊封」して「外臣」と位置づける、古くからの硬直した枠組みによらざるをえなかったが、これをきらった徳川政権だけでなく、清朝自身も、なるべくならばそのようなしくみが発動することをさけようとしていたのである。琉球の日・清「両属」を黙認し、来航する海外商船に朝貢儀礼を求めなかったことは、そのあらわれである。

その背景には、清朝自身が多様な相手にさまざまな立場でのぞむユーラシアの帝国であったということ——東シナ海は、その一方面にすぎない——があげられよう。清朝の基本姿勢は、建前や形式に固執《こしゅう》して貿易の利をそこなったりトラブルをひきおこしたりするなどおろかなことで、商利と治安の実があげられればよい、という実利優先の現実主義であった。そのような発想は皇帝だけでなく旗人官僚にも共有されており、先に登場した地方官のうちで信牌を問題視しなかった者は、その名から知られるように、ことごとくマンジュ人・旗人であった。他方、日本側もまた、中央特派の長崎奉行が管轄しながら、町人身分の唐通事をあいだに立てることによって、貿易のみならず政治的事案までも民間交流の枠組みのなかで処理していた。

このようにみるならば、この時期の東シナ海は、しばしばかんがえられているように、清皇帝を主宰者とする「朝貢システム」や「冊封体制」の一元的な秩序のもとにおかれていた——その反作用として、日本一国のみがそこから離脱していた——というわけではなかったというべきである。たしかに、通時的にみて、東シナ海は陸上の政治権力が海上貿易を管理し航海者を統制しようとする〝政治の海〟であり、それはこの時代に極限に達したといえるが、そのありかたは、いわば「〝政治の海〟の非政治化」をはかるものであったと表現することができよう。そこでは、公権力による貿易・出入国の管理がそれまでにない厳格さでおこなわれ、その点においては「政治」が前面に出ていたが、しかしその枠組みのもと、「政治問題」を発生させることなく、民間貿易の形をとって貿易・交流が隆盛したのである。

「近世国家」間関係の諸相

では、これら「近世国家」は、具体的にどのような関係を構築し、また折り合いをつけていたのだろうか。国家レベルの政治権力たる四つの「近世国家」は、自己より上位の権威・秩序をみとめない清朝・日本と、それらの秩序をうけいれた朝鮮・琉球に分けることができよう。とはいえ、日本側はもちろん、清側も日本と雌雄を決しようとしたりはせず、また朝鮮・琉球の実効支配を企図したり内政に干渉したりすることもなかったので、この時代、これら四勢力の事実上の〝すみわけ〟が成立した。

その前提となる国際秩序認識は、たんなる古来の踏襲ではなく、一七世紀なかばの明清交替をうけて形づくられた、この時期特有のものであった。明朝の滅亡と清朝＝マンジュの「中華」征服という秩序変動は、東シナ海周縁の諸社会に大きな衝撃をあたえたのである。当初は先行きをあやぶまれた清朝の覇権が一六八〇年代にほぼ確立すると、治下の旧明領をふくめて、現状を解釈し自らの立ち位置を説明しようとする努力が各地でこころみられた。

いったい、漢文古典を共有する諸社会は、自らを文化的中心とし、他者を何らかの点で劣位にあるものとみなして階層的に位置づける、自己中心的な差等的秩序観——華夷思想をもっていた。「夷」とされてきたマンジュ人が「華」の座についた明清交替以降の特徴は、そのような「華夷の逆転」をどのようにうけとめるかをめぐって展開された、差等的秩序観の多元化・相対化ということができる。

国際秩序の主宰者となった清皇帝自身は、漢人および朝貢国に対しては、礼教を保護・実践し天下に平和をもたらしたことそのものを正統性の根拠として、自らが「華」の座にあると主張し、他方でモンゴル・チベットに対しては、文殊菩薩《もんじゅぼさつ》の化身にしてチベット仏教の保護者[48]としてふるまった。これに対し、朝貢国の琉球・朝鮮は清朝の主宰する華夷秩序のなかに自らを位置づけたが、内

48　一七世紀以降、チベット仏教はモンゴル人・マンジュ人にもひろがっており、清朝の皇帝は、転輪聖王（仏教を興隆する理想的君主）にして文殊菩薩の化身として、文殊菩薩大皇帝と称された。

心ではマンジュ人を「夷」とみなす朝鮮の知識層は、国内では滅びさった明朝の年号を使いつづけ、自らを唯一の「華」とするなど複雑な姿勢をとった。一方、日本の徳川政権は、清朝との公的な接触を絶つことによって、何者にも従っていないという自らの権威を護持しようとし、またこれに対抗して、礼教といった普遍性ではなく「武威」・「神国」意識といった固有性に依拠し、琉球・朝鮮などの「異国」の服従を仮構した、独自の国際秩序観[49]を構築した。

これらの秩序のはざまにおかれたのが近世琉球である。清朝・日本との二重の君臣関係を両立していた琉球は、清朝にとっては明代以来の忠順な朝貢国として、また日本にとっては「将軍の武威に服従した〝異国〟」として、いずれにとっても自らの中心性・求心性を確認するための存在として位置づけられることとなった。このため琉球は、このような二重外交をさとられぬよう、清朝に対して日本との関係の一切を国家ぐるみで隠蔽する政策をとった。

この政策は、琉球支配をめぐって清朝と摩擦が生じることを懸念した徳川政権の意向のもと、一七世紀後半に薩摩の島津氏の指示で開始され、とりわけ一八世紀に入ると、隠蔽を指示する規定を数次にわたって発布するなど、首里王府自身が積極的に日琉関係の隠蔽につとめた。その規定は、「日本船に琉球人が同乗して中国に漂着した場合は、みな日本人の姿になってしまうように」など、きわめて具体的でことこまかなものだった。じっさい、冒頭で紹介した薩摩船の漂流事件では、同船していた二人の琉球人は、髪を包丁で切って日本人のように髷《まげ》を結ってから上陸している。名前も「金城」は「金右衛門」、「呉屋」は「五右衛門」と日本風に変えるという念の入れようであった。

では、清朝が日琉関係に気づいていなかったのかといえば、そうではなかった。琉球人や薩摩人

49 中華の世界観と同様の自己中心的秩序を構想しつつ、その優劣の基準は日本独自に設ける、というこの時期の国際観は、日本型華夷秩序とよばれる。外交や戦争でその実現をめざしたりはせず、実質的には自国内でしか通用しなかったため、現実の国際秩序ではなかったという意味で、日本型華夷意識ともいう。

の涙ぐましい努力にもかかわらず、清朝では、琉球が日本の統制下におかれているという「事実」を、とうの昔に察知していたのである。しかし、「琉球は清朝の臣下である」という体面が保たれてさえいればよいとかんがえていた清側は、わざわざ琉球を譴責したり日本に外交交渉をいどんだりすることはせず、「見て見ぬふり」をしていたのであった。このようにたがいに現状を黙認しあう関係ができあがっていたことが、長崎口における信牌問題と同様、〝政治の海〟のはずの東シナ海から「政治問題」をのぞきさったのである。

同様のあり方は、対馬を媒介とする日朝関係においてもみてとることができる。対朝鮮外交の窓口となった対馬の宗氏は、徳川将軍に臣従する一幕藩領主であると同時に、朝鮮王朝に対しても中世以来の朝貢者的な立場を踏襲していた。そのため、朝鮮側はつねに対馬を朝貢者扱いしようとしたが、対馬側は君臣関係を意味する表現や手続きを慎重にさけて、自分が朝鮮の臣下だとはみとめなかった。たとえば、朝鮮から対馬に渡される「朝貢に対する下賜品」が、うけとった対馬側で「朝鮮からの所務（年貢などの上がり分）」と読みかえられてしまうなど、双方が自分に都合のよい解釈をしながらつきあっていたのである。

このようなくいちがいがありながらも、対馬と朝鮮との関係が安定的につづいたのは、経済を朝鮮貿易に依存する対馬と、日本との関係の安定をはかりたい朝鮮とで利害が一致し、両者がともに

「東萊府使接倭使図」釜山で、朝鮮国王に見立てた殿牌に対馬の使者が拝礼している。（韓国・国立中央博物館蔵。『高麗・朝鮮の対外交流』〈二〇〇二〉より）

妥協をえらんだためである。対馬の背後にいる徳川政権も、宗氏が朝鮮との関係維持において役だっているかぎり、それをとりたてて問題にしようとはしなかった。すなわち、対馬・朝鮮（および徳川政権）の関係維持において、ここでも二者（ないし三者）の暗黙の了解があったといえるだろう。

「近世国家」の「すみわけ」のための工夫

このような国家レベルの接触において問題となるのは、君主の称号と年号である。朝貢関係下にある清朝と琉球・朝鮮のあいだでは問題ないが、それ以外との関係においては、つねに潜在的な火種であった。それゆえ紛糾の発生を未然にふせぐために、日本は清朝と外交関係をもたないようにしたし、清側も自らはたらきかけることはせず、信牌問題にさいしても直接交渉をさけたのである。逆にその双方に朝貢しなければならない琉球は、清朝に対する文書では清年号を、日本に対する文書では日本年号をしるして、使い分けていた。

他方、日本と朝鮮のあいだでは、一七世紀に紆余曲折のすえ、日本側は日本年号を、朝鮮側は干支（明滅亡までは明年号）をもちいるという対等な方式に落着した。いっそう複雑な日本側称号については、徳川将軍自身は朝鮮国王あて国書で「日本国源〇〇」[50]と称し、朝鮮国王からの将軍あて国書では「日本国大君《たいくん》」とよびかけるという特異な形におちつき、以後、一七一〇年代に新井白石が一時的に「日本国王」号を復活させた時期をのぞいて、幕末までこの形式がつづいた。それぞれの国内むけの威勢のよさとはうらはらに、おたがいのあいだでは、各自の紀年法をもちい称号の均衡に配慮する方式ができあがっていたのである。

また別の工夫として、あえて君主間ではなく双方の大臣や地方官レベルのやりとりの形をとるこ

50 国名と姓名だけを称して官職を示さない特異な名のりで、日本の実質的支配者を示す称号。一五世紀以来もちいられ、源氏を称した徳川家も源某と名のった。

ともおこなわれた。対馬の宗氏は朝鮮国王ではなく礼曹とのあいだで対等形式の書簡をかわしており、このような方式は、清朝とロシアのあいだでもおこなわれていた。日本と清朝のあいだでも、長崎奉行と江南・福建の地方官とが文書をやりとりして交渉を完結させていた。このように、国家レベルの相互関係においては、あえて外交的接触をさけるか、やむをえない場合も、おたがいの国内支配の論理を傷つけないようよく配慮された方式がねりあげられていたのである。

一方で、いずれも清朝に対する朝貢国であった朝鮮と琉球のあいだでは、この時期には直接の外交関係はむすばれなかった。冊封・朝貢といった国際秩序体系のもとでは朝貢国どうしの通交は「私通」として建前上禁じられてはいたが、じっさいには一七世紀はじめまでは、朝鮮国王と琉球国王の「交隣」として使節の派遣や北京での公的交流がおこなわれていた。この時代にそれがみられなくなるのは、外交関係の整序によって――たとえば、たがいの漂流民は清朝を介して送還された――、直接通交の必要性が低下したためといえよう。

清朝の出海規制と出入国管理

このような一八世紀の海上秩序の安定は、それ以前の時代の混沌とひきかえの「自由」と訣別した「近世国家」の強い意志と実力によってきずかれたものであり、各政権は、つくりあげた秩序の護持に意を注いだ。そのため、キリスト教や自立的海上勢力など、国内統合に有害とみなされた不安要素を排除するという治安維持目的で、そろってきびしい出海規制と出入国管理体制をしいたのである。もちろん、一八世紀にはおおむね治安問題よりは外国貿易のコントロールや密貿易の阻止といった経済問題が関心事となっていたが、その体制が本来安全保障・治安維持を第一の目的として構築されたものであることは、わすれてはならない。

まず、海を通した出入国・出入港の管理のありかたについて、具体的にみてみよう。それには、船そのものの管理と、のりこむ人に対する管理、そして人ののりこんだ船の出入りに対する管理がある。台湾鄭氏との長い戦いというにがい経験のある清朝は、船舶に対し登録を義務づけ、出航にあたっては各級地方官が渡航許可証を交付し、各港で禁制品の検査と徴税をおこなった。

一六八四年に清朝が海禁を解除した当初は、二本マストの大型船は禁止されていたが、一八世紀に入ると規制が緩和され、かわって造船・乗員に関する規定が整備された。まず船を建造したい場合は、親族・隣保などの保証書をそえて、造船願を州県官庁と海関とに届け出て、料照《りょうしょう》（造船資材の購買許可書）の発行をうけなければならない。完成したら報竣稟《ほうしゅんひん》（報告書）を提出して知県の検査をうけ、合格すると船体に船号と船戸の姓名が烙印《らくいん》され、船照《せんしょう》（船引。船の登録証）が発給される。

こうして完成した船が出航する場合、やはり保証書をそえて海関に届け出て船照のチェックと乗組員の人数・身元確認をうけ、巡撫発行の部照、布政使発行の司照、知県発行の県照、それに海防庁発行の庁照という四枚もの渡航許可証を申請・取得しなければならない。そのうえで港の沿岸警備隊で各許可証と積荷のチェックをうけて、掛号《かいごう》という検査済み証を県照にはりつけてもらい、ようやく出航することができた。渡航許可証には渡航先と回航期限（沿海貿易は二年、外洋貿易は三年）が記載されており、許可された行き先以外への渡航や期限をこえた滞在は禁じられていた。

逆に来航してくる船舶に対しては、種類・性格に応じて入港する港と手続きが定められていた。朝貢船の場合は港が指定されており、たとえば琉球船は福建の福州に入港することとなっていた。互市にもとづく貿易船の場合は、四海関の管下であれば所定の手続きと納税によって出入港・取引ができたが、当然のこととして交通の利便性や集荷・取引上の条件の違いなどによって、入港先・貿易相手にはおおむね定まった傾向があり、たとえばヨーロッパ船はしだいに広州に来航することが慣例となっていった。

　このようななか、イギリスが広州以外での交易を求めて、慣行に反して寧波に来航するというフリント事件[51]がおこり、これを契機として、一七五七年にヨーロッパ船の入港を広州一港に限定するという有名な決定が下されたのである。さらに、二年後の一七五九年に定められた防範外夷《ぼうはんがいい》規条《きじょう》によって、広州での欧米人の居留・行動が規制され、広州は所定の互市と朝貢のみがおこなわれる場となった。これが有名な「カントン＝システム」とよばれる管理貿易体制である。

　ただし、これはあくまで欧米船の入港が広州にかぎられたということにすぎず、清朝の門戸が「閉じられていた」わけではないことに注意しなければならない。それ以外の朝貢船・貿易船はかわりなく各港に来航していたし、華人海商の出海貿易も盛んにおこなわれており、むしろその後の半世紀間に、広州の貿易額は三倍以上に激増したのである。

　総じていえば、登録制・許可制を基本とする清朝の施策は、手続きこそ厳重かつ煩雑に規定されていたとはいえ、原則的に出国や貿易への参入に大きな自由を付与していたということができるであろう。

日本・朝鮮・琉球の「海禁」体制

　一方、日本・朝鮮・琉球の三国は、内外をまたぐ移動に対して厳格な規制をしいた。なかでも日本の徳川政権は、よく知られているように、一六三〇年代に日本人の海外渡航および帰国の禁止、

51　広州貿易における制約に不満をもったイギリスのフリントが、一七五五年にマカオから直接寧波に来航して貿易を求めた事件。以後三年つづけて来航し、五九年には天津にまでいたったが、かえって入港制限の強化をひきおこすこととなった。

52　オランダ船から毎年もたらされる海外情報の報告書で、長崎のオランダ通詞が商館長らから聞きとって作成し、老中へ送付された。

53　長崎に来航する華人商船から得た海外情報の報告書。入港した華商の口述・文書をもとに長崎の唐通事が作成し、老中へ送付された。

54　一六〇九年に西国諸大名に下令されたもので、軍船・商船の別なく五〇〇石積以上の大型船を没収・禁

キリスト教禁教、貿易管理の徹底を骨子とした、いわゆる「鎖国」にふみきり、対外関係を自らの管理統制下においた。これによって、来航する外国船は、政権どうしの関係にもとづく琉球・朝鮮とのあいだの使船のほかは、長崎に来航する華人商船・オランダ船だけとされ、それ以外の外国船の接近を監視・通報する体制が構築された。

華人商船・オランダ船の入港時の手順は、おおむね次のようなものであった。——遠見番《とおみばん》が船影を発見すると、奉行所役人の坐乗する検使船を出し、合図の石《いし》火矢《びや》や旗合わせによって船籍を確認したのち、検使・通事（通詞）らが船にのりこんで乗員名簿・積荷目録など必要書類を提出させ、翻訳・確認する。こうしてはじめて繋留《けいりゅう》・上陸が許されるという、きびしいものであった。なお、情報収集のために、オランダ船が入港するとオランダ風説書《ふうせつがき》[52]、華人商船が入港すると唐船風説書[53]とよばれる文書が作成され、長崎奉行に提出された。

国内の船舶に対しては、徳川政権初期の大型船没収令[54]を全国に拡大して、一六三五年の武家諸法度《はっと》で五〇〇石積《こくづみ》以上の大型船を禁止した。ただし、船舶規制の主眼は、渡航禁制ではなく大名統制という軍事目的にあり、西国大名の海軍力抑制がそのねらいであった。このため、一六三八年には緩和されて商船は除外され、また構造の異なるジャンク型の外洋船は、当初から一貫して規制の対象外であった。「鎖国」は、船そのものの規制よりも、人の移動の管理によって徹底されたといえるであろう。

かつて倭寇に苦しめられた朝鮮でも、沿海地域の治安維持のために海禁政策が

止した。ただし、軍船に転用できないジャンク型などの航洋船は対象外とされた。

オランダ船の長崎入港（「蘭館図」長崎歴史文化博物館蔵。原田博二解説『唐館図蘭館図絵巻』〈長崎文献社、二〇〇五〉より）

しかれた。朝鮮王朝の海禁の骨子は、自国船の遠洋渡航の禁止、空島政策すなわち島嶼からの住民の強制退去、それに外国貿易の管理統制からなる。これらは、海上武装集団と沿岸住民の接触を断ち、島嶼がそれらの根拠地となることをふせぐための措置であった。なかでも特徴的なのは、外洋航行禁令を、民間船だけでなく軍船にも適用したことである。このため、外洋に出航できたのは、外国にひらかれていた唯一の港である釜山から出る、通信使・訳官使といった外交使節の船だけであった。

政府が民間の海外往来を禁止し海外貿易を統制するという方策は、海に囲まれた琉球でも同様であり、清朝への渡唐船（進貢船・接貢船）など首里王府が派遣する公的使節の船をのぞいて、自国船の海外渡航が禁止された。東シナ海にちらばる島々をむすぶ域内交通も王府によって統制され、物奉行管下の給地方《きゆうちほう》（知行や用度を担当する部局）に属する船手座《ふなてざ》という海事行政機関が、船舶の登録、船具の管理、渡航許可証の発行、運行状況の点検などをおこなった。造船自体も王府が統制しており、新造には王府の許可が必要で、船材にもちいるための大木の伐採も、おなじく物奉行管下の用意方《ようい ほう》に属する山奉行《やまぶぎよう》が管理した。くわえて王府は農業奨励政策を推進していたため、民衆の漁《ぎよ》撈《ろう》活動さえ強く規制していた。近世琉球は、海にとりまかれているからといって、海外貿易や漁業に立脚する「海洋国家」ではなかったのである。

海上勢力の再編と沿岸警備体制の整備

総じていえば、陸に重心を定めたこれら「近世国家」にとって、海は警戒の対象であった。したがって、かつて勢威をふるった海上の自立的勢力を解消・再編し、新たな脅威の出現をふせぐことが、治安維持・安全保障上喫緊の課題であった。

清朝は、征服戦の過程で投降した武装勢力を八旗に編入し、自己の軍事力として活用したが、海に対しても同様の方策でのぞみ、海上勢力を編入・戦力化していった。一七世紀後半の台湾鄭氏との抗争においては、投降した鄭氏方の勢力をただちに海軍（水師《すいし》）に編入して台湾攻略にさしむけた。渡海作戦を指揮した海軍提督施琅《しろう》[55]は、もと鄭成功の幕下であったが、清側に寝返って八旗に編入され、福建の海軍司令官に登用された人物であった。

一方、日本では豊臣政権の海賊停止令によって海上勢力は自立的な活動を封じられることとなった。禁令を実効力あるものにする力を欠いていたそれまでの政権とちがい、豊臣―徳川政権は圧倒的な武力・資金力でこれを徹底し、かつて海上をわがものとしていた「海賊」たちを封じこめてしまったのである。

日本の統一政権は、海上勢力をそのまま海軍として活用するのではなく、幕藩制のもとに組みいれ、限定的にのみ存続させるか、陸上で領主化させる方策をとった。かくて、瀬戸内海で名をはせた村上水軍の能島《のしま》村上氏は自立をうしなって毛利家臣団に編入され、御座船《ござぶね》や朝鮮通信使船などをあやつる船手衆として仕えることとなった。志摩水軍の九鬼《くき》氏[56]は海から隔絶された摂津三田《さんだ》に転封《てんぽう》され、平戸の松浦《まつら》氏[57]や来島《くるしま》村上氏[58]も、陸上の領主の道を選ぶほかなかった。東シナ海周縁のいずこにおいても、かつて海を思うままに行き来した自立的な勢力は牙を抜かれて飼いならされ、むしろ〝すみわけ〟の担い手となっていったのである。

他方、各政権は沿岸警備の体制を構築し、新たな海上勢力の出現をふせぐとともに海からの外敵の侵入にそなえた。清朝は、海上の外部勢力であれ国内の反清運動であれ、不安要素の流入・台頭

55　一六二一―九六年。鄭成功とおなじ福建の晋江出身の海将。鄭氏勢力の内部抗争で追われて清朝に降り、皇帝直属の鑲黄旗漢軍に属して福建水師提督に任じられた。

56　熊野水軍の一党で、戦国時代に志摩・鳥羽を拠点に勢威をふるった。織田信長・豊臣秀吉に従い、関ヶ原戦後は内陸の摂津三田・丹波綾部の大名となった。

57　肥前松浦地方に割拠した武士団で、一六世紀に海外貿易でさかえた。イギリス・オランダ商館の閉鎖・移転で貿易立国の道は絶たれたが、鎮信流茶道や、『甲子夜話』で知られる松浦静山（一七六〇―一八四一）など、文化面で名をはせた。「唐船之図」（プロローグ）も、平戸松浦家に伝えられたものである。

58　三島村上氏のひとつで、伊予・来島に本拠をおく一族。能島村上氏と袂を分かって織田方につき、関ヶ原戦後は内陸の豊後・森の大名となった。

をふせぐため、沿海部各地に駐防八旗を展開し水師営を設け、戦船を配備して海防体制をかためた。商船・漁船にも各種の禁令をしき、武器の搭載を厳禁したほか、金・銀・銅・硫黄・硝石といった鉱産物や乗員分以外の食糧などを禁制品とした。これらは、海上や海外の反清的勢力に流れて資金源や軍需品、兵糧にされることを警戒してのもので、為政者の主たる関心はあくまで治安維持にあったのである。

　一七一七年から二七年にかけて施行された南洋海禁令も、その動機は、西北戦線でのジューンガルとの戦争にあたって、南シナ海方面の在外華人人口が増加している状況下で、背後の不安をとりのぞくことにあった。じっさい、一七二一年には台湾で朱一貴《しゅいっき》[59]の乱が発生しており、大陸国家たる清朝にとって、陸海の情勢はつねに両にらみでなければならなかったのである。

　日本の徳川政権は、先にみたように国内の海軍力はむしろ治安上の不安要素とみなして抑制するいっぽう、外国船の来航に対しては、監視・通報体制を整備するとともに有事のさいの諸大名の動員体制をととのえることで対応した。このような沿岸警備体制は、ポルトガル船の来航を禁止した一六三〇―四〇年代に、諸大名に対し遠見《とおみ》番所《ばんしょ》の設置と通報・動員の規範を指示し、平時の警備体制や有事の指揮系統を定めることできずきあげられた。近海に出没する華人商船に対しても、正徳新例とともに武力行使方針をうちだし、信牌をもたずに私貿易をおこなう唐船は「海賊」と見なして打ち払いの対象とした。

　海に囲まれた琉球も、徳川政権の対外政策の一環として外国船監視の任務をになわされており、国王を頂点に末端は百姓[60]までをも組織して、王府機構のほぼ全体で外国船の来航・漂着にそなえる体制がつくられた。農村部にあたる地方《じかた》（田舎）には、御条目《ごじょうもく》[61]・異国船絵図・異国船旗印絵図が配

59　清代台湾で起こった反乱のひとつで、福建出身の移住者朱一貴が蜂起したもの。一時台湾の大半を占拠したが、一七二三年までに鎮圧された。

60　琉球の身分制における被支配身分で、民衆を意味

布され、王府派遣の海防官（在番）の指揮下で、百姓の一部である地方役人が異国方・遠目番に組織されて有事にそなえた。外国船が漂着・寄港した場合は、飛船とよばれる小型連絡艇や烽火のリレーによってただちに王府に伝達することとされ、日本と同様に外国船監視体制が徹底されていたのである。

このように「近世国家」がとった方策は、陸上の政治権力自身が海軍を整備し海上にのりだすのではなく、強力な陸上軍事力によって沿岸をかため、海上勢力が足がかりをつくる余地をなくしてしまうというものであった。その点からいえば、この時期の海の管理は、近代における外洋海軍を基幹とした「面としての海洋（＝領海）の管理」とは異なり、出入国・貿易管理制度と沿岸警備体制によって、領域をまたぐヒトの移動を規制することで実現されていたといえよう。同時に、これらに共通してみられる特徴は、意思決定や即応軍事力を八旗や幕藩領主がほぼ専管していることで、民間の海上勢力に委任するものではなかった。このような体制は、一八世紀の後半に変容していくことになる。

し、農民だけでなく商工民もふくまれる。これに対し支配身分は士（サムレー）とよばれるが、武人である日本の武士と違い、文官である。

61　外国船の来航・漂着の際の対処の指針をまとめたもので、一五ヶ条からなる。一七〇四年に薩摩から首里王府に布達され、一八四〇年代まで琉球における漂着船への対応の大原則となった。

外国人居留地と居留民の形態

各政権はまた、外国船の指定入港地に指定区域・施設を設け、来航する外国人の行動・権利を制限した。各国の外国人居留地には、それぞれの事情・個性が反映されるものの、「隔離」が原則とされるなど多くの共通点がみとめられる。

［清朝］

清朝でよく知られているのは、欧米人に対して指定した広州の外国人居留区である。これは漢語で「夷館《いかん》」、イギリス人がファクトリーとよぶもので、広州城外の珠江《しゅこう》沿いに設置され、湾口部のポルトガル人居留地のマカオ（澳門）と一体となって運用された。当初は指定居留区画というだけで、滞在中の外国人も広州城内外を往来できるなど規制はゆるやかであったが、雍正《ようせい》年間（一七二三―三五年）以降しだいに制限が強まり、一七五九年の防範外夷規条できびしい行動制限が課されるにいたった。それによれば、欧米人がここに滞在できるのは貿易の期間だけで、取引が終わるとマカオにもどって次の貿易シーズンまですごさねばならず、広州での長期滞在や指定地区を出て広州市街を歩くことは原則として禁止された。広州での取引は特許商人とのあいだでのみ可能で、欧米側が現地民をやとうことも禁じられた。

ただし、指定港に外国人のための指定施設を設けること自体は一般的で、福州には柔遠駅《じゅうえんえき》、広州では懐遠駅《かいえんえき》が設置されている。柔遠駅は福州城東南の門外に位置し、もっぱら琉球人のみが使用したため「琉球館《りゅうきゅうかん》」と通称された。敷地はおよそ一七〇〇坪（約五六〇〇平方メートル）で、周囲は土塀で囲まれ、内部は外側の大門（頭門）と内側の二門（儀門）によって二つの空間に分けられた。大門から二門のあいだは清側スタッフのエリアで、門番（把門《はもん》官）の詰所と通訳（河口《かこう》通事）のオフィスがあり、二門の奥が琉球人の滞在エリアとなる。ここには事務棟の大堂や宿泊施設などがあり、さらに最奥部には、航海神（天后、媽祖）・土地神、客死した琉球人の位牌（墓所は城外）を祀るエリアがあった。

福州の琉球館（「渡閩航路図」沖縄県立博物館蔵。『近世』〈沖縄県史　各論編第四巻、二〇〇五〉より）。

柔遠駅は清側の官署であったため建物は完全な中国風で、管理は福州府の担当官（海防同知）が担当した。館への出入りは清側の門番が監視しており、夜間の外出や外泊は禁止されていたが、琉球人の日中の行動に大きな制限はなく、城内外の各地への訪問や、近場の温泉・名勝地の遊覧が可能であった。滞在者は原則として首里王府派遣の渡唐役人にかぎられ、滞在費用は清側が恩典として支給した。滞在人数は、琉球からの船の出入りにともなって十数名から二百余名の幅で増減し、正使・副使ら約二〇名は二年に一度の割合で朝貢のため陸路で北京へおもむき、のこりのメンバーは福州で貿易などの業務をこなした。このように柔遠駅は、清領における琉球使節の活動拠点であると同時に、福州から北京までにおよぶ広範な朝貢活動の起点・終点でもあったのである。

広州の懐遠駅は、城外の西関《せいかん》（広州城外西南部のエリア）に位置しており、明初に設けられ明末に一度すたれるが、一六五三年にシャムとオランダの朝貢が許可されたことにともない、旧地に再建されたものである。おもにシャムの朝貢使節の宿泊施設として利用され、一九世紀前半のヨーロッパ人の記録によれば、門の上部に「暹羅《せんら》国貢館」としるされていたという。またシャム人の墓地が付設され、そばには航海神を祀る天后宮もあった。なお、朝貢船および使者をのぞく船員は、広州郊外の黄埔《こうほ》に停泊・滞留した。

［日本］

日本では、いうまでもなく長崎の出島である。出島は砂州を埋め立ててつくられた扇形の人工島で、そもそもはポルトガル人を収容するためにきずかれたが、完成直後にポルトガル人は追放され、かわって一六四一年にオランダ商館が平戸から移転してきた。面積は三九六九坪（約一万三一

○○平方メートル)、管理施設とオランダ施設・倉庫などが混在する一重構造で、海中からきずきあげられた石垣と塀が四周にめぐらされ、ただ一本の橋によって市中とつながれていた。

建設に出資したのは、出島町人とよばれる長崎・京・大坂・堺・博多などの豪商二五人で、オランダ側には土地を選んだり取得したりする権利はなく、借家人として彼らに対し家賃を支払わねばならなかった。出島町人は、建物などの所有者として建物と借家人であるオランダ商館員の管理に責任を負い、その権利は一種の「株」として売買・継承されていった。

バタヴィアからやってくるオランダ船は、一八世紀には通常一年に二隻に制限されており、おおむね旧暦六―七月に長崎に入港した。出島へ滞在したのはオランダ商館長(カピタン)、次席商館長(ヘトル)、倉庫長、書記役、商館長の補助員、医師、調理師など一〇名前後で、船の入泊中でも二、三〇人程度にすぎず、大半の乗員は船上での生活をしいられていた。出島への日本人の立ち入りとオランダ人の外出はきびしく制限されており、職人・人足などが出入りするにも、出島乙名が発行する門鑑《もんかん》という札が必要であった。

他方、華人海商は当初市中に滞在して宿町の世話になっていたが、密貿易が後を絶たないことから、一六八九年に町外れに唐人屋敷が新たに設けられ、華商はここに収容されることになった。一六九八年には、眼前の海岸に唐船荷物の収容場として新地《しんち》が造成され、唐人屋敷と橋でつながれた。これらの建設は当局から

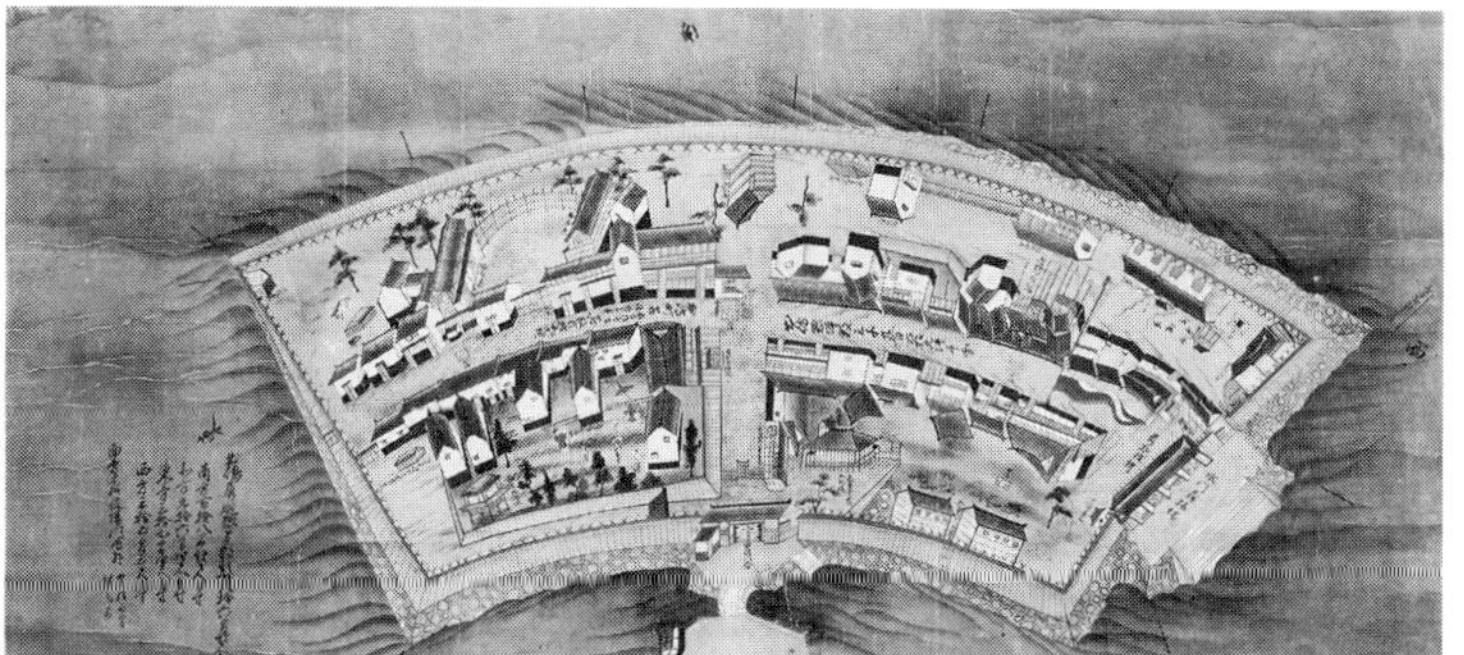
長崎の出島（一八世紀初め、島原松平家伝来「阿蘭

資金貸与をうけた町がおこない、町は華商が支払う賃貸料から返済し、完済後は賃貸料は町の収入となった。

唐人屋敷は面積八〇〇〇坪あまり（約二万六四〇〇平方メートル）であったが、一七六〇年に約九四〇〇坪（約三万一〇〇〇平方メートル）に拡張された。敷地は練塀《ねりべい》と堀で囲まれ、さらにその外周に竹垣を設けたうえで番所をおくという厳重なものであった。内部は大門・二の門で二重に仕切られ、大門から二の門のあいだは日本側関係者の駐在と取引のための施設がならぶ公的空間で、二の門の奥が唐人の生活空間であった。

出島設置の主眼がキリスト教排除にあったのに対し、唐人屋敷の設置には、清経由でのキリスト教の流入防止という意図もあったが、最大の目的は密貿易の阻止であった。長崎に滞在する華商は原則としてこの唐人屋敷に入ることになっており、出島のオランダ商館員と同様、敷地の外に出ることは禁止され、また女性の同伴上陸も禁じられていた。逆に日本人の出入りには唐人屋敷出入札（門票）が必要であり、二の門の奥には日本の役人といえどもみだりに入ることはできなかった。一七三〇年代までは一〇〇〇―二〇〇〇人の華商が滞在する混雑ぶりであったが、その後、来航船数の減少にともなって滞在人口はおちついていった。

また、琉球との関係をつかさどる薩摩には、琉球から派遣される上国使者や稽古人（留学生）の滞在施設として、鹿児島琉球館が設けられていた。当初は琉球仮屋《かりや》（琉仮屋）と呼ばれて鹿児島城（鶴丸城）の東南にあったが、一七世紀末ごろまでに城の北側に移転し、一七八四年に琉球館と改称された。当初は琉球からの

陀屋敷之図」東京大学史料編纂所蔵。）

唐人屋敷（「唐館図」長崎歴史文化博物館蔵。『唐館図蘭館図絵巻』より）

人質の居館でもあったが、一七世紀後半からは琉球唐物や砂糖の貿易拠点と化していった。出入りは薩摩の門番が監視し、許可のない一般人の立ち入りは禁止されていた。

［朝鮮］

近世朝鮮の対外関係の窓口は、基本的に西北の義州（道中の中江《ちゅうこう》・柵門《さくもん》）、東北の慶源《けいげん》・会寧《かいねい》、そして東南の釜山にかぎられていた。対清関係の通交は陸路でおこなわれていたため、海にひらかれているのは日本に対する釜山だけであった。

釜山にある日本人居留施設は倭館（和館[62]）とよばれる。日本人といっても、滞在をみとめられたのは対馬の命令あるいは許可をうけた者だけ[63]であり、また女性の居住は許されなかった。倭館は、一七世紀はじめの日朝関係の改善後まず豆毛浦《とうもうほ》に設置されたが、手狭で不便だったため一六七八年に郊外南方に新設・移転された。これが草梁《そうりよう》倭館で、敷地は一〇万坪（三三万平方メートル）にもおよび、豆毛浦倭館の一〇倍、長崎の出島の約二五倍、福州の琉球館の実に六〇倍近くに相当する広さであった。広大な敷地の中央には小高い竜頭山《りゆうとうざん》があり、それを境として大きく東西のブロックに分かれていた。倭館の東面と南面は海に接し、周囲は高さ二メートルほどの塀で囲まれ、六ヶ所の番所に朝鮮側の見張りが詰めていた。

釜山・草梁倭館（「倭館図」韓国・国立中央博物館蔵。『朝鮮後期通信使と韓日交流史料展』（一九九一）より）

62 朝鮮側では、日本に対して、国名としては「日本」をもらいたが、それ以外では倭人・倭語・倭船など、もっぱら倭とよんだ。対馬側は倭の字をきらい、和館といった。

63 使者・館守（倭館の総責任者）・裁判（特定の外交交渉の担当者）・代官（貿易管轄官）・書記・通訳・僧侶・水夫・商人・留学生などがあった。

通常の出入りには東側の守門がもちいられ、守門から次の設門までの空間に、儀礼や饗応をおこなうための草梁客舎、宴大庁《えんのだいちょう》や通訳の詰所など朝鮮側の施設がならんでいた。倭館の内部には、貿易をおこなう開市《かいし》大庁《だいちょう》をはじめとして、居館、寺院、商店、船着場、倉庫などがおかれ、常時五〇〇名前後が滞在していたとみられる。これは、当時の対馬の成人男子の約二〇人に一人に相当する人数であった。

彼らの外出は、倭館周辺の散歩のほか、設門内にある朝鮮側の施設への訪問、豆毛浦倭館への墓参りなどにかぎられていたため、一八世紀の倭館は朝鮮におけるほぼ唯一の日朝交流・接触のポイントだったといえよう。倭館に出入りする朝鮮人は、倭館にかかわる官員のほかは東莱商賈（莱商）[64]とよばれる特権商人団などにかぎられていたが、それでも密貿易や密通（交奸《こうかん》）事件が頻発したため、一七〇九年には左右に石垣をもつ設門が新設された。これらの関係費用や滞在費は原則として朝鮮側が支出したため、その負担は大きかった。

これらの居留地の特徴のひとつは、多くの場合、各政権が外国人男性と自国女性の接触を警戒し、また外国人女性の来往を規制したことである。この結果、居留地に滞在する外国人のほとんどが男性であった。

ただし、男社会の宿命として発生する「女性問題」に関しては地域差が大きい。もっともきびしかった朝鮮では、倭館における日朝間の男女交際は一切禁止で、遊女（妓生《キーセン》）でさえ出入りが許されず、密通は当事者も仲介者も一律死罪というのが法的な原則であった。しかし、日本側にはこのような法文化は存在しなかったため、日本人の密通容疑者に対する対馬の対応はつねににぶく、こ

64　対日貿易の許可をえた特権貿易商人で、都中とよばれるグループが中核をなす。東莱府から倭館出入りの鑑札をうけて取引に従事した。

の温度差がしばしば日朝間の軋轢をまねいた。これに対し、日本の長崎では、出島でも唐人屋敷でも、奉行所の許可をえた遊女は出入りがみとめられていた。琉球でも、部分的かつゆるやかな禁止を規範としていたものの実態はほぼ自由であり、清朝ではとくに禁止されていなかった。

一方、それにともなって生じる混血児の問題については、長崎では出島や唐人屋敷に出入りする遊女が身ごもること自体は当然視されていたが、生まれた子供を父親が海外へ同行することは禁じられており、彼らは日本人として一生をすごすこととなった。

漂着民と送還体制

このように、東シナ海をとりまく「近世国家」が実施した国内外の出入りの管理・統制のうち、とくに入国はきびしく管理され、また自国への移住・雑居も強く規制・禁止された。しかし、管理の主眼が治安維持であったことから、出国に関しては概して「出てしまった場合は保護を与えず帰国を禁止する」という対応がとられた。日本の「鎖国令」における帰国禁止は、その代表的なものである。一七四〇年におこったバタヴィアでの華人虐殺事件[65]のさいも、清朝が在外華人の保護や報復措置をとることはなかった。

一方、これと表裏して、予期せぬ海難により他国に漂着した場合は、「国家の設定したルールを犯した」とはみなされず、各国において保護・救助の対象とされるようになった。このためこの時期、東シナ海周縁の諸国間で外国人漂着民の相互送還体制が形成されたことは、特筆すべき現象である。

清朝では、もともと外国船が漂着したさいは地方官が中央政府の指示と現地の前例とにもとづい

65 オランダの拠点であるジャワ島のバタヴィアで、一七四〇年にオランダ人と在留華人との衝突がきっかけとなって発生した事件で、一万余の華人が虐殺された。流入した華人人口の激増による治安悪化と蜂起への懸念が背景にあったといわれる。

て救助・保護してきたが、統一的な国家レベルの規定はなかった。このため、一七三七年に乾隆帝が「すべての外国人漂着民は撫恤《ぶじゅつ》（いつくしみあわれむこと）し、衣食を与えて船を修理し帰国させよ」という命令を下し、以後これが漂着民への対応に関する統一的な指針となっていった。その内容は、漂着地の地方官が公費を支出して衣料を支給し船隻を修理する、積荷や使用不能になった船体を換金してもよい、積荷は原則的に免税とする、船体の破損などにより自力で帰国できない場合は、朝貢使節の往来や、その国と往来がある民間の貿易船に便乗して帰国させる、というものである。日本人については、対日貿易拠点たる乍浦にいったん転送されてそこから日本行きの船で送還されることになっており、薩摩船の伝兵衛一行は、まさにこれが適用されて保護・送還されたのである。また琉球人の場合は、漂着者は福州に転送されて琉球館に収容され、渡唐船にのせられて帰国した。

一方、日本では、沿海各地へ漂着した外国人はまずキリシタンか否かで峻別された。キリシタンであれば捕縛のうえで長崎へ、非キリシタンであれば救助・保護してやはり長崎へと回送される慣例であった。その後、清人であれば長崎往来の華人商船に便乗させて帰国させ、朝鮮人であれば対馬宗氏に、琉球人であれば薩摩島津氏の手にゆだねた。救助・保護の費用は原則として漂着地の負担で、漂着民のとりあつかいに関する規定は各大名家で整備された。このような日本の漂着民送還体制は、まずキリシタンか否かの確認がおこなわれているように、沿岸警備体制と表裏一体のものとしてきずきあげられたものであった。

琉球は、外国人漂着民は当初薩摩に転送していたが、一六八四年の海禁解除にともない清朝が朝貢諸国へ自国漂流民の保護・送還を要請したことをうけ、清朝への直接送還をおこなうようになった。具体的には、外国人漂着民の対応規定「御条目」が一七〇四年に薩摩から通達され、琉球における外国人漂着民への処置の原則となった。首里王府はこれにそって国内に各種の関連規定を発布し、独自の救助・送還制度を整備したのである。

琉球においても、漂着民はキリシタンか非キリシタンかで峻別され、キリシタンであれば捕縛のうえ薩摩へ移送されるきまりであった。非キリシタンであれば、自力帰国が可能な場合は食糧・水を支給し、船体を修理して帰国させた。自力では帰国が不可能な場合は泊村（現那覇市内）に転送され、渡唐船に便乗させて清朝へと送られた。救助・保護の費用は王府財政でまかなわれたが、労働力は漂着地などの各地方が負担した。このように、送還方法こそ日本の体制から離脱したものの、漂着民に対する処置は、キリシタン禁制や貿易禁制といった徳川政権の対外統制策の影響下にあったのである。

朝鮮では南部の釜山や巨済、済州島など慶尚道《けいしょうどう》・全羅道《ぜんらどう》の各地に倭学訳官が配置され、日本人の漂着にそなえた。日本人が漂着するとこれら通訳による事情聴取がおこなわれ、中央政府へ報告された。琉球人漂着民の場合は専門の通訳がいなかったため、筆談か手まねでの意思疎通がこころみられた。その後は各地の地方官が中央政府の指示をあおぎながら漂着民の救助・移送を担当し、日本人の場合は釜山の倭館へ、琉球人の場合は清朝へと送りとどけられた。

この時代、清朝は東・南シナ海各地の漂着民の中継センターの役割をはたした。この体制のもと、たとえば琉球と朝鮮、朝鮮とベトナムのように直接のルートをもたない国どうしでも、双方と関係をもつ清朝を中継して、間接的な相互送還がなされたのである。また東南アジアに漂着した場合も、冒頭にみた孫太郎の事例のように、華人商船などにより清朝へ転送され、日本人ならば長崎行きの民間商船にのせられて帰国した。

一方で、このような漂着民保護・送還体制を逆手にとって、漂流・漂着船に擬装（故漂）して故意に他国の沿岸地域に接近し、密貿易をおこなう事例もあった。とくに日本の九州・山陰近海では、貿易枠からあぶれた華人商船がしばしば漂流・漂着をよそおって出没し、打ち払いの命令がだされるほどであった。

このように、一八世紀の東シナ海をとりまく地域においては、人の往来は外交使節・商人・送還漂着民など公権力の認可をえた存在にしぼりこまれ、また「外国人」との接触・交流の場も、指定された居留地に限定されていった。海上の往来は安定的かつ活発であったが、第Ⅰ部・第Ⅱ部の時代とは異なり、たとえ港市であっても、程度の差はあれ、雑居、ましてや定住は許されなかった。かつての唐坊や倭寇のような海をまたぐ世界は、もはやここにはない。そこでは「内」と「外」とが明確に線引きされており、外国人や外来文物との接触機会は局限されたのである。

だが、それは海をまたぐ海域交流がとざされてしまったということではない。放任的であった南シナ海はもちろん、東シナ海においても、往来する人が運ぶモノはむしろますます大量・多様になって各地をいきかい、それぞれの社会に根を下ろしていったのである。次に、そのさまに目をうつそう。

四　海をまたぐモノと情報

姿をかえた海域交流――人からモノへ

一七一五年の冬、大坂・道頓堀戎橋《どうとんぼりえびすばし》の浄瑠璃《じょうるり》小屋竹本座《たけもとざ》で、近松門左衛門《ちかまつもんざえもん》[66]作の「国性爺《こくせんや》合戦」の上演がはじまった。鄭成功をモデルとした、日本人の母をもつ混血のヒーロー和藤内《わとうない》が清を擬した「韃靼《だつたん》人」を相手に明再興のため戦うこの作品は、たちまち巷《ちまた》の人気をさらい、一七ヶ月という異例のロングランをつづけることとなる。

一八世紀初めの日本で「国性爺合戦」が人気を博したのは、当時の大多数の人びとが、海をまたぐ人的交流から遮断されていたことの裏がえしである。海を舞台に人びとがせめぎあっていた第II部の時代から、日本の「鎖国」や清朝の遷界令という海禁の時代をへて、海をこえて人と人とが直接交流する場所と機会はしだいに限定されていった。かつて織田信長の安土《あづち》城の築城や豊臣秀吉の方広寺《ほうこうじ》大仏の造立に華人系工匠が参加し、イギリス人が徳川家康の顧問をつとめていたような時代は、いまや遠い過去のものとなった。京都・宇治の黄檗宗《おうばくしゅう》本山万福寺《まんぷくじ》では、一六五四年に渡来した開山隠元隆琦《いんげんりゅうき》[67]以来、代々の住持を中国大陸からむかえる慣習をつづけていたが、一七二一年に来日した大成照漢《たいせいしょうかん》を最後にとだえた。直接の原因は清の浙江総督李衛《りえい》[68]が渡航規制を強化したことにあるが、緩和された後も渡来僧は復活せず、以後日本僧が代々の住持をつとめた。

しかし一方で、まさしく「国性爺合戦」初演と同年に発布された正徳新例が物語るように、長崎をめざす華商の貿易船はひきもきらず、銀・銅の流出や近海での密貿易が日本側の懸案となるほど

66　一六五三―一七二四年。京都・大坂で活躍した浄瑠璃・歌舞伎作者。武士の出であるが芸能界に身を投じ、竹本座の座付作者として『曾根崎心中』などの世話物や『国性爺合戦』などの時代物の人気作を多数残した。

67　一五九二―一六七三年。日本黄檗宗の開祖で、福建・福州の出身。明滅亡後の一六五四年に来日し、将軍徳川家綱から寺領を下賜されて宇治に万福寺をひらいた。

68　一六八六―一七三八

であった。このように、圧縮・集中されたパイプを通して、海をこえたモノや情報の往来がますます増大していったのも、この時代のもうひとつの特徴である。これまでの章では、交通・交易のしぼりこみの面からこの時代のありさまをみてきたが、本章では、しぼられたルートを通って人が運んだもの、すなわちモノと情報にスポットをあててみたい。

ある漂着唐船の積荷

一八〇〇（寛政一二）年一二月四日未明、遠州灘《えんしゅうなだ》（現在の静岡県沿岸）に一隻の唐船が漂着しているのが発見された。この唐船は名を万勝号《ばんしょうごう》といい、同年一一月九日に船主の劉然乙・汪晴川以下の乗員八五名（一説には八六名）を乗せて乍浦を出航したが、長崎にむかう途中で暴風にあい、太平洋沿岸を流されて漂着したのであった。この知らせは住民から沿岸の領主・代官をへて江戸にとどけられ、積荷の回収と乗員の救助・事情聴取がおこなわれた。

万勝号は、どのような積荷をたずさえて長崎をめざしたのだろうか。さいわい、収容された直後に万勝号側から提出されたリストがのこされている。それによると、積荷の大部分を占めていたのは薬種、絹・棉・毛などの織物類、そして白砂糖・氷砂糖であった。とりわけ薬種は種類も量も多く、木通（アケビ）・甘草・大黄[69]・檳榔《びんろう》・肉桂・山帰来《さんきらい》（ドブクリョウ）・藿香《かっこう》（カワミドリ）・児茶《じちゃ》（ガンビール）・厚朴《こうぼく》（ホオノキ）など、総量は一一万五八九〇斤（約六九・五トン）にもおよぶ。

量だけならそれを上回るのが砂糖で、「泉糖」と記される白砂糖だけでも計二二万三三五〇斤（約一三四トン）、さらに「漳氷」としるされる氷砂糖が五一七〇斤（約三・一トン）積まれていた。また、水晶・印鑑・彫刻など別段売り（基本的な取引の枠である「常高《じょうだか》」以外の取引）の品物は、少量な

年。清の雍正帝のもとで地方行政に活躍した漢人官僚。江蘇出身で捐納（官職売買）によって官界に入り、江南統治で治績をあげた。

69 ルバーブ。タデ科の植物で、根塊が整腸・健胃剤として珍重される。甘粛・青海地方を原産地とし、絹・茶と並ぶシルクロード貿易の重要な交易品として知られた。

がらも「上用」の文字があることから、長崎における注文売りを想定していたのかもしれない。このほか、書物や赤の染料となる蘇木、さらには長崎唐人屋敷の廟などに奉納する品々も積まれていた。積荷の多くは水につかってしまい、とくに砂糖類はほとんどが海中に流れ出てしまったが、なんとか回収された商品は、厳重に警固された置き場で乾燥させたうえで、乗員とともに長崎へ回送された。

これらの積荷が長崎でどのような扱いをうけたのか、じっさいに取引がおこなわれたのか、記録からはわからない。ただ、同時期に長崎へ来航した華人商船に関してオランダ人が入手した情報によると、華商が長崎で仕入れてもちかえる品目の中心は、まず「棹銅《さおどう》」とよばれる銅の地金、ついで干しナマコ・干しアワビ・フカヒレのいわゆる俵物《たわらもの》、および昆布《こんぶ》・鰹節《かつおぶし》などの諸色《しょしき》とよばれる海産物であった。棹銅は一隻あたり一〇万斤（六〇トン）と定められていたため、余剰スペースに応じて海産物を大量に買いこみ、さらには椎茸・テングサ（寒天の材料）・鶏頭《ケイトウ》（食用・薬用の花）・茯苓《ブクリヨウ》（漢方薬の原料となるキノコ）、また醤油や酒、漆器、陶器、はては傘や薪にいたるまで、きわめて多様な品目が帰途の積荷となった。陶器や薪などは、あきらかにバラストの補助として積載されたものであろう。

このような漂着船の積荷は、この時代のどんな特徴と、そこにどのような変化がおきたことを物語るだろうか。

交易ルートからみた東シナ海と南シナ海

一八世紀の東アジア海域における経済をささえたのは、東シナ海をとりまく地域間・地域内交易と、南シナ海を中心とする国境をこえる地域間貿易の隆盛である。ここでいう「地域」とは、地理的条件と生産・流通・消費において一定のまとまりをもつ広域市場がなりたつ地理的範囲のことである。日本列島や朝鮮半島の場合は、政治権力の規制と商業・流通の発達によって、この地域と政権の領域とがほぼひとしい、一国完結的な市場が成立した。他方、清朝中国の場合はその領域の広大さ・多様さのために国家規模の市場は成立せず、華北・江南・福建・嶺南といった複数の地域が並立し、しかも福建以南の地域市場は、南シナ海を通して東南アジア各地と密接な関係をもった。

その海上交通ルートは、東シナ海では「近世国家」の〝すみわけ〟を反映して、たとえば長崎に入港した船がその先の博多や大坂へとすすむことはできなかったように、国家間の交通ネットワークと各領域内のそれとが完全に分離されているという特徴をもっていた。これに対して、南シナ海の海上交通ルートは福建の廈門と広東の広州・マカオという二大窓口を中心として、東南アジアの主要港もその両方とつながっており、複雑かつ複線的であった。

この時期の東シナ海は、各国の貿易規制や出入国管理によって国境をこえたモノの移動が規制されたこともあり、国際貿易の総量は頭打ち・低落傾向であったが、中国大陸沿岸の地域間貿易や日本・朝鮮の地域内貿易は逆に活性化していた。

生産・消費いずれにおいても東アジア海域の中心であったのは長江下流の江南地域で、巨大な人口をかかえる、世界規模でも最大の市場のひとつであった。江南の瀏河港・上海・乍浦・寧波などの港からのびる海上航路は、北は山東の諸港から北京の外港の天津、さらに遼東沿岸にいたり、南は温州《おんしゅう》など浙江南部の諸港をへて福建の福州・廈門、さらに広東の潮州《ちょうしゅう》や広州へとつながっていた。南北航路の結節点となったのは杭州湾口の舟山群島で、ここは長崎にむかう東方航路も接続する東シナ海のハブであった。また福州からは琉球へ、廈門と広州からは南シナ海をとりまくマニラ・アユタヤ・バタヴィアなどの主要港市、さらにより遠方へと航路のネットワークがひろがっていた。広州と一体となって機能していたマカオは、「カントン＝システム」の確立後、ポルトガルだけでなく欧米諸国全体の南シナ海における貿易拠点という性格をつよめた。

日本列島では、一六世紀までは海上勢力の乱立や大名間の恒常的紛争もあって沿岸航路は寸断されていたが、統一権力の登場により一七世紀には瀬戸内海と日本海航路が接続、同世紀後半には太平洋岸航路[70]も整備され、蝦夷地をふくめた列島各地が、生産と消費の二つの中心である上方《かみがた》（大坂・京都）と江戸と、緊密に結びつけられた。対外的な窓口である「四つの口」は、この周航ルートの外に位置していたが、そこを接続口として、モノの流れは日本列島の沿岸交易ネットワークとつながっていた。

これに対し、政治権力による制約が比較的ゆるやかだった南シナ海では、海上貿易は一八世紀を通じて発展基調であった。廈門・広州での海関税収は世紀全体を通じて急増しており、関税収入全体に占める海関税の割合も一貫して増加していた。上海・乍浦などの江南諸港は貿易の中継地としての機能も高め、直接東南アジアまでおもむかずとも必要な品を調達できる貿易システムができあがった。たとえば長崎貿易では、アユタヤから直航してくるシャム国王直営の貿易船（経営は華人に委託）は一八世紀前半に、東南アジアからの「奥船」じたいも世紀中ごろに姿を消すが、これは東南アジア産品を江南で調達することができるようになったためであった。直接の往来の有無と、モノの動きとはかならずしも連動しないのである。このように、政治的側面からはまったく異質の世界にみえた一八世紀の東シナ海と南シナ海は、モノの移動という側面からみれば、広州・廈門・

70　日本海沿岸から本州太平洋岸を南下して江戸にいたる海運は、東廻海運とよばれる。奥羽地方から江戸への海運は、当初は途中で利根川経由の内河水運となっていたが、一六七〇年に江戸商人の河村瑞賢が房総半島を迂回する直航路を開発し、以後盛んになった。

江南などの結節点を介して連動していたのである。

交易からみたときのこの時期のもうひとつの特徴は、北方ルートがはっきりと姿をあらわし、東シナ海と緊密にむすびつけられたことである。日本海をこえた貿易は、政治的制約だけでなく、日本海それ自体が横断が困難な荒れた海であることもあって、黒龍江《こくりゅうこう》（アムール川）・松花江《しょうかこう》などマンチュリアの内陸河川からサハリン（樺太《からふと》）をへて蝦夷地にいたるルートをとることになる。このルートを通しておこなわれたのがサンタン貿易[71]であり、これによってもたらされる蝦夷錦《えぞにしき》[72]は、日本国内で大いに珍重された。また昆布やアワビ、ラッコ皮などの北方物産は、長崎・琉球経由ではるばる江南にまで運びこまれた。この方面の特徴は、東シナ海とちがい、政治権力による統制がゆるやかで、かつ華人の船がみられないという点であった。

海をわたる商品の「日用品化」

では、具体的にどのようなモノが一八世紀の東アジア海域をいきかっていたのだろうか。東シナ海では、まとまった記録をのこす長崎を例にとれば、中国大陸からの輸出品は一七世紀には生糸が中心であったが、一八世紀なかばに絹織物、同世紀後半になると薬種が主要な地位を占めるようになる。日本列島からは、一七世紀は銀が輸出の中心であったが、銀産出量の減少にともなって銅の比重が増し、さらに一八世紀には俵物と大量の昆布という海産物が主役になっていく。すなわち、一六・一七世紀の中国大陸からの生糸と日本産の銀との交換を軸とした形態から、一八世紀には絹織物と銅の時期をへて、やがて薬種と海産物を軸とした形態へと移行していくのである。先にみた万勝号に積みこまれていた薬種の種類と量が、それをよく示している。また、薬種とともに書籍の

71　サンタンとは黒龍江下流域―サハリン島住民をさすアイヌ語起源の呼称で、サハリンや蝦夷地における、彼らとアイヌとの交易をいう。一八世紀なかばからの約一世紀間、最盛期をむかえた。

72　松前経由で日本国内に輸入された中国産の絹織物の称。本来は清朝が黒龍江下流―サハリン方面の首長に下賜した官服で、それが日本むけ交易品としてもたらされたものである。

輸入も拡大していき、これが一八世紀後半以降の日本列島での諸学問の隆盛へとつながってゆく。このような推移は、日本・朝鮮・中国をむすぶ釜山―対馬ルートの交易や、日本・琉球・中国をつなぐ琉球―福州ルートの交易においても、ほぼおなじであった。

では、南シナ海はどうだろう。一八世紀末にベトナムのホイアン[73]と広東を往復した商船の積荷を例にあげると、中国からはアクセサリーなどの工芸品、各種陶磁器、茶、漢方薬などが輸出されており、逆に中国むけ輸出品は、輸入品にくらべて種類が多様で、かつ動植物や鉱産物といった一次産品の割合が大きい。ナマコや燕の巣などの高級食材や高価な香料・薬種もみえるが、重量からすれば檳榔・干魚など低廉な日常商品が圧倒的に多く、もっとも量が多かったのは砂糖であった。

このように、対中貿易による好況にわく南シナ海の華人商船の積荷からは、一六・一七世紀に花形商品であった銀や生糸が姿を消し、一見はるばる海をこえて運ぶまでもないとおもわれる低価格の日用品が無視できない比重を占めるようになっていた。このような変化は、東シナ海においても静かにすすんでいた。たとえば、一八世紀後半の琉球進貢船が福州からの帰途に運んだ積荷のなかには、日本市場むけの薬種もあったが、「ミーゾーキー」[74]とよばれる竹製の農具や、茶・唐傘・鉄針・粗夏布・粗冬布・粗扇・粗磁器など、琉球社会のありふれた生活用品が大量にふくまれていた。このような現象を、交易品の「日用品化」とよぶことができるだろう。欧米船の貿易でも、よく知られているように、一八世紀後半に茶（緑茶・紅茶の双方）のウエイトがいちじるしく高まっていった。

これら国境をこえた遠隔地海上交易のそれぞれの路線でおきている変化は、一七世紀までの銀や生糸のような、あるていど普遍的に高い価値をもち、巨大な市場とむすびつくような交易への変化

73　古くから貿易港としてさかえたベトナム中部の港町。一七世紀前半には日本人町も存在した。

74　円形の箕（み）。半たい竹ヒゴを網代編みにし、縁を竹で挟んでシュロ縄や針金で止めたもの。穀物の脱穀調整などにもちいる。

ではなく、むしろ個々の地域の社会・経済に適応していく、個別化への道というべきものであった。同時に、この変化を逆にながめれば、個々の地域の社会・経済の変化もまた、海を介した交易ネットワークの変化に対する陸上の社会の適応であるともいえよう。

海域をいきかう商品と貨幣

「日用品」とは別に、特色ある商品をみてみよう。一八世紀には、交易品のなかで海産物の比重がいちじるしく高まっていった。主な品目は、先に述べたように長崎や薩摩―琉球経由で中国大陸へと運ばれた俵物や昆布があげられる。日清間の海産物交易の隆盛は、貴金属流出になやんだ日本側による輸出商品の開発と、〝盛世〟を謳歌する清朝治下の中国社会における高級中華料理の成立と高級食材需要の増大という、需給の合致によるものであった。高級食材の対中輸出は南シナ海方面でもみられ、とりわけスールーによる福建経由での東インドネシア産フカヒレやナマコ、燕の巣の輸出が、この時期に急成長している。

海産物交易の発展は、域内貿易においても同様であり、昆布や鰹節などは、日本列島各地を緊密に結びつけた海上交通路に乗って、この時期以降に列島全域で常食されるようになった。そればかりか、これらを生産・製造しない琉球の食文化においても不可欠のものとなり、その流れは長崎・琉球をへて中国大陸にまでつながっていた。他方、それら海産物の主産地となった蝦夷地では、松前氏の支配のもとで近江商人ら本州の商人による生産・流通の請負がすすみ（場《ば》所請負《しょうけおい》制度）[75]、列島規模の物流に組みこまれていった。各地のアイヌはそのもとで漁場での労働力などとして酷使され、困窮と人口減がすすんでいくことになったが、それは東シナ海をこえた物流と不可分の関係に

75　蝦夷地における所定の地での交易権を、運上金を納付させて商人に請け負わせる制度。場所とは交易権の割り当て地をさしたが、蝦夷地産品の需要拡大にともなって漁場経営にもひろがり、アイヌが労働力として使役された。

あったのである。蠣崎波響《かきざきはきょう》の名画『夷酋列像《いしゅうれつぞう》』によって知られる一七八九年のクナシリ・メナシの戦（寛政蝦夷蜂起）[76]は、そのような状況のもとでおこった道東アイヌの蜂起であった。

さて、これとならんで一八世紀を代表する国際商品といえるのが、万勝号にも大量に積載されていた砂糖である。もちろん砂糖は以前から流通していたが、一七世紀に製糖技術が改良・伝播したことや、プランテーションでの栽培が盛んになったことなどから、「世界商品」へと成長した。砂糖は農業・経済政策や航海事情、食文化など多様な条件に応じてさまざまな顔をみせる商品である。たとえば、琉球は一方で黒砂糖を生産・輸出しながら他方では白砂糖を輸入していたし、オランダの長崎貿易においては、バラスト商品としての性格を有していた。

もうひとつ、この時代の特徴をよく示すのが、貨幣とその素材である。第II部で描かれたように、一七世紀の国際取引の主役は銀であったが、一八世紀には、マニラ経由でアメリカ銀の流入はつづいていたものの、もはやかつてのような世界を駆けめぐる花形というほどの比重はなくなり、より領域性が強い貨幣である銅銭の大量鋳造が目をひくようになる。そのため、各国がほしがった銅地金や銅銭は一七世紀後半の日本の主力輸出品となり、華人商船は中国や東南アジアに、オランダ東インド会社はおもにインドにこれを運んで巨利をえた。だが、銅の流出を危惧した徳川政権が輸出規制をつよめたため、一八世紀初頭をピークとして、日本銅の輸出額はいちじるしく減少した。これに対し、清朝は雲南の銅山開発などによってきりぬけようとした

『夷酋列像』に描かれたアイヌの首長イコトイ（「乙箇吐壱」『夷酋列像』函館市中央図書館蔵。『蝦夷錦と北方貿易』（二〇〇三）より）

76　一七八九年に国後島南部のクナシリ場所とその対岸のメナシ地域で発生した、大規模な和人襲撃事件。蜂起勢力がアイヌ有力者の説得で投降して終熄した。『夷酋列像』は、事件翌年に松前で制作されたアイヌ有力者一二名の画像で、作者の蠣崎波響（一七六四―一八二六年）は松前

氏の家老でもあった。

が、解決は容易ではなく、一八世紀なかばの上海や乍浦では、日本の寛永通宝《かんえいつうほう》がもちこまれてそのまま流通していたほどであった。大半の地域でこの「銭荒《せんこう》（銅銭不足）」がおちつくのは、世紀後半のことである。

産業・貿易構造の再編と国産化の進展

一八世紀の東アジア海域の産業を語るうえで注目すべきは、商品作物生産の展開である。その背景には、農業経営において、核家族もしくはそれに祖父母をくわえた四―七人程度の世帯が基本単位となる「小農社会」が各地で成立したことがあげられる。

小農社会は、中国では一六世紀ごろ、日本・朝鮮においては一七世紀ごろ、またベトナムでも一八世紀には成立していたとかんがえられている。小農社会のひろがりにともない、小農経営に適した農法や農業技術が農書や篤農家などを通じて普及していくとともに、家内手工業などの農家副業に余剰労働力が投入され、また日本のイエ制度や漢人の宗族《そうぞく》など、家族・親族組織もこれに適合した形へと変容していった。副業ではなく本業として棉・桑（生糸をとるための蚕の餌となる）・タバコ・茶をはじめとする商品作物生産を選択する地域も増加し、先行する時代においてすでに成立していた流通ネットワークが、それらの生産と地域間の分業構造をささえた。

中国では、一八世紀に地域間分業・地域間交易の新展開と再編がすすんだ。とくに福建・広東は砂糖・タバコなどの高付加価値商品の生産に特化し、台湾・広西がその後背地として米穀供給をささえたが、それでもしばしば米不足が生じ、南シナ海をこえてシャム・ベトナムから米が輸入された。また江南むけの大豆・大豆粕《かす》は一八世紀前半までは山東が主産地だったが、漢人移民の入りこんだ遼東が世紀後半にはとってかわり、さらに穀物もそこから華北各地に移出されるようになった。これらの品々は、内陸の河川流通ルートでも輸送されたが、盛んに利用されたのは、明代にはあまり機能しなかった東シナ海—黄海—渤海の沿岸交易ルートであった。地域間分業の進展とそれをささえる流通網の発展は、車の両輪の関係だったのである。

日本では、国際貿易との関連でいえば、この時期すすめられたのは、海産物など輸出品の開発だけでなく、輸入品の国産化・代替化であった。海産物輸出が盛んになることで銅の流出は抑制されても、生糸や砂糖、朝鮮人参など、国内で調達困難な物品を入手する必要がある場合は、依然として貿易によるしかない。そのため、一七世紀以来、農産物の国内栽培や手工業製品の国産化の努力が重ねられたのである。

その努力がみのって、一八世紀には生糸や黒砂糖の国内生産、絹織物や棉製品の国産化がすすんだ。京都の西陣織《にしじんおり》や、砂糖をふんだんに使った全国各地の和菓子は、その賜物である。朝鮮の特産品であった高価な薬用の朝鮮人参も、将軍吉宗の主導下で栽培の努力がつづけられ、一七三〇年代についに国内生産に成功する。東南アジア産で自給の困難な蘇木については、赤の染料を紅花《べにばな》にきりかえることで対応し、一八世紀に紅花栽培が各地にひろがった。なかでも、最上《もがみ》川舟運・日本海海運によって織物産地の京都とむすばれた出羽《でわ》では、享保《きょうほう》年間(一七一六—三六年)には全国の四割を生産し、現在も紅花が山形県の県花となっているほどである。東シナ海の国際貿易の低落傾向には、このように日本や朝鮮における国産化・代替化も大きく影響しているのである。

ここでも東シナ海と南シナ海とでは様相が異なってくる。南シナ海では貿易の総量は大きくのびたが、めだった輸入品の国産化・代替化はおこらなかった。絹や陶磁器をはじめとする中国製品はひきつづき東南アジア各地に大量に輸出され、ベトナムの絹や陶磁器産業が海外市場と国内高級品市場をうしなう場合もでてきた。全体として、東南アジア地域は中国大陸への一次産品供給地にして中国製軽工業製品の市場であるという、近代のアジア間交易圏の原型となる産業・貿易構造が形成されていったのである。

人口の増加と移動――南シナ海における〝華人の世紀〟

一八世紀を特色づけたもうひとつの大きな動きは、中国大陸における人口爆発である。日本列島や朝鮮半島では一七世紀は人口増加の時代だったが、一八世紀中葉には横ばいになった。これに対し、中国大陸では一七世紀末から人口爆発がはじまり、そのころ約一億五〇〇〇万人と推計された人口は、一〇〇年後の一八世紀末には三億人を突破するにいたったのである。一七五〇年ごろの推計人口は、日本が約三〇〇〇万人、朝鮮が約七〇〇〇万人であるのに対し、清朝は一億九〇〇〇万―二億二〇〇〇万人にのぼり、そのほとんどが漢人であった。先にみた産業構造の再編は、このような東シナ海周縁の諸社会における人口動態とも密接に関係していたのである。

中国大陸の人口爆発は、社会に不可逆的な変化をもたらした。増加した人口は、当初は明末清初の戦乱で荒廃した地域に、ついでそれまで開発のおよばなかった山間地域へむかった。山間では、水稲・小麦栽培に不向きな傾斜地でも栽培可能な甘藷《かんしょ》（サツマイモ）やトウモロコシなど、南アメリカ原産の作物が大きな役割をはたす。甘藷は日本や朝鮮でも救荒作物として定着し、人口維持に一役買った。

外にむかっては、広東・福建から大量の人びとが、ベトナムのメコンデルタやボルネオ島など、南シナ海方面各地の未開拓地へと移住していった。この時期の海外移住の特徴は、それ以前のような交易目的よりも、農地開発や現地労働が中心だったところにある。そのため現地での職業は、金鉱や錫《すず》鉱山の鉱山労働、砂糖プランテーションなどの農業労働、メコンデルタの開拓農民など多種多様であった。ただし、たんなる労働力だけでなく、技術移転をともなうものでもあった。

このような華人の進出の背景には、未開発地域の〝フロンティア〟的状況と、入国規制の厳格な東シナ海沿海諸国とは異なる政治環境とがあった。東シナ海方面とちがって〝すみわけ〟の相方となるべき「近世国家」を欠き、海外移住が事実上放任されていた南シナ海方面では、この時期各地で華人社会が簇生し、近現代の華僑につらなってゆく。これに対し、すでにみたように東シナ海は諸政権がいずれも自国民の出国と外国人の来住を制限ないし禁止しており、近代国家の国民管理・出入国管理にも通じるこのような経験が、東シナ海周縁諸国の「近代」を準備したということもできよう。

かくして、華人の移住の拡大にともない、南シナ海沿海各地ではチャイナタウンが激増した。現地での華人社会は、政治権力に依拠しない自前の地縁・血縁のネットワークによってなりたっていた。現地における存在形態も多様で、媽祖信仰など故郷の文化を固守する場合もあれば、スペイン領フィリピンのメスティーソ華人[77]のように、カトリックに改宗して現地に同化する場合もある。チャイナタウンのなかには、タイ湾の沿岸地域のように、ソンクラー[78]の呉氏やハーティエン[79]の鄚《ばく》氏など、華人主導の港市として成長して半独立政権に発展したものもあった。

華人ネットワークと経済的影響力はひろく南シナ海一帯におよび、衣食住や信仰など生活文化でも大きな影響をのこしている。その多くは、福建・広東といった中国東南沿海部の庶民文化に由来

77　華人と現地住民の混血で、カトリックに改宗して現地のフィリピン社会に同化して活動し、一八世紀以降、華人移民に対抗する社会・経済的エリート層となった。

するとかんがえられている。しかしながら、これが「中国化」とよばれることはほとんどなかった。というのも、一般に「中国化」というさいにおもいうかべる、四書五経に代表される儒教などのいわゆるハイカルチャーは、伝統的に中国文明をうけいれてきたベトナムをのぞいて、南シナ海方面の諸地域に普及・定着した様子がないからである。この点で、書籍などを通じて積極的にそれらを摂取した日本や朝鮮とは、きわだった対照をみせている。

プリント化された情報の交流

この時期の海をこえたモノの往来のなかでいまひとつ特筆すべきは、その書籍である。前世紀とくらべると、東シナ海をこえて四つの「近世国家」に出入りする人とモノは減少したが、書籍の盛んな流通によって、移動する情報が逆に増大したのがこの時代である。江南をはじめとする清朝治下の諸都市は、日本や朝鮮・琉球・ベトナム方面に海陸を通じて運ばれる大量の漢籍の発信元であった。

　この時代の漢籍の最大の買い手は、清朝とは正式な国交のなかった日本の政治権力である。徳川政権や諸大名は、長崎に来航する華商と唐通事を通じて、貪欲《どんよく》に漢籍を集積した。なかでもこれを積極的に推進したのが、一七一六年に徳川宗家をついだ八代将軍吉宗であった。彼の漢籍蒐集は政策的・体系的なものであり、そこには二つの明確な意図がみてとれる。第一は、科学技術の移転と実用化である。吉宗は、一七二〇年にキリスト教の教義そのものにかかわる書物をのぞいて禁書の緩和を命じ、これによって暦法・天文学・数学・医学など自然科学系の書籍の輸入・出版が許可された。吉宗はまた、薬材や医書など朝鮮の文物にもなみなみならぬ関心をよせ、調査・蒐集をすす

78　マレー半島東岸の港市で、一八世紀なかばに福建から渡来した呉譲が勢力をきずいた。交易で繁栄するとともに、シャムから国主に任じられて朝貢国の統制をゆだねられ、政治・経済両面で力をもった。

79　インドシナ半島南部の港市で、一七世紀末に広東から来到した鄭玖が勢力をきずいた。ベトナム南部を支配した広南阮氏のもとで勢力を拡大し、清朝にも朝貢した。

めた。蘭学の成熟とあわせて、これらの蓄積が一九世紀に入って花ひらくことになる。このような趨勢の背景には、一八世紀の清朝考証学[80]に代表される、解釈をきそうのではなく、テキストを確定しそれを厳密に読む学問の成立とそのひろまりという潮流があった。

第二は、明・清の法律や諸制度の内容を徹底的に咀嚼し、その成果を政策に反映させたことである。吉宗は、制度・法制の研究のため、清朝の規程集・法律書や地方志を大量に輸入させ、寄合儒者《よりあいじゅしゃ》たちに和訳・研究をおこなわせた。中心となったのは、荻生北渓《おぎゅうほっけい》[81]と深見《ふかみ》玄岱《げんたい》・有隣《ありちか》父子[82]である。彼らは『大清会典《だいしんかいてん》』[83]などの翻訳・研究に従事し、また華商からの聞き書きを『清朝探事《たんじ》』にまとめた。公事《くじ》方御定書《かたおさだめがき》などの法制の整備はもちろん、諸国人数調（全国戸口調査）の実施や、国役普請制による大規模河川治水の全国化などの吉宗の諸政策は、これらの成果とかんがえられる。七〇年ぶりに復活した日光社参に名を借りた大規模なページェントも、康熙帝の江南巡幸[84]などにヒントをえたものかもしれない。

また、教訓書『六諭《りくゆ》衍義《えんぎ》』[85]を儒者の室鳩巣《むろきゅうそう》に要約させ、道徳教本『六諭衍義大意』として普及させようとしたこともみのがせない。そのテキストは、琉球の儒者程順則《ていじゅんそく》[86]が福州からもちかえった一冊を、薩摩の島津吉貴《よしたか》――薩摩船の伝兵衛のいう「松平大隅守」すなわち継豊の父である――が献上したものであった。吉宗の政策の一端がうかがわれると同時に、清朝から日本への漢籍の流れが長崎ルートだけでなかったことも知られよう。

特筆すべきは、この時期、中国で入手困難になっていた逸書が華人商人の手をへて日本から還流した事例があらわれてくることである。徽州《きしゅう》商人で有名な安徽《あんき》省歙《しょう》県出身の大蔵書家鮑廷博《ほうていはく》が珍書をあつめて編んだ『知不足斎叢書《ちふそくさいそうしょ》』には、中国大陸では逸書となっていた『古文孝経孔氏伝《こぶんこうきょうこうしでん》』

80　儒学経典や史書に対する文献学的研究を主とした学問で、清代江南で発達した。音韻学・地理学の重視や厳密な史料批判を特徴とする。

81　一六七三―一七五四年。荻生徂徠の弟で、寄合儒者として出仕し、徳川吉宗のブレーンを務めた。漢籍の校訂や清朝研究に大きな業績をのこした。

82　深見家は一七世紀はじめに福建から渡来した長崎の唐通事の家系で、玄岱（一六四九―一七二二年）がその学識をみとめられて江戸によばれ、儒官となった。子の有隣（一六九一―一七七三年）は江戸城内の紅葉山文庫（将軍家の図書館）の責任者である書物奉行に抜擢された。

83　五回にわたって編纂された清朝の国制総覧。享保年間に康熙本（一六九〇年刊）が日本にもたらされた。

84　清朝の皇帝は、モンゴル・マンチュリア方面や江南地方などにたびたび巡幸をおこなった。経済・文化

『論語《ろんご》集解義疏《しっかいぎそ》』が収められている。これは、一七七〇年代にたびたび来航した汪鵬《おうほう》という浙江商人が、長崎で入手してもちかえったものであった。

このような交流のハイライトは、徂徠門下の山井鼎《やまのいかなえ》が編み、没後に北渓が補訂をくわえた『七経《しちけい》孟子《もうし》考文《こうぶん》幷《ならびに》補遺《ほい》』が清朝宮廷にもたらされ、欽定の一大叢書『四庫全書《しこぜんしょ》』[87]に収録されたことである。これは、足利《あしかが》学校に伝存する古抄本・刊本によって儒教経典七種に校勘をくわえたもので、中国大陸ではうしなわれた内容をふくむ貴重な業績であった。日本で盛んにおこなわれた、唐の刑法典の注釈書である『唐律疏議《とうりつそぎ》』の校訂・研究の成果もおなじく還流し、北京の宮廷にフィードバックされた。ながらく大陸からの渡来という一方通行であった文化伝播は、ここにいたって、「交流」の域に到達したといえよう。

転写から翻案、そして「伝統文化」へ

日本における漢籍受容の重要な特徴に、民間書店による和刻本《わこくぼん》の発刊がある。もちろん、朝鮮や琉球でも使節や留学生によって多くの漢籍がもたらされた。吉宗が手にした『六諭衍義』は、琉球の朝貢使が本国で漢語学習と風俗教化に活用しようと、滞在先の福州で印刷させたものであったし、朝鮮でも、燕行使《えんこうし》[88]が北京などで大量の漢籍や漢訳西洋書を購入しており、日本からも、数は多くないが通信使が『和漢三才図会《わかんさんさいずえ》』[89]などの実学書をもちかえっていた。しかし、多くの場合、輸入された漢籍は一部の官僚や学者が筆写するだけで、写本という形でしか伝存していない。これに対して日本では、すでに一七世紀に京都などの書店が漢籍の和刻本を多数出版していた。これらはたんなる複製ではなく、日本人が読みやすいように訓点を付して編集しなおしたもので、内容も経

の中心である江南地方に対しては、一六八四年をかわきりに、康熙帝が六回、乾隆帝も六回にわたって巡幸し、天下泰平を演出した。

85　六諭とは明の洪武帝が一三九七年に民衆教化のために公布した六ヶ条の教訓で、『六諭衍義』は明末に編まれたその解説書。

86　一六六三—一七三四年。琉球の官人。名護親方（ウェーカタ）、名護聖人とよばれた。清で儒学を修め、琉球での儒学の教育・普及につとめた。書道や漢詩に秀で、日本・清の文人と交流があった。

87　乾隆帝の命で一七七三年から一〇年をかけて編まれた浩瀚な叢書。四庫とは漢籍の分類である経・史・子・集（儒学・史書・諸思想・文学）の倉庫という意味。

88　朝鮮から清朝に派遣される使節。燕京（北京の雅称）に行く使節の意で、毎年定例の朝貢使のほか、慶弔のさいに送られる臨時使節がある。多くの関係者が燕行録とよばれる旅行記・

書・史書から随筆・文学にいたるまで多岐にわたっている。一七一一年の朝鮮通信使が書店に自国書の和刻本がならんでいるのに驚愕したように、日本は朝鮮書の輸入と出版にも貪欲であった。

訓点本によって漢籍情報が知識層内にひろがった一七世紀に対し、一八世紀はその影響がさまざまな形で深化した時代であり、輸入書籍を通じて、多様な階層で中国文化の受容がおこなわれた。ただし、だからといって当時の日本が「中国化」したというわけではない。それは転写と翻案、換言すれば受容側の文化体系にそくした読みかえと改変をともなうものだったからである。

一八世紀の日本で進行していた漢詩の流行は、同時代の清朝や朝鮮とはなんの相互関係もない、列島独自の現象であり、文化のローカル化である。そして、このような漢文化の受容は、古典文化の普及と同時並行ですすんでいた。一七世紀は漢籍の和刻本と並行して、『古事記』『源氏物語』『徒然草』『太平記』など、日本の歴史・法制・文学などの訓点・注釈・解説書が多数出版されており、さらに一八世紀には、これらの「古典」を改変して滑稽化・諷刺化した作品がつぎつぎと生みだされ、また俳諧の題材としても普及していったのである。

当時の日本列島の町や村では、曹操と足利尊氏、李白と西行、楊貴妃と小野小町が、おなじ目線で語られていた。寺子屋からは『貞永式目』や『論語』を唱和する子供たちの声がきこえ、盛り場では諸葛孔明や楠木正成を語る講釈師の声がひびいていた。だからといって、「白楽天は日本人」などと両者を混濁していたわけではなく、前提としての「和」と「漢」の区分は自明のことであった。このように、一八世紀の列島各地で「古文」と「漢文」、「和様」と「唐様」が並存する「伝統文化」の醸成が進行していたのである。

見聞記をのこした。

89　正しくは『倭漢三才図会略』。寺島良安編、一七一三年刊。明代の『三才図会』にならって、さまざまな事物を絵入りで解説した図説百科事典。

90　一七三六—一八〇二年。大坂の文化人で、酒造業をいとなむかたわら学問にはげみ文芸にすぐれ、また貴重な書画骨董を蒐集した。全国の文人・名士と交遊し、平戸の松浦静山もその一人であった。

91　一七七〇年代から一八一一年ごろまで来航した江蘇商人。赤城は字で、名は霞生。来航清人の代表的存在として日本の文人と交流し、多くの書をのこした。『知不足斎叢書』を一七七八年にはじめて日本に舶載したのも彼である。

海域交流への憧憬と警戒

この時代、「国性爺合戦」のように海外情報や交流の記憶を織りこんだ作品が日本で人気を博した背景には、自立的諸勢力が海域交流に積極的に参加していたかつての時代と、この時期とのへだたりの大きさがある。「異国」に接する場面が少なくなった日本では、憧憬《しょうけい》・渇望・好奇の念もつよくなっていった。外来文化の窓口として、とくに文化人にとって一種の聖地となったのは、いうまでもなく長崎である。来航する華人に面会するための文化人の長崎詣《もう》でや、書面を通じた華人との交流は、種々の規制をかいくぐりながら、盛んにおこなわれた。それらは全国にひろがり、大坂の木村蒹葭堂《けんかどう》[90]の文化サロンには異国の情報と文物があふれていたし、長崎に来舶した程赤城《ていせきじょう》[91]の書をうつした扁額《へんがく》は、九州を中心に日本各地にのこっている。

したがって外交使節の到来は、異国人にふれることができる絶好の機会であり、民間の学者・文化人から庶民まで強い関心を示した。朝鮮通信使や琉球使節は、宿泊する先々で地元文化人から漢詩の唱和や揮毫を求められ、行列見物におしかけた大勢の庶民の好奇の眼にさらされた。とりわけ、一七四八年と一七六四年の通信使は、九州到着直後から虚々実々の使節団情報が上方や江戸で出版されるなど、ブームといえるほどの社会現象となった。また、朝鮮通信使や琉球使節、オランダ商館長の行列が通過した地域では、それが「唐人踊」や「唐人芝居」として祭礼などで再現されるようになり、各地の「伝統文化」の一端をになうにいたっている。

この点では、清朝や朝鮮は様相を異にする。清朝ではキリスト教宣教師が北京の宮廷に仕えていたし、ヨーロッパ商人が広州・マカオに滞在していた。そもそも、マンジュ人支配層をいただく清朝じたいが多様なエスニシティから構成されており、旧明領の漢人社会さえ、一枚岩などではまっ

正徳元（一七一一）年の朝鮮通信使の行列（「正徳度朝鮮通信使行列図巻」大阪歴史博物館蔵。『朝鮮通信使と民間屏風　図録』〈二〇〇一年〉より）

たくなかったことに注意しなければならない。一八世紀、布教目的で江南や四川に潜入したキリスト教宣教師[92]たちは、べつだん怪しまれることなく通行できたのである。その点、日本人に扮装したつもりが潜入するやたちまち露見した宣教師シドッティ[93]の日本潜入とは、状況は大きく異なっていた。また、朝貢使節一行が国内を移動することは恒例であったが、日本とちがってそれが注目を浴びることはなかった。それよりも社会の興味と関心をあつめたのは、康熙帝・乾隆帝がたびたびおこなった江南巡幸であった。

朝鮮でも、貿易業務などで日々接している倭館内部の日朝の役人のあいだで親交がめばえる場合もあったが、居留地の外では倭館の日本人は嫌悪の対象であり、一般人から礫をなげつけられることもめずらしくなかった。それゆえ、朝鮮通信使の派遣も、日本ではブームをよんだのに対し、朝鮮側ではほとんど関心をむけられることはなかったのである。

憧憬であれ反感であれ、このような反応がみられる前提として、自他の区別の意識と、それを表象する標識の存在がある。この時代、〝すみわけ〟によって人と人との直接の接触機会が減り、外国人が観念化・ステレオタイプ化していくなかで標識としてつよく意識されたのが、服装とともに、頭髪をはじめとした「毛」であった。「国性爺合戦」で、主人公の和藤内が、降参した「韃靼人」の髪型を辮髪から日本の丁髷（ちょんまげ）に変える場面が登場するように、東シナ海をとりまく「近世国家」にとって髪型と服装は、自他を分かつ象徴的な標識であった。だからこそ、薩摩の伝兵衛の船にのりくんでいた二人の琉球人は、日本船に琉球の人間が乗っていたことを隠すため、髪を切って日本風の髷を結ったのである。

とりわけ、外国人との接触が減った日本では、西洋人はもちろん近隣の漢人・朝鮮人に対して

日本における異国人の表象（「正徳度朝鮮通信使行列図巻」大阪歴史博物館蔵。『朝鮮通信使と民間屏風図録』〈二〇〇一〉より）

92　清朝は当初キリスト教を容認していたが、一八世紀に布教を禁止した。ただし、宮廷には宣教師がひき

も、鬚髯の濃い「毛唐」(毛深い唐人)などの外見的イメージで異化しようとする傾向が、一八世紀を通じて拡大・深化していった。このような「異国」の記号化もまた、生身の人との接触から、モノ＝書籍・絵画を通じた知識摂取へという、この時代の交流のありかたの産物といえよう。

航海信仰の「ローカル化」と「近代化」

この時期の海域交流の特徴は、航海信仰のありかたとその変化からもみてとれる。航海神の媽祖(天妃・天后)は、中国大陸からの船の行くところにあまねくみられるようになった。琉球には福州との航海安全を祈願する天妃宮があったし、南シナ海の華人街でも盛んに祀られた。日本列島でも、長崎では華商建立の唐寺や唐人屋敷内に媽祖堂が設けられ、入港した華船から船媽祖を預かっていた。船媽祖が船から媽祖堂にむかうさいの「菩《ぼ》薩《さ》揚《あげ》」(媽祖行列)は、異国情緒にみちた光景として一八世紀の長崎名物になった。

他方、九州の薩摩や北関東の常陸《ひたち》などでは、日本人の漁民や船乗りたちが媽祖を祀っていたのである。薩摩の媽祖は、海上からめだつ野間(noma)山頂に娘媽(nouma)権現という神名で祀られていた。深見玄岱が一七〇六年にあらわした「娘媽山碑記」には、兄を救えなかった悔恨から海に身を投げた媽祖のなきがらが漂着したとする『天后顕聖録』を翻案した由緒がしるされている。また常陸の媽祖信仰は、徳川光圀《みつくに》が一七世紀末に水戸に招聘した明僧東皐心越《とうこうしんえつ》[94]の影響と伝えられる。この地域では天妃は龍宮の乙姫(龍王の娘)とおなじとされ、那珂《なか》湊《みなと》と磯原の二港口の小山に天妃媽祖権現社という神社が建立されて、夜は灯台の役目をはたした。常陸の媽祖信仰はさらに海を北上し、仙台湾の七ヶ浜や下北半島の大間《おおま》にも天妃の神社が建てられている。これらの事象は、中国

つづき学術・技芸の顧問として勤務しており、地方でも、日本のように常時きびしいとりしまりがおこなわれたわけではなかった。

93 一六六八―一七一四年。イタリア出身の宣教師で、一七〇八年に日本布教をはかって屋久島に上陸してとらえられ、獄死した。江戸で彼を尋問した新井白石が、その内容をもとに『采覧異言』・『西洋紀聞』をあらわした。

94 一六三九―九五年。浙江・金華出身の曹洞宗の高僧で、一六七七年に長崎へ渡来した。八三年に徳川光圀の招きで水戸にうつり、江戸の仏教界に明の法式を伝えた。

起源の媽祖信仰の「ローカル化」ということができよう。

そればかりか、媽祖は、日本の神々とならんで、船の世界の伝統文化の一端をになうようにもなる。日本では古来、船魂《ふなだま》として銭などを封入する造船儀礼があったが、一八世紀にはこれを船の守護神として神格化した船玉（船魂）神がひろまり、船主と船長以下乗員との間の契約儀礼である年頭の船祝《ふないわい》の宴を、この神像の前でひらくことが慣習化していった。この船玉神には、住吉神や猿田《サルタ》彦神《ヒコノカミ》などの日本の神々をあてる場合もあったが、この神を女性と信じる船乗りたちに支持されて、媽祖を祀ることがひろがったのである。

一方で、この時期に姿をあらわしてくる「内」と「外」を分かつ意識が、一九世紀になると媽祖信仰においても顕在化してくる。一七九三年に大間を訪れた菅江《すがえ》真澄《ますみ》[95]は「ここの天妃も日本の猿田彦も尊さに分けへだてはない」と述べたが、一九世紀に入ると、「船玉神は三韓征伐の時に神功皇后の船を守護した住吉三神であり、天妃とする俗説はうけいれられない」（『百露草』）という人たちもでてくるようになる。一八二九年に水戸藩主となった徳川斉昭《なりあき》[96]は、那珂湊などの天妃の祭を「卑俗だ」と非難し、神像を没収して祭神を日本武尊《ヤマトタケルノミコト》妻の弟橘媛《オトタチバナヒメ》にかえてしまった。のちの明治維新前後には、娘媽権現は瓊瓊杵尊《ニニギノミコト》を祭神とする野間神社にかわり、大間の天妃権現も廃社となってしまう。このように、ナショナリズム的意識の成長のなかで媽祖は日本書紀系の神々にとってかわられ、姿をひそめていくのである。それは、海域交流をふくめ多種多様な淵源をもつ「伝統文化」と、単一の価値体系によって規格化された文化に改編しようとする「近代化」の動きとの、軋轢のひとこまであった。

他方、媽祖の本家である中国では、欧米諸国の外圧がつよまるなかで、国家的守護神としての媽

95 一七五四―一八二九年。三河出身の国学者、旅行家。賀茂真淵の門人植田義方に学び、一七八三年から四〇余年にわたって東北各地を旅して多数の旅行記・記録をのこした。

96 一八〇〇―六〇年。御三家のひとつ・水戸徳川家の当主で、最後の将軍・慶喜の実父。藩政改革につとめたが、神仏分離の強行などが反発を買い、隠居させられた。その後幕政にも参与したが、大老井伊直弼と対立し処分された。

祖の重要性が高まっていく。一八七〇年に同治《どうち》帝[97]の宮廷で製作された『天后聖母聖蹟図誌』には、宋から清に及ぶ数多くの国家的霊験が増補されており、一八八〇年代後半、イギリスやドイツで建造された新鋭艦をそろえた北洋艦隊の艦艇も、艦橋に「天上聖母（媽祖）之神位」を奉安する壮麗な神祠がそなえられていた。

「境界」としての海――「分かたれる海」の時代へ

もうひとつ、次なる時代への変化を物語るのが、この時期を通じて、海を「境界」とみなす認識が形づくられていき、他方でそれと表裏して「外国」意識が形成されていったことである。それが尖鋭にあらわれたのは、東シナ海や南シナ海ではなく、北方の海であった。

朝鮮においては、一八世紀になると、それまでの空島政策から設鎮政策へと方向転換される。背景のひとつは、清朝の海禁解除にともなって、黄海に中国大陸からの漁船や海賊船が跳梁するようになったことであり、いまひとつは、平和のもとでの人口増と商業の活発化にともなって島嶼部で移住と開発が進行したことにある。そこで、島嶼を無人化して不安要素を除去しようとするのではなく、商民・漁民の往来・居住を前提として、それを監督する鎮を展開していくことで、積極管理しようというのである。そのような流れのなかで、やがて日本海において竹島《たけしま》・鬱陵島《うつりょうとう》問題[98]が日本とのあいだで浮上してくることになる。

さらに北方のオホーツク海方面では、新たなプレーヤーとして参入したロシアが、一八世紀後半にいたり、その足跡をしるした島々に碑を立てるなどして「領有権」を宣言するという方式をもちこんだ。東シナ海をとりまく地域ではもともと「すみわけ」ができていたのであまり問題にならな

97　一八五六―七四年。清朝第一〇代皇帝（在位一八六二―七四年）、アイシンギョロ載淳。幼くして即位し、実母の西太后らの後見を受けた。治世は清朝の改革・小康期であったが帝自身に実権はなく、若年で没した。

98　隠岐島西北方の二島をめぐる問題。一七世紀当時は現在の竹島が松島、鬱陵島は竹島とよばれており、鬱陵島（当時の竹島）で朝鮮漁民との接触が発生したことから、日本側が日本人の鬱陵島渡航を禁じた。竹島（松島）は朝鮮領とはみとめられておらず、一九〇五年に正式に日本領に編入されたが、第二次大戦後韓国が占拠して問題となっている。

かったが、北方については、境界は線ではなく面として存在するという古来のありかたでとらえられていたため、ここにおいて「領有権」が問題化することになる。

　このような趨勢をうけて、日本でも一八世紀末以降、最上徳内《もがみとくない》[99]・近藤重蔵《こんどうじゆうぞう》[100]・間《ま》宮林蔵《みやりんぞう》[101]といった人びとが政権の意向のもと北方探査にのりだす。彼らの事績は、けっして探検という個人的動機によってなされたものではなく、彼らの成果によって空白がうずめられていった地図には、自他の領域を示す分界線と地名が書きこまれ、海と島々は、誰かに帰属するものとなっていったのである。

　それを象徴するできごとが、この世紀の終わり近い一七九八年、幕命で千島列島・エトロフ島を探検した近藤重蔵と最上徳内が、エトロフ島に「大日本恵土呂府」という標柱を立てたことだろう。時代は暗黙の「すみわけ」の近世から、明確な線が引かれ、それをめぐって各国が争う「分かたれる海」の近代へとうつっていくのである。

（杉山清彦［主編］、渡辺美季、藤田明良）

99　一七五五―一八三六年。出羽の人で、江戸で本多利明に天文・航海・測量を学び、一七八五年以降幕命で蝦夷地・千島・樺太方面を探検した。

100　一七七一―一八二九年。江戸出身の幕臣で、名は守重、号は正斎。一七九八年に松前蝦夷地御用取扱となり、千島方面を探検した。

101　一七七五―一八四四年。常陸の人で、伊能忠敬に測量を学び、蝦夷地測量に従事。一八〇八年に松田伝十郎とともに樺太を探検、樺太が島であることを確認し、間宮海峡として名をのこした。翌年大陸側に渡ってアムール川（黒龍江）下流のデレンで清朝の旗人官僚と面会し、『東韃地方紀行』『北蝦夷図説』をのこした。

参考文献

◇プロローグ

安達裕之『日本の船』（和船編）船の科学館、一九九八年
岩生成一『朱印船貿易史の研究　新版』吉川弘文館、一九八五年
山形欣哉『歴史の海を走る――中国造船技術の航跡』農山漁村文化協会、二〇〇四年

◇第Ⅰ部

［日本語］

相田二郎『中世の関所（復刻増補版）』有峰書店、一九七二年
荒野泰典ほか編『アジアのなかの日本史』一―六、東京大学出版会、一九九二―九三年
池内宏『元寇の新研究』東洋文庫、一九三一年
池端雪浦ほか編『東南アジア古代国家の成立と展開』（岩波講座東南アジア史二）岩波書店、二〇〇一年
イブン・バットゥータ（イブン・ジュザイイ編、家島彦一訳註）『大旅行記』一―八、平凡社東洋文庫、一九九六―二〇〇二年
植松正「元代の海運万戸府と海運世家」『京都女子大学大学院文学研究科研究紀要』史学編三、二〇〇四年
榎本渉「初期日元貿易と人的交流」『長江流域の宋代――社会経済史の視点から』汲古書院、二〇〇六年
榎本渉『東アジア海域と日中交流――九―一四世紀』吉川弘文館、二〇〇七年
榎本渉『僧侶と海商たちの東シナ海』講談社選書メチエ、二〇一〇年
太田弘毅『蒙古襲来――その軍事史的研究』錦正社、一九九七年
大庭康時ほか編『中世都市・博多を掘る』海鳥社、二〇〇八年
岡田英弘「元の恵宗と済州島」『モンゴル帝国から大清帝国へ』藤原書店、二〇一〇年
尾崎貴久子「元代の日用類書『居家必用事類』にみえる回回食品」『東洋学報』八八―三、二〇〇七年
愛宕松男『中国社会文化史』（愛宕松男東洋史学論集二）三一書房、一九八七年
川添昭二「鎌倉中期の対外関係と博多」『九州史学』八八・八九・九〇、一九八七年
川添昭二「鎌倉初期の対外交流と博多」『鎖国日本と国際交流』吉川弘文館、一九八八年
川添昭二「鎌倉末期の対外関係と博多」『鎌倉時代文化伝播の研究』吉川弘文館、一九九三年
北村秀人「高麗時代の漕倉制について」旗田巍先生古稀記念会編『朝鮮歴史論集（上）』龍渓書舎、一九七九年
木下尚子ほか『一三―一四世紀の琉球と福建』平成一七―二〇年度科学研究費補助金基盤研究（A）（2）研究成果報告書、二〇〇九年
金文京・玄幸子・佐藤晴彦（訳註）・鄭光（解説）『老乞大――朝鮮中世の中国語会話読本』平凡社東洋文庫、二〇〇二年
桑原隲蔵『蒲寿庚の事蹟』平凡社東洋文庫、一九八九年
木宮泰彦『日華文化交流史』冨山房、一九五五年
佐伯弘次『モンゴル襲来の衝撃』（日本の中世九）中央公論新社、二〇〇三年
佐伯弘次「鎮西探題・鎮西管領と東アジア」『から船往来――日本を

育てたひと・ふね・まち・こころ』中国書店、二〇〇九年
佐々木銀弥『日本中世の流通と対外関係』吉川弘文館、一九九四年
斯波義信『宋代商業史研究』風間書房、一九六八年
斯波義信「綱首・綱司・公司――ジャンク商船の経営をめぐって」森川哲雄、佐伯弘次編『内陸圏・海域圏交流ネットワークとイスラム』九州大学21世紀COEプログラム（人文科学）「東アジアと日本――交流と変容」、二〇〇六年
新城常三『中世水運史の研究』塙書房、一九九四年
須川英徳「高麗後期における商業政策の展開――対外関係を中心に」『朝鮮文化研究』四、一九九七年
杉山正明『クビライの挑戦』朝日選書、一九九五年
出川哲朗ほか編『アジア陶芸史』昭和堂、二〇〇一年
中島楽章「鷹島海底遺跡出土の南宋殿前司をめぐる文字資料」『鷹島海底遺跡八――長崎北松浦郡鷹島町神崎港改修工事に伴う発掘調査概報二』長崎県鷹島町教育委員会、二〇〇三年
南基鶴『蒙古襲来と鎌倉幕府』臨川書店、一九九六年
深見純生「元代のマラッカ海峡――通路か拠点か」『東南アジア――歴史と文化』三三、二〇〇四年
深見純生「ターンブラリンガの発展と一三世紀東南アジアのコマーシャルブーム」『国際文化論集』（桃山学院大学総合研究所）三四、二〇〇六年
藤田明良「「蘭秀山の乱」と東アジアの海域世界――一四世紀の舟山群島と高麗・日本」『歴史学研究』六九八、一九九七年
藤田豊八『東西交渉史の研究――南海篇』岡書院、一九三二年
ポーロ、マルコ（愛宕松男訳註）『東方見聞録』一・二、平凡社東洋文庫、一九七〇・七一年
前田元重「金沢文庫古文書にみえる日元交通史料――称名寺僧俊如房の渡唐をめぐって」『金沢文庫研究』二四九・二五〇、一九七八年
桝屋友子『すぐわかるイスラームの美術――建築・写本芸術・工芸』東京美術、二〇〇九年
宮紀子「Tanksūq nāmah の『脈訣』原本を尋ねて――モンゴル時代の書物の旅」窪田順平編『ユーラシア中央域の歴史構図――一三―一五世紀の東西』総合地球環境学研究所、二〇一〇年
向正樹「蒲寿庚軍事集団とモンゴル海上勢力の台頭」『東洋学報』八九―三、二〇〇七年
向正樹「クビライ朝初期南海招諭の実像――泉州における軍事・交易集団とコネクション」『東方学』一一六、二〇〇八年
向正樹「モンゴル治下福建沿海部のムスリム官人層」『アラブ・イスラム研究』七、二〇〇九年
向正樹「元朝初期の南海貿易と行省――マングタイの市舶行政関与とその背景」『待兼山論叢』四三（史学）、二〇〇九年
村井章介『アジアのなかの中世日本』校倉書房、一九八八年
村井章介『中世の国家と在地社会』校倉書房、二〇〇五年
村上正二『モンゴル帝国史研究』風間書房、一九九三年
桃木至朗編『海域アジア史研究入門』岩波書店、二〇〇八年
森克己『新編森克己著作集』一―三、勉誠出版、二〇〇八―一〇年
森平雅彦「高麗における元の站赤――ルートの比定を中心に」『史淵』一四一、二〇〇四年
森平雅彦『モンゴル帝国の覇権と朝鮮半島』（世界史リブレット九九）山川出版社、二〇一一年
森安孝夫「日本に現存するマニ教絵画の発見とその歴史的背景」『内陸アジア史研究』二五、二〇一〇年
家島彦一『海が創る文明――インド洋海域世界の歴史』朝日新聞社、一九九三年
家島彦一『海域から見た歴史――インド洋と地中海を結ぶ交流史』名古屋大学出版会、二〇〇六年

山内晋次「日宋貿易の展開」加藤友康編『摂関政治と王朝文化』（日本の時代史六）吉川弘文館、二〇〇二年
山内晋次『奈良平安期の日本とアジア』吉川弘文館、二〇〇三年
山内晋次『日宋貿易と「硫黄の道」』（日本史リブレット七五）山川出版社、二〇〇九年
四日市康博「元朝宮廷における交易と廷臣集団」『早稲田大学大学院文学研究科紀要』四五―四、二〇〇〇年
四日市康博「元朝の中売宝貨――その意義および南海交易・オルトクとの関わりについて」『内陸アジア史研究』一七、二〇〇二年
四日市康博「元朝南海交易経営考――文書行政と銭貨の流れから」『九州大学東洋史論集』三四、二〇〇六年
四日市康博「元朝斡脱政策にみる交易活動と宗教活動の諸相――附『元典章』斡脱関係条文訳注」『東アジアと日本――交流と変容』三、二〇〇六年
四日市康博編『モノから見た海域アジア史――モンゴル―宋元時代のアジアと日本の交流』九州大学出版会、二〇〇八年
和島芳男『中世の儒学』吉川弘文館、一九六五年
和田久徳「東南アジアにおける初期華僑社会（九六〇―一二七九）」『東洋学報』四二―一、一九五九年

［中国語］

王賽時『山東沿海開発史』斉魯書社、二〇〇五年
高栄盛「元代海運試析」『元史及北方民族史研究集刊』七、一九八三年
高栄盛『元代海外貿易研究』四川人民出版社、一九九八年
陳高華『元史研究新論』上海社会科学院出版社、二〇〇五年
陳高華、呉泰『宋元時期的海外貿易』天津人民出版社、一九八一年

［韓国語］

金日宇『高麗時代耽羅史研究』新書苑、二〇〇〇年
東北亜歴史財団、慶北大学校韓中交流研究院編『一三―一四世紀高麗―モンゴル関係探究』東北亜歴史財団、二〇一一年
東北亜歴史財団、韓日文化交流基金編『モンゴルの高麗・日本侵攻と韓日関係』景仁文化社、二〇〇九年
尹龍爀『高麗三別抄の対蒙抗争』一志社、二〇〇〇年
李康漢「〝元―日本間〟交易船の高麗訪問様相に関する検討」『海洋文化財』一、二〇〇八年
『韓国史』一九―二一、国史編纂委員会、一九九四―九六年

◇第Ⅱ部

［日本語］

青木康征『南米ポトシ銀山』中公新書、二〇〇〇年
アブー＝ルゴド、ジャネット・L（佐藤次高ほか訳）『ヨーロッパ覇権以前――もうひとつの世界システム』（上・下）岩波書店、二〇〇一年
網野徹哉『インカとスペイン帝国の交錯』（興亡の世界史一二）講談社、二〇〇八年
荒川浩和『南蛮漆芸』美術出版社、一九七一年
荒木和憲『中世対馬宗氏領国と朝鮮』山川出版社、二〇〇七年
有馬成甫『火砲の起原とその伝流』吉川弘文館、一九六二年
伊川健二『大航海時代の東アジア――日欧通交の歴史的前提』吉川弘文館、二〇〇七年
生田滋『大航海時代とモルッカ諸島――ポルトガル、スペイン、テルテナ王国と丁字貿易』中公新書、一九九八年
池端雪浦編『東南アジア史二　島嶼部』（新版世界各国史六）山川出版社、一九九九年

石澤良昭、生田滋『東南アジアの伝統と発展』（世界の歴史一三）中央公論新社、一九九八年
石原道博『倭寇』吉川弘文館、一九六四年
伊藤幸司『中世日本の外交と禅宗』吉川弘文館、二〇〇二年
伊藤幸司「中世後期外交使節の旅と寺」中尾堯編『中世の寺院体制と社会』吉川弘文館、二〇〇二年
井上進『中国出版文化史』名古屋大学出版会、二〇〇二年
猪熊兼樹「館蔵『大航海時代の工芸品』に関する小考」『東風西声』二、二〇〇六年
岩井茂樹「十六・十七世紀の中国辺境社会」小野和子編『明末清初の社会と文化』京都大学人文科学研究所、一九九六年
岩井茂樹「十六世紀中国における交易秩序の模索」岩井茂樹編『中国近世社会の秩序形成』京都大学人文科学研究所、二〇〇四年
岩井茂樹「明代中国の礼制覇権主義と東アジアの秩序」『東洋文化』八五、二〇〇五年
岩井茂樹「帝国と互市」籠谷直人、脇村孝平編『帝国とアジア・ネットワーク――長期の一九世紀』世界思想社、二〇〇九年
岩生成一『南洋日本町の研究』岩波書店、一九六六年
上里隆史「古琉球・那覇の『倭人』居留地と環シナ海世界」『史学雑誌』一一四―七、二〇〇五年
上田信『トラが語る中国史――エコロジカル・ヒストリーの可能性』山川出版社、二〇〇二年
上田信『海と帝国――明清時代』（中国の歴史九）講談社、二〇〇五年
ウォーラーステイン、イマニュエル（川北稔訳）『近代世界システム――農業資本主義と「ヨーロッパ世界経済」の成立』岩波書店、一九八一年
宇田川武久『東アジア兵器交流史の研究』吉川弘文館、一九九三年
宇田川武久『戦国水軍の興亡』平凡社新書、二〇〇二年
江嶋壽雄『明代清初の女直史研究』中国書店、一九九九年
榎一雄『商人カルレッティ』大東出版社、一九八四年
大木康『明末江南の出版文化』研文出版、二〇〇四年
大田由紀夫「一五―一六世紀の東アジア経済と貨幣流通」『新しい歴史学のために』二七九号、二〇一一年
岡美穂子『商人と宣教師　南蛮貿易の世界』東京大学出版会、二〇一〇年
岡田譲『南蛮工芸』（日本の美術八五）至文堂、一九七三年
岡本隆司「朝貢と互市と海関」『史林』九〇―五、二〇〇七年
岡本弘道『琉球王国海上交渉史研究』榕樹書林、二〇一〇年
岡本良知『改訂増補　十六世紀日欧交通史の研究』六甲書房、一九四二年
長節子『中世日朝関係と対馬』吉川弘文館、一九八七年
長節子『中世国境海域の倭と朝鮮』吉川弘文館、二〇〇二年
小野和子『明季党社考――東林党と復社』同朋舎出版、一九九六年
鹿毛敏夫『戦国大名の外交と都市・流通』思文閣出版、二〇〇六年
鹿毛敏夫編『戦国大名大友氏と豊後府内』高志書院、二〇〇八年
鹿毛敏夫『アジアン戦国大名大友氏の研究』吉川弘文館、二〇一一年
勝俣鎮夫「中世の海賊とその終焉」『戦国時代論』岩波書店、一九九六年
金谷匡人『海賊たちの中世』吉川弘文館、一九九八年
紙屋敦之『幕藩制国家の琉球支配』校倉書房、一九九〇年
川瀬一馬『古活字版之研究』（増補版）Antiquarian Booksellers Association of Japan、一九六七年
韓国図書館学研究会編『韓国古印刷史』同朋舎、一九七八年
岸田裕之『大名領国の経済構造』岩波書店、二〇〇一年
岸本美緒『清代中国の物価と経済変動』研文出版、一九九七年

岸本美緒「東アジア・東南アジア伝統社会の形成」岸本美緒編『東アジア・東南アジア伝統社会の形成』（岩波講座世界歴史一三）岩波書店、一九九八年
岸本美緒『東アジアの「近世」』（世界史リブレット一三）山川出版社、一九九八年
岸本美緒、宮島博史『明清と李朝の時代』（世界の歴史一二）中央公論新社、二〇〇八年
北島万次『豊臣秀吉の朝鮮侵略』吉川弘文館、一九九五年
鬼頭宏『人口から読む日本の歴史』講談社学術文庫、二〇〇〇年
久田松和則『伊勢御師と旦那――伊勢信仰の開拓者たち』弘文堂、二〇〇四年
久芳崇『東アジアの兵器革命――十六世紀中国に渡った日本の鉄砲』吉川弘文館、二〇一〇年
黒田明伸『貨幣システムの世界史――〈非対称性〉をよむ』岩波書店、二〇〇三年
合田昌史『マゼラン――世界分割を体現した航海者』京都大学学術出版会、二〇〇六年
小葉田淳『中世日支通交貿易史の研究』刀江書院、一九四一年
小葉田淳『改訂増補　日本貨幣流通史』刀江書院、一九四三年
小葉田淳『金銀貿易史の研究』法政大学出版局、一九七六年
小林宏光『中国の版画』（世界美術叢書四）東信堂、一九九五年
佐伯弘次「一六世紀における後期倭寇の活動と対馬宗氏」中村質編『鎖国と国際関係』吉川弘文館、一九九七年
佐伯弘次『対馬と海峡の中世史』（日本史リブレット七七）山川出版社、二〇〇八年
佐伯弘次「博多商人神屋寿禎の実像」九州史学研究会編『境界からみた内と外』岩田書院、二〇〇八年
坂本満、吉村元雄『南蛮美術』（日本の美術三四）小学館、一九七四年
佐久間重男『日明関係史の研究』吉川弘文館、一九九二年
桜井英治「山賊・海賊と関の起源」『日本中世の経済構造』岩波書店、一九九六年
桜井由躬雄『前近代の東南アジア』放送大学教育振興会、二〇〇六年
サントリー美術館ほか編『BIOMBO（ビオンボ）屏風　日本の美展』日本経済新聞社、二〇〇七年
菅谷成子「スペイン領フィリピンの成立」石井米雄編『東南アジア近世の成立』（岩波講座東南アジア史三）岩波書店、二〇〇一年
鈴木恒之「東南アジアの港市国家」前掲『東アジア・東南アジア伝統社会の形成』岩波書店、一九九八年
関周一『中世日朝海域史の研究』吉川弘文館、二〇〇二年
銭存訓『中国の紙と印刷の文化史』法政大学出版局、二〇〇七年
高橋公明「十六世紀の朝鮮・対馬・東アジア海域」加藤榮一、北島万次、深谷克己編『幕藩制国家と異域・異国』校倉書房、一九八九年
高良倉吉『琉球王国』岩波新書、一九九三年
武野要子『藩貿易史の研究』ミネルヴァ書房、一九七九年
田名真之「古琉球の久米村」『新琉球史　古琉球編』琉球新報社、一九九一年
田中健夫『倭寇――海の歴史』講談社学術文庫、二〇一二年
田中健夫『東アジア通交圏と国際認識』吉川弘文館、一九九七年
玉永光洋、坂本嘉弘『大友宗麟の戦国都市・豊後府内』新泉社、二〇〇九年
檀上寛「明初の海禁と朝貢――明朝専制支配の理解に寄せて」森正夫ほか編『明清時代史の基本問題』汲古書院、一九九七年
檀上寛「明代海禁概念の成立とその背景――違禁下海から下海通番へ」『東洋史研究』六三―三、二〇〇四年
檀上寛「明代「海禁」の実像――海禁＝朝貢システムの創設とその展

開」歴史学研究会編『港町と海域世界』青木書店、二〇〇五年
津野倫明『長宗我部氏の研究』吉川弘文館、二〇一二年
鄭樑生『明・日関係史の研究』雄山閣出版、一九八五年
天理図書館編『キリシタン版の研究』天理図書館、一九七三年
長澤規矩也『図解和漢印刷史』汲古書院、一九七六年
中島楽章「十六・十七世紀の東アジア海域と華人知識層の移動――南九州の明人医師をめぐって」『史学雑誌』一一三―一二、二〇〇四年
中島楽章「ポルトガル人の日本初来航と東アジア海域交易」『史淵』一四二、二〇〇五年
中島楽章「十六世紀末の福建――フィリピン―九州貿易」『史淵』一四四、二〇〇七年
中島楽章「十六世紀末の九州―東南アジア貿易――加藤清正のルソン貿易をめぐって」『史学雑誌』一一八―八、二〇〇九年
中島楽章「ポルトガル人日本初来航再論」『史淵』一四六、二〇〇九年
中島楽章「銃筒から仏郎機銃へ――十四―十六世紀の東アジア海域と火器」『史淵』一四八、二〇一一年
中島楽章「ルーベンスの描いた朝鮮人――十六・十七世紀における東アジア人のディアスポラ」森平雅彦ほか編『東アジア世界の交流と変容』九州大学出版会、二〇一一年
中島楽章「十四―十六世紀、東アジア貿易秩序の変容と再編――朝貢体制から一五七〇年システムへ」『社会経済史学』七六―四、二〇一一年
永原慶二『内乱と民衆の世紀』（大系日本の歴史六）小学館、一九九二年
二階堂善弘「海神・伽藍神としての招宝七郎大権修利」『白山中国学』一三、二〇〇七年
灰野昭郎『漆工（近世編）』（日本の美術二三一）至文堂、一九八五年
萩原淳平『明代蒙古史研究』同朋舎出版、一九八〇年
橋本雄「撰銭令と列島内外の銭貨流通」『出土銭貨』九、一九九八年
橋本雄「遣明船の派遣契機」『日本史研究』四七九、二〇〇二年
橋本雄『中世日本の国際関係――東アジア通交圏と偽使問題』吉川弘文館、二〇〇五年
浜下武志『朝貢システムと近代アジア』岩波書店、一九九七年
坂野正高『近代中国政治外交史――ヴァスコ・ダ・ガマから五四運動まで』東京大学出版会、一九七三年
日高薫『異国の表象　近世輸出漆器の創造力』ブリュッケ、二〇〇八年
日高薫「異国へ贈られた漆器――天正遣欧使節の土産物」『国立歴史民俗博物館研究報告』一四〇、二〇〇八年
ヒル、ファン（平山篤子訳）『イダルゴとサムライ――一六・一七世紀のイスパニアと日本』法政大学出版局、二〇〇〇年
ピレス、トメ（生田滋ほか訳）『東方諸国記』岩波書店、一九六六年
弘末雅士『東南アジアの港市世界――地域社会の形成と世界秩序』岩波書店、二〇〇四年
フェーブル、リュシアン／マルタン、アンリ＝ジャン（関根素子ほか訳）『書物の出現』筑摩書房、一九八七年
深瀬公一郎「十六・十七世紀における琉球・南九州海域と海商」『史観』一五七冊、二〇〇七年
藤木久志『豊臣平和令と戦国社会』東京大学出版会、一九八五年
藤木久志『新版　雑兵たちの戦場』朝日選書、二〇〇五年
藤本幸夫「印刷文化の比較史」荒野泰典ほか編『文化と技術』（アジアのなかの日本史六）東京大学出版会、一九九三年
フリン、デニス（秋田茂、西村雄志編）『グローバル化と銀』山川出版社、二〇一〇年

洞富雄『鉄砲――伝来とその影響』思文閣出版、一九九一年
真栄平房昭「一六―一七世紀における琉球海域と幕藩制支配」『日本史研究』五〇〇、二〇〇四年
三鬼清一郎「朝鮮役における水軍編成について」『名古屋大学文学部二十周年記念論集』名古屋大学文学部、一九六九年
宮嶋博史「東アジア小農社会の形成」溝口雄三ほか編『長期社会変動』（アジアから考える六）東京大学出版会、一九九四年
村井章介『中世倭人伝』岩波新書、一九九三年
村井章介『海から見た戦国日本――列島史から世界史へ』ちくま新書、一九九七年
村井章介「倭寇とはだれか」『東方学』一一九、二〇一〇年
桃木至朗編『海域アジア史研究入門』岩波書店、二〇〇八年
森上修、山口忠男「慶長勅版『長恨歌琵琶行』について（上）――慶長勅版の植字組版技法を中心として」『ビブリア』九五、一九九〇年
森上修「慶長勅版『長恨歌琵琶行』について（下）――わが古活字版と組立式組版技法の伝来」『ビブリア』九七、一九九一年
モルガ、アントニオ・デ（神吉敬三、箭内健次訳）『フィリピン諸島誌』岩波書店、一九六六年
山内譲『海賊と海城――瀬戸内の戦国史』平凡社選書、一九九七年
山内譲『中世瀬戸内海地域史の研究』法政大学出版局、一九九八年
山崎岳「巡撫朱紈の見た海」『東洋史研究』六二―一、二〇〇三年
山崎岳「江海の賊から蘇松の寇へ」『東方学報』（京都）八一冊、京都大学人文科学研究所、二〇〇七年
山崎岳「朝貢と海禁の論理と現実――明代中期の「奸細」宋素卿を題材として」夫馬進編『中国東アジア外交交流史の研究』京都大学学術出版会、二〇〇七年
山崎岳「舶主王直功罪考――『海寇議』とその周辺」『東方学報』（京都）八五、二〇一〇年
山崎剛『海を渡った日本漆器一（一六・一七世紀）』（日本の美術四二六）至文堂、二〇〇一年
弓場紀知『青花の道――中国陶磁器が語る東西交流』ＮＨＫブックス、二〇〇八年
米谷均「豊臣政権期における海賊の引き渡しと日朝関係」『日本歴史』六五〇、二〇〇二年
米谷均「後期倭寇から朝鮮侵略へ」池享編『天下統一と朝鮮侵略』（日本の時代史一三）吉川弘文館、二〇〇三年
李献璋「嘉靖年間における浙海の私商及び舶主王直行蹟考（上・下）」『史学』三四―一・二、一九六一年
リード、アンソニー（平野秀秋、田中優子訳）『大航海時代の東南アジア Ⅰ・Ⅱ』法政大学出版局、一九九七、二〇〇二年
六反田豊「十五・十六世紀朝鮮の「水賊」――その基礎的考察」森平雅彦編『中近世の朝鮮半島と海域交流』（東アジア海域叢書一四）汲古書院、二〇一三年
和田博徳「明代の鉄砲伝来とオスマン帝国――神器譜と西域土地人物略」『史学』三一―一・二・三・四、一九五八年

［中国語］
王兆春『中国火器史』軍事科学出版社、一九九一年
黄一農「紅夷砲与明清戦争」『清華学報』新二六巻第一期、一九九六年
晁中辰『明代海禁与海外貿易』人民出版社、二〇〇五年
鄭永常『来自海洋的挑戦――明代海貿政策演変研究』稲郷出版社、二〇〇四年
邱炫煜『明帝国与南海諸蕃国関係的演変』蘭臺出版社、一九九五年
万明『中国融入世界的歩履――明与清前期海外政策比較研究』社会科

学文献出版社、二〇〇〇年
万明『中葡早期関係史』社会科学文献出版社、二〇〇一年
李雲泉『朝貢制度史論——中国古代対外関係体制研究』新華出版社、二〇〇四年
李金明『明代海外貿易史』中国社会科学出版社、一九九〇年
李慶新『明代海外貿易制度』社会科学出版社、二〇〇七年
劉旭『中国古代火薬火器史』大象出版社、二〇〇四年

［英語］

Atwell, Willam S., "Ming China and Emerging World Economy, c.1470–1650," *Cambridge History of China*, Vol. 8, Cambridge University Press, 1998.

Atwell, Willam S., "Time, Money, and the Weather: Ming China and the "Great Depression" of the Mid-Fifteenth Century," *The Journal of Asian Studies*, 61–1, 2002.

Blair, Emma Helen and Robertson, James A. eds., *The Philippine Islands, 1493–1803*, Cleveland: A. H. Clark, 1903–09.

Boxer, Charles R., *The Great Ship from Amacon: Annals of Macao and Old Japan Trade, 1555–1640*. Lisbon: Centro de Estudos Historicos Ultramarinos, 1959.

Carletti, Francesco（trans. by Herbert Weinstock）, *My Voyage around the World*, New York: Pantheon Books, 1964.

Fairbank, John King ed., *The Chinese World Order: Traditional China's Foreign Relations*, Cambridge Mass.: Harvard University Press, 1968.

Impey, Oliver and Jörg, Christiaan, *Japanese Export Lacquer 1580–1850*, Amsterdam: Hotei, 2005.

Needham, Joseph, *Science and Civilization in China, Vol.5: Chemistry and Chemical Technology, Pt.7: Military Technology; The Gunpowder Epic*, Cambridge: Cambridge University Press, 1986.

Ptak, Roderich, "Ming Maritime Trade to Southeast Asia, 1368–1567: Visions of a "System"," In Roderich Ptak, *China, the Portuguese, and the Nangyang: Oceans and Routes, Regions and Trade*（*c.1000–1600*）. Aldershot: Ashugate Publishing Limited. 2003.

Reid, Anthony, *Southeast Asia in the Age of Commerce, 1450–1680 vol. 1–2:* New Haven: Yale University Press, 1988, 1993.

Sousa, Lucio de, *Early European Presence in China, Japan, the Philippines and South-East Asia 1550–1590: the Life of Bartolomeo Landeiro*, Macao: Macao Foundation, 2010.

Souza, George Bryan, *The Survival of Empire: Portuguese Trade and Society in China and the South China Sea 1630–1754*, Cambridge: Cambridge University Press, 1986.

Von Glahn, Richard, *Fountain of Fortune: Money and Monetary Policy in China, 1000–1700*, Berkeley: University of California Press, 1996.

◇第Ⅲ部

［日本語］
赤嶺守『琉球王国——東アジアのコーナーストーン』講談社選書メチエ、二〇〇四年
赤嶺守監訳、河宇鳳ほか共著『朝鮮と琉球——歴史の深淵を探る』榕樹書林、二〇一一年（原著一九九九年）
安達裕之『異様の船——洋式船導入と鎖国体制』平凡社、一九九五年
荒野泰典『近世日本と東アジア』東京大学出版会、一九八八年
荒野泰典編『江戸幕府と東アジア』（日本の時代史一四）吉川弘文館、二〇〇三年

荒野泰典、石井正敏、村井章介編『近世的世界の成熟』（日本の対外関係六）吉川弘文館、二〇一〇年
池内敏『大君外交と「武威」――近世日本の国際秩序と朝鮮観』名古屋大学出版会、二〇〇六年
池田皓編『日本庶民生活史料集成』五、三一書房、一九六八年
池端雪浦編『東南アジア史二　島嶼部』（新版世界各国史六）山川出版社、一九九九年
石井研堂編『異国漂流奇譚集』福永書店、一九二七年
岩井茂樹「帝国と互市――一六―一八世紀東アジアの通交」籠谷直人、脇村孝平編『帝国とアジア・ネットワーク――長期の一九世紀』世界思想社、二〇〇九年
岩井茂樹「朝貢と互市」『東アジア世界の近代』（岩波講座東アジア近現代通史一）岩波書店、二〇一〇年
岩下哲典、真栄平房昭編『近世日本の海外情報』岩田書院、一九九七年
上田信『海と帝国――明清時代』（中国の歴史九）講談社、二〇〇五年
榎一雄編『西欧文明と東アジア』（東西文明の交流五）平凡社、一九七一年
大庭脩『漢籍輸入の文化史――聖徳太子から吉宗へ』研文出版、一九九七年
大庭脩『徳川吉宗と康熙帝――鎖国下での日中交流』大修館書店、一九九九年
大庭脩『漂着船物語――江戸時代の日中交流』岩波新書、二〇〇一年
岡田英弘編『清朝とは何か』（別冊環一六）藤原書店、二〇〇九年
岡本隆司『近代中国と海関』名古屋大学出版会、一九九九年
オドレール、フィリップ（羽田正編訳、大峰真理訳）『フランス東インド会社とポンディシェリ』山川出版社、二〇〇六年
懐徳堂記念会編『世界史を書き直す　日本史を書き直す――阪大史学の挑戦』和泉書院、二〇〇八年
片桐一男『出島――異文化交流の舞台』集英社新書、二〇〇〇年
加藤榮一ほか編『幕藩制国家と異域・異国』校倉書房、一九八九年
加藤雄三ほか編『東アジア内海世界の交流史――周縁地域における社会制度の形成』人文書院、二〇〇八年
紙屋敦之『琉球と日本・中国』（日本史リブレット四三）山川出版社、二〇〇三年
川勝平太編『「鎖国」を開く』同文館、二〇〇〇年
菊池勇夫『アイヌ民族と日本人――東アジアのなかの蝦夷地』朝日選書、一九九四年
菊池勇夫編『蝦夷島と北方世界』（日本の時代史一九）吉川弘文館、二〇〇三年
菊池勇夫、真栄平房昭編『列島史の南と北』（近世地域史フォーラム一）吉川弘文館、二〇〇六年
岸本美緒『清代中国の物価と経済変動』研文出版、一九九七年
岸本美緒「東アジア・東南アジア伝統社会の形成」『岩波講座世界歴史一三』岩波書店、一九九八年
岸本美緒『東アジアの「近世」』（世界史リブレット一三）山川出版社、一九九八年
岸本美緒、宮嶋博史『明清と李朝の時代』（世界の歴史一二）中央公論新社、一九九八年
財団法人沖縄県文化振興会公文書管理部史料編集室編『沖縄県史』各論編第四巻・近世、沖縄県教育委員会、二〇〇五年
桜井由躬雄編『東南アジア近世国家群の展開』（岩波講座東南アジア史四）岩波書店、二〇〇一年
佐々木史郎『北方から来た交易民――絹と毛皮とサンタン人』NHKブックス、一九九六年

佐々木史郎、加藤雄三編『東アジアの民族的世界――境界地域における多文化的状況と相互認識』有志舎、二〇一一年
杉山清彦「大清帝国の支配構造と八旗制――マンジュ王朝としての国制試論」『中国史学』一八、二〇〇八年
田代和生『近世日朝通交貿易史の研究』創文社、一九八一年
田代和生『日朝交易と対馬藩』創文社、二〇〇七年
田代和生『新・倭館――鎖国時代の日本人町』ゆまに書房、二〇一一年
朝鮮史研究会編『朝鮮史研究入門』名古屋大学出版会、二〇一一年
鶴田啓『対馬から見た日朝関係』（日本史リブレット四一）山川出版社、二〇〇六年
寺田隆信「清朝の海関行政について」『史林』四九―二、一九六六年
トビ、ロナルド『「鎖国」という外交』（全集日本の歴史九）小学館、二〇〇八年
豊見山和行編『沖縄・琉球史の世界』（日本の時代史一八）吉川弘文館、二〇〇三年
豊見山和行『琉球王国の外交と王権』吉川弘文館、二〇〇四年
中川忠英（孫伯醇、松村一弥編）『清俗紀聞』（全二巻、平凡社東洋文庫、一九六六年）
永積洋子編『「鎖国」を見直す』（シリーズ国際交流一）山川出版社、一九九九年
長森美信「朝鮮近世漂流民と東アジア海域」『文部省科研費・特定領域研究「東アジアの海域交流と日本伝統文化の形成――寧波を焦点とする学際的創成」研究成果報告書』六、二〇一〇年
長森美信「朝鮮伝統船研究の現況と課題――近世の使臣船を中心に」森平雅彦編『中近世の朝鮮半島と海域交流』（東アジア海域叢書一四）汲古書院、二〇一三年
西里喜行「中琉交渉史における土通事と牙行（球商）」『琉球大学教育学部紀要』五〇集、一九九七年
根室シンポジウム実行委員会編『三十七本のイナウ――寛政アイヌの蜂起二〇〇年』北海道出版企画センター、一九九〇年
羽田正『東インド会社とアジアの海』（興亡の世界史一五）講談社、二〇〇七年
濱下武志編『東アジア世界の地域ネットワーク』（シリーズ国際交流三）山川出版社、一九九九年
春名徹「漂流民送還制度の形成について」『海事史研究』五二、一九九五年
春名徹「港市・乍浦覚え書」『調布日本文化』六、一九九六年
平川新『開国への道』（全集日本の歴史一二）小学館、二〇〇八年
藤田明良「日本近世における古媽祖像と船玉神の信仰」黄自進編『近現代日本社会的蛻変』中央研究院人文社会科学研究中心、二〇〇六年
藤田覚編『十七世紀の日本と東アジア』山川出版社、二〇〇〇年
夫馬進編『増訂使琉球録解題及び研究』榕樹書林、一九九九年
夫馬進編『中国東アジア外交交流史の研究』京都大学学術出版会、二〇〇七年
夫馬進「一六〇九年、日本の琉球併合以降における中国・朝鮮の対琉球外交――東アジア四国における冊封、通信そして杜絶」『朝鮮史研究会論文集』四六、二〇〇八年
北海道・東北史研究会編『メナシの世界』北海道出版企画センター、一九九六年
松井洋子「長崎出島と異国女性――「外国婦人の入国禁止」再考」『史学雑誌』一一八―二、二〇〇九年
松浦章『清代海外貿易史の研究』朋友書店、二〇〇二年
松浦章『清代中国琉球貿易史の研究』榕樹書林、二〇〇三年
松浦章『中国の海商と海賊』（世界史リブレット六三）山川出版社、

二〇〇三年
松浦章『江戸時代唐船による日中文化交流』思文閣出版、二〇〇七年
松尾晋一『江戸幕府の対外政策と沿岸警備』校倉書房、二〇一〇年
松方冬子『オランダ風説書』中公新書、二〇一〇年
水林彪『封建制の再編と日本的社会の確立』（日本通史二）山川出版社、一九八七年
村尾進「懐遠駅」『中国文化研究』一六、一九九九年
村尾進「乾隆己卯――都市広州と澳門がつくる辺疆」『東洋史研究』六五―四、二〇〇七年
桃木至朗編『海域アジア史研究入門』岩波書店、二〇〇八年
柳澤明「康熙五六年の南洋海禁の背景――清朝における中国世界と非中国世界の問題に寄せて」『史観』一四〇、一九九九年
山本博文『鎖国と海禁の時代』校倉書房、一九九五年
山脇悌二郎『長崎の唐人貿易』吉川弘文館、一九六四年
米谷均「近世日朝関係における対馬藩主の上表文について」『朝鮮学報』一五四、一九九五年
劉序楓「十七、八世紀の中国と東アジア――清朝の海外貿易政策を中心に」溝口雄三ほか編『地域システム』（アジアから考える二）東京大学出版会、一九九三年
歴史学研究会編『港町の世界史』全三巻、青木書店、二〇〇五―〇六年
渡辺美季「清代中国における漂着民の処置と琉球（1）（2）」『南島史学』五四・五五、一九九九―二〇〇〇年
渡辺美季「清に対する琉日関係の隠蔽と漂着問題」『史学雑誌』一一四―一一、二〇〇五年
渡辺美季「中日の支配論理と近世琉球――「中国人・朝鮮人・異国人」漂着民の処置をめぐって」『歴史学研究』八一〇、二〇〇六年
渡辺美季『近世琉球と中日関係』吉川弘文館、二〇一二年
『歴史学事典』全一五巻・別巻、弘文堂、一九九四―二〇〇九年

［中国語］
劉序楓「清代的乍浦港与中日貿易」張彬村、劉石吉編『中国海洋発展史論文集』五輯、中央研究院中山人文社会科学研究所、二〇〇二年
劉序楓「清政府対出洋船隻的管理政策（一六八四―一八四二）」同編『中国海洋発展史論文集』九輯、中央研究院人文社会科学研究中心、二〇〇五年

［韓国語］
禹仁秀「朝鮮後期海禁政策の内容と性格」李文基ほか『韓・中・日の海洋認識と海禁』東北亜歴史財団、二〇〇七年

あとがき

本書を生み出す母体となったのは、共同研究「東アジアの海域交流と日本伝統文化の形成（にんぷろ）」の枠組みのなかで、ボランタリー・ベースの研究活動を展開した「東アジア海域史研究会」での情報と意見の交換である。にんぷろの資金的裏づけがなければ、日本各地に散らばる専門家を結集したこの研究会は、十分に活動することができなかっただろう。この点をあらためて強調し、関係各位のご理解とご配慮に心からの謝意を表したい。

「東アジア海域史研究会」の活動期間は、二〇〇七年四月から二〇一〇年三月までの約三年である。この間、きわめて密度の濃い研究会活動が集中的に展開された。常時三〇名前後の研究者が研究会に参加していた。全体会議が十数回、三つの部についての会議が一〇回程度開催され（ときに合宿形式）、それ以外に世話人会議や班有志による集まりなどもしばしば持たれたので、この三年の間は、ほぼ毎月どこかで「東アジア海域史研究会」の会合が行われていたといってもよいだろう。

実際に会って話すだけではなく、メイリングリストを通じての議論や情報交換もきわめて活発だった。メイリングリストに投函されたメイルの数は、二〇一〇年三月末の時点で、一六七六通である。単純計算で、一日に一・五通になる。研究会での議論の途中経過は、二〇〇八年一一月に宮島で開かれた「にんぷろ」総括班主催シンポジウムで報告され、普段研究会に参加していない方々から多くの批判やコメントをいただいた。また、二〇〇九年六月には中国の復旦大学文史研究院で「世界史の中の東アジア海域」と題する研究集会を持ち、総論や各班における研究状況を報告して中国の研究者と討議をおこなった。この三年間の熱気にあふれ充実した共同研究活動は、今思い出すと、本当に懐かしい。

人文学・社会科学の共同研究は、通常、ある共通テーマに関するワークショップやシンポジウムを何回か開き、研究者個人がそこでの議論や情報を活用して自らの論文を執筆し、複数著者の論文をまとめて一冊の本として出版するという形をとることが多い。本にする過程で明らかとなった論文間での視点や見解の相違は、研究者の独自性や多様性を理由にやむをえないものと考えられる。あるいは、問題の所在が明らかになったとしてむしろ評価されることもある。いずれにせよ、重視されるのは、あくまでも個人の研究成果である。

これに対して、私たちは、人文学・社会科学の分野ではあまり例を見ない共同研究の方法を実験的に採用してみた。研究会を頻繁に開いて、参加者全員が納得するまで徹底的に議論を交わし、いくつかの概念や歴史の見方、歴史叙述の方法について共通の理解を得ようとしたのである。そして、その理解にもとづいて、「東アジア海域」の過去を解釈し、叙述することを試みた。すでにさまざまな考え方があるところで新たな歴史理解や叙述方法を打ち出そうとするのだから、当然、研究会での議論はつねにおおいに白熱した。異なった見解を持つ研究者同士がどうしても譲らず、いささか険悪な雰囲気に陥ったこともあった。結果として、すべての点において、参加者の合意が得られたとは、残念ながら言えない。しかし、この方法を採用したことによって、参加者間での情報共有が飛躍的に進み議論がおおいに深まったことは間違いない。そして、一人の研究者による個別研究では到達できないようなレベルと広がりを持つスケールの大きな共同研究の成果を提示できたのではないかと思う。

成果の公表の仕方について、研究会の世話人の一人である羽田が当初提案したのは、理系の研究でふつうに見られるような研究者の連名による発表方法だった。主研究者の名前が冒頭に置かれ、少しでも研究に関わったら、その人の名前も著者として列記されるという方式である。徹底的な議論によって共通の新しい見解や方法が導き出されたのなら、研究会に参加した人の名前がすべて著者として記されてもよいのではないかと考えたからである。しかし、今回のシリーズ全体の性格や構成を考えたとき、そのような形式で一冊の本を出版することは難しかった。また、本書は個人研究の成果が重視される文系の研究分野における研究成果であり、実際に新しいアイディアを出したり執筆を担当したりした方々すべてに、このような理系方式での出版を認めてもらうことはできなかった。

逆に、文系的な文脈では、本書が多くの新しい論点や史実を提示している以上、その叙述内容についての責任の所在を明確にしなければならないことになる。そこで、本書の執筆・編集の作業が、実際にどのように行われたのかを説明しておく。

1 プロローグと第I部から第III部という四つのパートについて、執筆と編集を担当する複数の編著者を決め、彼らが草稿を作って各部と全体の研究会に提出した。この編著者グループが、研究会参加者のコメントや情報提供をうけて、適宜草稿の修正をおこなった。

2 原稿の大筋が一応できあがったところで、四名の方に通読、コメントをお願いした。お忙しい中、大部な読みにくい原稿を読んで数々の有益なコメントを下さったのは、次の方々である——井上智貴、深沢克己、村井章介、渡辺純成（敬称略）。

3 編著者グループから各部の主編者を決め、彼らが、各部の原稿のとりまとめを担当し、四つのパートを通読して、相互に記述内容の重複や矛盾、用語の意味などについてコメントし、各々の原稿の推敲をおこなった。また、羽田が全体の文体や用語の統一を図った。さらに、にんぷろ代表で本シリーズ全体の監修者である小島毅にも通読、コメントをしてもらった。

4 四つのパートの主編者が、最終稿を仕上げて東京大学出版会に提出し、ゲラ出稿後は、東京大学出版会の編集者によるコメントへの対応、校正や注記、図版の選定などの実際の編集作業を担当した。

次に、このきわめて複雑な執筆・編集作業に関わった方々の名前をあげる。

プロローグ　編著者――羽田正（主編）、藤田明良
執筆協力者――岡元司、森平雅彦、吉尾寛
第Ⅰ部　編著者――森平雅彦（主編）、榎本渉、岡元司、佐伯弘次、向正樹、山内晋次、四日市康博
執筆協力者――小畑弘己、高橋忠彦
第Ⅱ部　編著者――中島楽章（主編）、伊藤幸司、岡美穂子、橋本雄、山崎岳
執筆協力者――鹿毛敏夫、久芳崇、高津孝、野田麻美、藤田明良、四日市康博、米谷均
第Ⅲ部　編著者――杉山清彦（主編）、渡辺美季、藤田明良
執筆協力者――岩井茂樹、岡本弘道、長森美信、蓮田隆志、羽田正

原稿がある程度固まった後の実質的な編集作業は、羽田、森平、中島、杉山、藤田の五名で行った。忙しい日程のなかで煩瑣な作業をいとわず、献身的に作業に従事して下さった私以外の四名の方々に心からお礼を申し述べたい。本書の叙述の内容についての責任は、この五名が負う。ただし、シリーズ全体の方針に従って羽田が本書の編者とされたので、最終的な責任が羽田にあることは言うまでもない。

上記の執筆者グループに加えて、多くの方々が、研究会に常時、または部分的に参加し、意見の表明や助言、情報の提供などによって、各自にできる限りの貢献をして下さった。お名前を列挙することは避けるが、記して謝意を表したい。

二〇〇六年の四月初旬に、故岡元司氏の呼びかけで、海域という研究テーマに関心を持つ岡氏と伊藤幸司、中島楽章、羽田正の四名が山口に集い、海域をテーマとする共同研究の可能性について話し合った。今から思い返すと、この集まりこそが、本書を生み出す出発点となった。公平無私で情熱的な岡元司氏の素晴らしいリーダーシップがなければ、本書が世に出ることはなかっただろう。志半ばにして世を去った岡氏の無念は察してあまりある。本書は、岡氏の学恩に対する

残された者たちからのささやかな返答である。

諸般の事情で出版が当初の予定より遅れ、本書は現代東アジア海域の激動の只中に、世に問われることになった。現代の東アジア海域について直接何かを語るわけではないが、深刻な問題を解決の方向へ導くためのヒントは、本書の本文のそこここに埋め込まれているのではないかと思う。多くの人々が本書をひもとき、そこに描かれた過去の東アジア海域の姿を念頭に置いて、それぞれの立場から問題解決に真摯に取り組んで下さることを心から願っている。

羽田　正

二〇一二年一〇月

執筆者・執筆協力者一覧（50音順）

伊藤幸司（いとう　こうじ）
九州大学大学院比較社会文化研究院准教授
日本中世史・東アジア海域史

岩井茂樹（いわい　しげき）
京都大学人文科学研究所教授
中国近世史

榎本　渉（えのもと　わたる）
国際日本文化研究センター准教授
日本中世対外関係史

岡美穂子（おか　みほこ）
東京大学史料編纂所助教
近世初期対外関係史

岡　元司（おか　もとし）
元広島大学大学院文学研究科准教授（故人）
中国宋代史

岡本弘道（おかもと　ひろみち）
県立広島大学人間文化学部准教授
近世海域アジア史

小畑弘己（おばた　ひろき）
熊本大学文学部教授
考古学

鹿毛敏夫（かげ　としお）
国立新居浜工業高等専門学校教授
日本中世史

久芳　崇（くば　たかし）
西南学院大学国際文化学部非常勤講師
東アジア軍事技術交流史

佐伯弘次（さえき　こうじ）
九州大学大学院人文科学研究院教授
日本中世史

杉山清彦（すぎやま　きよひこ）
東京大学大学院総合文化研究科准教授
大清帝国史

高津　孝（たかつ　たかし）
鹿児島大学法文学部教授
中国文学

高橋忠彦（たかはし　ただひこ）
東京学芸大学教育学部教授
中国文化史

中島楽章（なかじま　がくしょう）
九州大学人文科学研究院准教授
中国近世史・東アジア海域史

長森美信（ながもり　みつのぶ）
天理大学国際学部准教授
朝鮮近世史

野田麻美（のだ　あさみ）
群馬県立近代美術館
日本近世絵画史

橋本　雄（はしもと　ゆう）
北海道大学大学院文学研究科准教授
中世日本国際関係史・文化交流史

蓮田隆志（はすだ　たかし）
新潟大学環東アジア研究センター准教授
ベトナム近世史

羽田　正
→編　者

藤田明良（ふじた　あきよし）
天理大学国際学部教授
日本中世史・東アジア海域史

森平雅彦（もりひら　まさひこ）
九州大学大学院人文科学研究院准教授
朝鮮史・東アジア交渉史

向　正樹（むかい　まさき）
同志社大学グローバル地域文化学部准教授
モンゴル帝国史

山内晋次（やまうち　しんじ）
神戸女子大学文学部教授
海域アジア史・日本古代史
山崎　岳（やまざき　たけし）
京都大学人文科学研究所助教
東洋史
吉尾　寛（よしお　ひろし）
高知大学人文社会系教授
中国近世史
四日市康博（よっかいち　やすひろ）
早稲田大学中央ユーラシア歴史文化研究所招聘研究員
モンゴル帝国期東西ユーラシア交流史・海域アジア史
米谷　均（よねたに　ひとし）
早稲田大学商学部非常勤講師
中世・近世日朝関係史
渡辺美季（わたなべ　みき）
東京大学大学院総合文化研究科准教授
琉球史・東アジア海域史

編　者
羽田　正（はねだ　まさし）
東京大学東洋文化研究所教授
世界史

監　修
小島　毅（こじま　つよし）
東京大学大学院人文社会系研究科教授
中国思想史

東アジア海域に漕ぎだす 1
海から見た歴史

2013 年 1 月 15 日　初　版
2014 年 7 月 31 日　第 2 刷

［検印廃止］

編　者　羽田《はねだ》　正《まさし》

監　修　小島《こじま》　毅《つよし》

発行所　一般財団法人　東京大学出版会

代表者　渡辺　浩

153-0041 東京都目黒区駒場 4-5-29
http://www.utp.or.jp/
電話 03-6407-1069　Fax 03-6407-1991
振替 00160-6-59964

印刷所　株式会社三秀舎
製本所　誠製本株式会社

ISBN 978-4-13-025141-9 Printed in Japan

東アジア海域に漕ぎだす［全6巻］

監修　小島　毅

A5判・並製カバー装・平均二九六ページ・各巻二八〇〇円

1　海から見た歴史　羽田　正編

2　文化都市　寧波　早坂俊廣編

3　くらしがつなぐ寧波と日本　高津　孝編

4　東アジアのなかの五山文化　島尾　新編

5　訓読から見なおす東アジア　中村春作編

6　海がはぐくむ日本文化　静永　健編

ここに表示された価格は本体価格です．ご購入の際には消費税が加算されますのでご了承下さい．